P

BIBLIOTECA DE VISIONARIOS HETERODOXOS Y MARGINADOS

LA RETORICA EN ESPAÑA

Introducción y edición de Elena Casas

© Copyright, 1980
Editora Nacional. Madrid (España)
I.S.B.N.: 84-276-0521-8
Depósito legal: M. 25.460-1980
Impreso en Lipal, S. A. Avda. Pedro Díez, 3. Madrid-19

LA RETORICA
EN
ESPAÑA

EDITORA NACIONAL
MADRID

CONTENIDO

PROLOGO, por Elena Casas............. 11
RETORICA EN LENGUA CASTELLANA, por Miguel de Salinas...................... 39
DISCURSO SOBRE LA POESIA CASTELLANA, por Gonzalo Argote de Molina............ 201
ELOQUENCIA ESPAÑOLA EN ARTE, por Bartolomé Jiménez Patón................. 217

PROLOGO

Dedico este libro a mi marido, sin cuya eficaz ayuda y apoyo material y moral hubiera sido imposible.

1. LA OBRA DE ARTE COMO ARQUITECTURA

La Edad Media es para el arte europeo el comienzo de la historia. La espesa bruma cernida sobre el esplendor artístico greco-romano no permite que éste, en los siglos posteriores, siga desarrollando lo que pudiera haber sido su vida normal. Dante Alighieri, como espectador mucho más cercano de los hechos que relato, avala esta opinión:

> O vana gloria delle umane posse
> com'poco verde in sulla cima dura
> se non è giunta dall'etati grosse! [1]

A partir de cero se comienza. Se han perdido las reglas antiguas, las medidas antiguas, los preceptos antiguos en ese fárrago sin perfiles que para el hombre del Renacimiento tuvo el nombre de «época tenebrosa».

Los dulces períodos de la lengua que amansara Virgilio se dislocan para formar el burdo y laberíntico galimatías que tanto asombro y tanta risa produce a Rabelais. Tan lejos están del latín clásico las disputas

---

[1] *La Divina Comedia*, Purgatorio XI, v. 91-93. Ed. de Giovani M. Bertini (BAC). Madrid, 1965.

metafísicas de los clérigos, como la jerga oscilante utilizada para entenderse por la gente común.

La antigua gracia y expresividad de las representaciones plásticas se distorsiona hasta convertirse en una suerte de extraña caricatura. La escultura es de una desproporcionada y obsesionante fijeza. Las paredes del templo, abarrotadas de figuras santas, exhalan el aroma piadoso y rígido del esquema.

Haciendo acopio del escueto material que tienen, los hombres de esta época se dedican a fabricar de nuevo el paraíso, la masa sutil y brillante que iluminará sus sueños y poblará de imágenes su fantasía.

El paraíso medieval se edifica por entero en torno al culto de ese Dios desconocido para los romanos, ese majestuoso Dios Padre cuya grandeza desparrama grandeza y dignidad para su criatura predilecta, el hombre. Para El todo honor y gloria, porque su gloria y enaltecimiento es a su vez la gloria y enaltecimiento del género humano. Sin El nada es el hombre, sino fugaz arcilla, con El, la Eternidad.

El arte medieval no es sólo religioso (en el sentido de que trate, según arte, casi exclusivamente temas religiosos), hay algo más profundo en él, una idea que le da cohesión hasta el punto de convertirlo en una especie de bloque monolítico. Y es que la Edad Media no nos ha dejado un conjunto más o menos vario de obras aisladas, sino más bien una sola y gigantesca obra: la religión. El esfuerzo de todos los hombres contribuyó a construir este portentoso edificio. La tarea fue común, supraindividual y las aportaciones de cada uno parciales.

Una acción se subordina a otra, un deseo a otro, un corazón a otro, un brazo a otro. Cada cosa forma parte de un plan y ese plan de otro plan, en una vertiginosa y perfecta sucesión de círculos. Se aprende a pintar para decorar el interior de las catedrales, se decora el interior de las catedrales para conmover el alma de los fieles con imágenes piadosas, y ese movimiento del alma lleva a Dios. El arte es un recurso. No existe intencionalidad puramente estética. Las figuras pintadas son el libro de los analfabetos. El tropo, el ejemplo, el adorno literario, son el acicate de los perezosos. La escultura hace de los muros del templo emblemático y prolijo espejo de la gloria de Dios.

El arte sirve, pues, únicamente para llevar la doctrina a las inteligencias menos aptas. Los sabios no tienen necesidad de él, el puro transcurrir del razonamiento les revela la clave de todos los enigmas.

El artista tratará, en principio de forma inconsciente, de liberarse poco a poco de esta su situación subordinada. Cada vez es más fuerte esta corriente, esta intención; este deseo de ser libre, de ser solo. El paso de la pintura al fresco a la pintura sobre tabla supone para el pintor un adelanto notable en el camino de su independencia.

El taller del escultor sustituye al andamio puesto al aire libre, desde el que se hacían los bajorrelieves sobre el muro. El cuadro y la estatua se añaden tal como son al edificio, de este modo lo embellecen, pero no existe ya entre ellos y el conjunto arquitectónico esa subordinación casi orgánica del principio.

La obra de arte medieval no tiene espíritu propio, vida propia. Su alma es el alma común a la gran máquina. La técnica triunfa en todas las actividades artísticas, una técnica rígida y esquemática que no deja lugar a la invención, al hallazgo de lo imprevistamente bello. El artista debe someter su albedrío, quizá su genio, a esa técnica. Fabrica su obra no perfecta en sí, sino embellecedora de la obra común.

Realizar una imagen del cielo, su abstracto duplicado sobre la tierra, ése es el propósito. La decoración interior y exterior del templo es esclava del plan arquitectónico. El edificio completo es la casa de Dios y también es su símbolo, la cifra de su poder y su magnificencia.

Pero el creyente no debe limitarse sólo a ir al templo para mirar, quizá sin comprenderla, la imagen de su Señor. No, él tiene que abrir un camino a través de las tinieblas interiores de su alma, descubrir puro y celeste el otro lugar sagrado que lleva dentro de sí, el lugar perfecto y sin mácula en que Dios le impuso su sello. Pero este manantial de gracia está oculto. Penoso y prolongado es el camino que lleva a él. ¿Cómo alcanzar la recóndita morada del Omnipotente, el sagrario escondido? Los sacerdotes hacen fácil ese trabajo. Se trata simplemente de seguir un conjunto de reglas de conducta, pero, eso sí, de forma implacable y rígida. Ese es el camino de la salvación, ésa es la moral. Todos los medios son buenos para enseñar los preceptos y hacer posible la entrada del hombre en el paraíso. Exponerlos sólo no basta, se hace precisa la insinuación, es necesario fomentar el deseo de seguirlos a toda costa. El recurso que permite inculcar tal deseo no es otro que el lenguaje bellamente trabajado: la literatura. Es así como el arte de escribir viene a subordinarse también a la fantástica obra soteriológica. Es (todavía en el siglo XV) una «fermosa cobertura» con que se adornan las asperezas de una moral rígida, la capa que dora una bien amarga píldora, y no es otra cosa. Existe la literatura no edificante, desde luego, pero como brote extemporáneo y enfadoso que los doctos relegan al olvido, o de cuya influencia abominan. No hay preceptistas retóricos (sensu stricto), sino preceptistas morales. No se trata de averiguar qué clase de figuras literarias pueden utilizarse en el discurso para hacerlo más hermoso, sino de qué modo se puede incitar más a la virtud. No se trata de saber si un libro es bello, sino de averiguar si es su lectura provechosa para las almas.

Todo está organizado, no existen fisuras en el gigantesco plan que (como todo), sólo cuando se ha realizado por completo, cuando no puede hacer otra cosa que abundar sobre lo mismo, empieza a desmoronarse poco a poco. Otras épocas suceden, otros planes a esa «rosa mística» perfecta que es el arte medieval.

El oro en los altares, el aroma supremo de la piedra milenaria, el murmullo del rezo, transportan el espíritu a secretos y espaciosos confines. Las alas del arte y de la fe se pierden en el aire.

II. LA OBRA DE ARTE COMO SER VIVIENTE

El mundo va cambiando poco a poco; las necesidades artísticas, los gustos cambian también. La humanidad vuelve sobre sus pasos hastiada del cúmulo de sombras, de trabajos que han quedado definitivamente atrás.

Algo nuevo se desea y, como siempre, es algo que en su momento quedó olvidado y que resucita para alegrar otra vez el corazón del hombre.

Petrarca, paseando su mirada melancólica por las ruinas de la antigua Roma, añora aquella luz de los viejos maestros que fue llamada ceguera y paganía por los teólogos cristianos. Dante maldice, por razones distintas, en su Comedia el momento en que el primer Papa recibió bienes terrenales del primer emperador; aquél fue el principio de la era tenebrosa.

Se advierte, pues, un cambio, y sustancial, en la manera de enfocar la historia desde los albores del Renacimiento [2]. Para el pensador medieval los acontecimientos seguían un curso rectilíneo; desde la oscuridad precristiana hasta la definitiva y luminosa edad que inauguró la venida de Cristo. Para el renacentista el curso histórico es circular. Se impone volver a la olvidada forma de ver de los antiguos. Contemplar con sus ojos (los de la razón) otra vez el mundo, todos los fenómenos del mundo, incluso los religiosos.

Todas las actividades humanas quedan afectadas por la revolución, el trabajo y la obra del artista cambian también.

No entraré aquí en disquisiciones valorativas respecto a las concepciones del universo medieval y renacentista; sólo diré que son diferentes. El Renacimiento significa, a mi entender, el abandono definitivo de la empresa teológica medieval.

La principal ocupación del hombre no será ya labrar y loar la gloria de Dios; sino labrar su propia gloria y, de rechazo, la del género a que pertenece. El colectivismo y relativo anonimato del arte medieval dejan paso a un individualismo cada vez más pujante.

La vuelta a la antigüedad supone el aprendizaje de la manera de hacer de aquellos hombres cuyos dioses fueron parecidos a ellos. Lejos la tremenda y única grandeza sin rostro del Dios hebreo, del Dios que prohibe... «hacer escultura ni imagen alguna».

El renacentista aprende de los antiguos la forma de vivir del hombre libre, desligado. Del hombre que se siente con fuerzas para enfrentar él sólo su destino, que

---

[2] Ver Panolsky: *Renacimiento y renacimientos en la cultura europea*, versión española, Alianza Editorial, Madrid, 1975, pp. 42 y ss.

no recurre a hermanar sus esfuerzos con los de otros para fabricar algo gigantesco, porque sabe que no existe nada gigantesco que merezca la pena ser creado. Ni lo desmesuradamente grande, ni tampoco lo ínfimo tienen probabilidad alguna de ser hermoso, susceptible de representación. Sólo aquello de tamaño mediano, hecho a la medida del hombre, capaz de ser comprendido de una vez por la inteligencia del hombre, sólo aquello es digno de convertirse en objeto de arte. El trabajo único y limitado de cada cual es justificar su paso por la tierra. Dejar tras sí una huella imperecedera, algo que de algún modo pueda hacerle inmortal.

Aristóteles y Horacio son los mentores de este nuevo modo de enfocar el arte. Sus voces, como en un vasto laberinto de espejos, se multiplican indefinidamente. Toda obra de preceptiva que se precie de tal no es más que un laborioso comentario de la Poética y de la Epístola de los Pisones. Sus autores mostraron a los aspirantes a poeta de su tiempo el recto camino del arte, camino que se apresuran a recorrer sus nuevos émulos del Renacimiento.

Una cosa se aprende, fundamental; cada cuadro, cada poema debe tener un alma, una fuerza que lo haga estar vivo. ¡Cuántas veces compara Aristóteles la Tragedia a «un hermoso ser viviente»! El universo del arte es, desde ahora, un universo de seres vivientes. El artífice crea un nuevo mundo, el de su propio punto de vista. Esta visión mediante complicado proceso pasa a ser objeto, obra perfecta dotada de alma propia. Plena de destellos que son otros tantos modos de contemplarla del espectador. Como un ser vivo, siempre ella misma y siempre diferente en cada mirada, en cada interpretación. Llena de misteriosas y brillantes facetas.

Imitar la Naturaleza, ésa es la consigna. Imitar la

fuerza arrolladora y desbordante de la Naturaleza a la hora de crear. Imitar sus productos también: fabricar objetos vivientes, animados. «Sin verso puede haber poema, dirá Cascales, pero no sin imitación» [3]. *Es la palabra mágica de toda retórica, es la que nombra la acción más gloriosa que un hombre puede llevar a cabo: la acción de dar vida. En efecto, la palabra «mimesis» significa en Aristóteles y en sus posteriores discípulos renacentistas el acto de dotar de alma, de consistencia objetiva a una visión, en cualquier otra forma perecedera, del poeta. No es la forma total y aparente lo que se retrata, sino un aspecto del objeto que, una vez captado por la inteligencia del artista deja de formar parte del mundo natural y pasa a engrosar las filas de los objetos inteligibles. Es materia transformada en espíritu, comprendida por el espíritu.*

Los seres naturales, en cuanto asimilados por la inteligencia del hombre, cobran una dimensión humana, familiar. Los crecientes progresos de la ciencia apuntalan la cada vez más firme confianza del hombre en su capacidad de conocer y de ordenar el mundo. Ya no es la Tierra un lugar ingrato poblado de terribles rincones, sino el libro luminoso y abierto en el que Dios escribió sus leyes para que los hombres pudiesen leerlas, comprenderlas y comprenderle.

Ya nunca más las fabulosas arpías ni las gárgolas terroríficas, producto de una imaginación de pesadilla, puesta frente a una naturaleza hostil. Plantas y animales abandonan en el cuadro compuesto al nuevo estilo su dimensión simbólica y su fijeza de sueño. Empiezan a vivir otra vida, mostrando su verdadera imagen, imagen

---

[3] Citado en *Teorías métricas del Siglo de Oro,* de Emiliano Díez Echarri (Ed. C. S. I. C.), Madrid, 1970, p. 110.

que el hombre descubrió en ellos y que hizo inmortal en la tela.

El artista medieval representó en su obra un mundo que no conocía. La idea fija en el más allá; el predominio extraordinario del espíritu (lo invisible y poderoso) sobre la materia (lo visible y caduco), propician la existencia de un arte casi desligado de la realidad. Lo que en él cuenta es el libre juego de símbolos que hacen alusión a esa realidad desconocida. La más pura fantasía domina este gigantesco ir y venir de imágenes evocadoras. Puede decirse que las reglas que presiden su movimiento «no son de este mundo». El artista, fuera de lo que debiera ser su propio límite se convierte en balbuciente y torpe adivino del dios. Nada más enajenante que la contemplación del ojo facetado y multicolor de una vidriera. Nada tan imponente, tan sobrehumano como la paz espesa y silenciosa del claustro. Todo está sabiamente planeado y conjugado para sacar al espectador fuera de sí, para llevarlo al lugar en que el tiempo no existe, allí donde la tiránica aflicción de lo cotidiano no tiene ya importancia.

Un fin único gobierna este universo: el abandono, la evasión del mundo.

El Renacimiento significa el esfuerzo continuado de recobrar ese mundo perdido. Asistimos en él a la complicada reconstrucción del universo y a su transformación posterior en obra de arte.

Las leyes de la armonía, de la proporción son las que presiden el resurgir de este nuevo mundo. Los rayos celestes del Sol dibujan con claridad los perfiles de seres familiares que antaño, en lo oscuro, parecían monstruos. Ha pasado la época de las tinieblas, el astro luminoso reconforta la tierra.

Conocen los artistas la ilusión perfecta de un mundo

duplicado y minucioso, descubren poco a poco la técnica olvidada que lleva a fabricar esa ilusión. El aprendizaje *de esa técnica se convierte en una nueva mística, es el camino que lleva a las puertas del nuevo paraíso.* El arte *fabrica el paraíso en la tierra.* Un paraíso hecho a la *medida del corazón humano: prolijo, incidental, lleno de objetos no jerarquizados que entretienen el alma y el sentido.* Nada parece en él grande ni demasiado pequeño. *La luz, la clara luz de la inteligencia (émula del sol) hace asequible y enaltece todo.* No hay lugar para lo *desmedido, para lo espantoso.* Incluso la tristeza, la *terrible violencia del anhelo insatisfecho, tiene forma diáfana, se dibuja como pura armonía:*

¿Cuándo será que pueda
libre desta prisión volar al cielo [4].

Es el hombre perfecto, limitado. Perfecto y comprensible el Dios.

Se trata de alejar el aroma agobiante del antiguo ceremonial, para dejar paso a un más libre y purificado ejercicio de la religión. Los hombres dejan de sentir sobre sí el tremendo peso de lo teológico y disfrutan tranquilamente de los aires soñadores y tiernos que la Tierra guarda para ellos.

Dulce transcurrir de río entre sotos frondosos, tal es el cuadro tranquilo del Renacimiento.

---

[4] Fray Luis de León, *Obras*, B. A. E., núm. 37 (Ed. Atlas), Madrid, 1950, p. 6.

III. DEL RENACIMIENTO AL BARROCO: CAMBIO DE PERSPECTIVA, NUEVOS PROBLEMAS ESTILISTICOS

Poco tiempo dura en pie el plácido universo urdido por los autores renacentistas. Ese extraño demonio que el hombre parece llevar dentro de sí y que perpetuamente le obliga a no contentarse con nada, a estar siempre moviéndose, es el autor del nuevo cambio. Presenta al artista un cúmulo de realidades desconocidas, de monstruos que no comprende, y le anima en el enorme trabajo de hacerlos suyos.

El arte del Barroco representa la actitud del hombre frente a lo monstruoso, la tensión desgarrada (real) del hombre colocado en un medio ignoto. El equilibrio tan buscado, tan querido por el arte del Renacimiento, se ha deshecho. Asistimos con una especie de terror sagrado a la tremenda ceremonia en la que será destrozada la piedra preciosa y azul que tantos años se empleó en pulir. Sus esquirlas, centelleantes aún, pueden saltar y herir nuestros ojos desprevenidos.

Lo que fue paraíso, «locus amoenus» de dulce yerba fresca y claros arroyos, se convierte en un pobre tinglado de teatro cuyas figuras hacen muecas deformes entre los desgarrones de la tela pintada. Una realidad más vasta irrumpe de pronto y destroza el viejo escenario que no tiene capacidad para contenerla.

La Naturaleza en su modo de ser más temible, más sangrientamente inhumano, hace su aparición. Lejos ya esa confianza absoluta en el poder de lo racional para descubrir los secretos del mundo, que caracterizó a los hombres de la época inmediatamente anterior. Ahora se encuentran otra vez como perdidos en el misterio, rodeados de arcanos indescifrables. «*El silencio eterno de los espacios infinitos*» *espanta a Páscal. El universo vuelve a estar desprovisto de alma. Si, la tierra no es ya ese espíritu razonable, hermano gemelo del hombre. El ser humano ya no puede hacer que coincidan sus movimientos interiores con el tránsito celeste de las estrellas.*

La expansión, la fusión, antes concebida como posible, con el medio natural, se hace impensable ahora. El espíritu se repliega, se reconcentra sobre sí mismo y desde allí expresa todo el tremendo malestar, toda la inquietud que lo consume.

Los productos artísticos de esta época son agudos y desgarradores. No el acercarse lentamente al objeto mediante descripciones minuciosas y comparaciones, sino captar en un momento su extravagante parecido con otros y hacerlo formar parte de una complicada y perversa red de semejanzas. Tal es la metáfora en el Barroco. No importa que el resultado sea un disparate, un monstruoso híbrido que hiera con su sola presencia las fibras más sutiles de la sensibilidad. Es más, parece ser eso lo que se busca. Así, ante los asombrados ojos de Borges, Gracián no titubea en llamar a las estrellas «*gallinas de los campos celestiales*».

No el rostro, sino el gesto, el gesto inmortal.

La placidez divina de Leonardo se convierte en signo misterioso en la noche fugitiva de Rembrandt. Galatea multiforme: cisne, pavo real, mágico delirio de fuente quieta, helada; se parece sólo lejanamente al unívoco amor de Garcilaso.

Placidez, alegría primera y escueta del ser vivo perfecto; músculos a punto de estallar, nervios de acero, volcán de pasiones encontradas, los ojos del monstruo, del titán.

Este es el cambio, ésta es la transición. Antes, la gravedad gentil del animal contento de hollar con sus pies la Tierra; después, el sobrehumano esfuerzo del gigante que quiere sostenerla sobre sus hombros. En el cansancio enorme de su cuerpo reconoce el castigo, siente la punzante y dura desesperación del que quiere y no puede. «Lo barroco se debate en un purgatorio de lo deseado, no llegando a tocar lo eterno y no resignándose a la caducidad» [5].

En el aspecto estilístico, el Barroco supone un esfuerzo por ensanchar los límites del lenguaje poético. Se hace imprescindible dar expresión al nuevo conjunto de sentimientos e ideas que no tienen cabida ya en los viejos moldes. Para el espectador, para el público en general, el universo artístico renacentista se va transformando cada vez más en una monserga demasiado sabida, demasiado vista.

No deja de ser sintomático que el mismo Lope, un sí es no es aburrido de los tópicos más frecuentes, esboce una sonrisa burlesca dirigida al género pastoril.

«... deseo ver un día un pastor que esté assentado en banco y no siempre una peña junto una fuente» [6].

Sólo los nombres que proporciona Cervantes a sus héroes, vueltos pastores por fuerza, son una solemne y sonora carcajada. Por otra parte, el favor que el pueblo dispensa al equívoco, al chiste, al juego de palabras, hace que estos modos del lenguaje tomen carta de naturaleza en el terreno literario. Tanto más cuanto que la afición a este tipo de bromas o de enredos es una constante de las letras españolas. Los cancioneros están repletos de estas acrobacias verbales. La lucha entablada, ya en pleno Renacimiento, entre lo que pudiéramos llamar

---

[5] Ramón Gómez de la Serna: *Ensayo sobre lo cursi* (E. Cruz y Raya), Madrid, 1963, p. 14.
[6] *La Dorotea*, II, Ed. de Castro, 95,12. Citado en *Obras de Lope de Vega*, t. I, Ed. de Montesinos, Madrid, 1968, pp. 18-19.

escritores *castizos e italianizantes, se agudiza en estos momentos, contando los primeros con un considerable aumento de partidarios.* No sólo lo *popular tiene cabida ahora en el lenguaje poético, sino que hasta parece necesario incluir en él expresiones plebeyas y groseras. Es lo que Dámaso Alonso* [7] *llama «desgarrón», imprescindible rompimiento de un molde artístico que ya viene estrecho a las necesidades expresivas. Existe algo nuevo que debe ser mostrado y para ello el artista no repara en buscar su forma propia «hasta en el fondo mismo del Infierno», para decirlo con palabras de Víctor Hugo.*

El alma de la obra de arte es ahora la conciencia dolorida del hombre que siente en su carne los zarpazos de las fieras que su imaginación creó. El pensamiento intenta abarcar ese objeto que ya no es él, en toda su terrible pluralidad. No adaptarlo a su medida mutilándolo; sino desgarrarse él mismo, salirse de su propio cauce para comprenderlo completamente.

Por otra parte, uno de los problemas que el Renacimiento dejó planteado, el de la forma; en el período Barroco queda solucionado de un modo drástico. Como dice Montesinos, con el culteranismo «la forma llega a adquirir un valor sustantivo».

En el tratamiento de los tópicos renacentistas el argumento no interesa ya a nadie. Todo el mundo lo conoce de sobra después de llevar más de un siglo rodeado de Ulises, Ayaxes, Venus, ninfas, pastores, etc. Lo que interesa, lo verdaderamente nuevo y sorprendente es la manera de tratarlo. El universo clásico de representaciones se convierte así en mero pretexto para la fabricación de un lujoso edificio de palabras combinadas.

Nuevas formas sintácticas, nuevos vocablos, atrevidos

---

[7] Dámaso Alonso: *Poesía española*, Ed. Gredos, Madrid, 1971, p. 548.

encabalgamientos; pero sobre todo desbordantes y estupendas metáforas y transposiciones.

El lenguaje se distorsiona, vuelve, se aleja, en una magnífica y nunca repetida danza.

Los temas del Barroco son también los temas renacentistas, lo que varía es la forma de tratarlos.

No es, digamos, completa, sino unilateral la manera de enfocar los asuntos en el Renacimiento. Se impone una distorsión que permita añadir al objeto nuevas facetas que en la antigua representación poética no tenía.

Así el amor incluirá sensualidad, la Naturaleza tenebrosas e inhabitables cavernas, el combate desbordante ira. La nobleza no será ya patrimonio exclusivo del caballero, sino también del recto y testarudo villano. Los castillos suelen convertirse (con frecuencia creciente) en sórdidas ventas de camino.

La muerte, que para Fray Luis de León supuso la tranquilidad absoluta del conocimiento perfecto, «contemplar la verdad pura, sin velo», supone para Góngora un corte radical de la existencia: «en humo, en tierra, en polvo, en sombra, en nada». Un cese absoluto de lo que él más estima.

Para Quevedo este cese total es un desafío. Apuesta con quien sea a que su pasión, su voluntad tan poderosa, no puede acabar nunca.

La concepción de lo divino ha cambiado por completo, y por ello también la visión de la muerte. Nada altera la tranquilidad renacentista, ni siquiera la certeza de que la vida tiene un fin. Quita su carga traumática a la reflexión sobre la muerte el pensamiento, más bien la absoluta seguridad de que la otra vida no es más que una continuación más perfecta de la que el alma lleva en este mundo.

Para el sentimiento religioso barroco Dios vuelve a

ser lo absolutamente extraño al hombre. La moral, incomprensible pero segura vía para llegar a Él, se divorcia completamente de la forma de vida real. La muerte es el paso tremendo a lo desconocido.

El descubrimiento barroco de un mundo que no está hecho a la medida de los deseos del hombre, y de un «otro mundo» que lo está todavía menos, lleva a la meditación concienzuda sobre la posición y el valor del ser humano dentro de todo este gigantesco tinglado. Las respuestas y las actitudes son bien diferentes de unos a otros artistas, lo común a todos es la inquietud y el sentirse afectados del mismo modo.

Así, Góngora levanta una pétrea y graciosa arquitectura, inaccessible al paso de los años, en la que se instala para siempre. Quevedo pierde todo «respeto a ley severa» y coloca ya en la otra vida, para la eternidad, su tremenda pasión hecha poema. Lope, más humilde, se muestra partidario de implorar clemencia, llorando sus pecados en magníficos y conmovedores sonetos. Calderón sabe ya lo terrible y, con una más calmada actitud, fabrica un fantástico retablo en el que se entrelazan con profusión miles de figuras hechas de humo y de sombra.

El Barroco es el glorioso fin de un ciclo artístico, «opulento ocaso», con palabras de Guillén. No se puede ir más allá. Todo en adelante será vuelta a empezar.

El juego puro del arte consume en esta volcánica etapa su pretexto, se cierra el camino de una posible continuidad. «Tout est bu, tout est mangé! Plus rien à dire!»

IV. LOS PRECEPTISTAS

Existen ocasiones en que vemos el mundo representado en una sutil y misteriosa fantasmagoría de círculos concéntricos. Una de ellas, quizás la más conspicua, nos la proporciona la lectura de obras críticas; de obras que se ocupan de otras obras, de libros en segundo grado. Algunas veces la copia del original es perfecta, minuciosa. Otras, la crítica se nos antoja una especie de cristal de aumento mediante el cual nos son accessibles hasta los más sutiles entresijos del arte. Otras, por fin, utilizan su objeto como un mero pretexto para su propio desarrollo. Nada nos maravilla tanto entonces como ese desajuste casi maligno que notamos entre las dos esferas. La obra de arte y la crítica pueden llegar a constituir un tremendo diálogo de sordos. La vida nos parece pintoresca, abigarrada de una extraña multitud de presuntos hermanos que desafiando todo tipo de leyes, nada tiene que ver entre sí.

Así, lo primero que llama la atención en la lectura de esos estudios es un cierto aire de vejez, un alejamiento de lo que en épocas posteriores se llamará espíritu del tiempo en que fueron escritos. Además se observa en ellos una obstinada tendencia a contar no lo que realmente pasa en el terreno artístico, sino lo que debiera pasar según unos esquemas ideales preconcebidos. Ocupan el presente volumen tres obras de crítica literaria que, cada una a su modo, aportan algo valioso al acerbo cultural de su tiempo. Procuraremos brevemente hacer notar lo que cada una de ellas encierra de más interesante.

Un fraile jerónimo, Miguel de Salinas, acomete hacia la primera mitad del siglo XVI, la empresa de construir una retórica en lengua española. No existe ningún *precedente de tan ardua tarea*. El empeño responde probablemente al deseo, tan propio de los humanistas, de usar, engrandecer y, perfeccionar las lenguas vernáculas. El más elemental sentido común, por otra parte, dice a este fraile que la cultura debe dejar de ser cerrado y oscuro patrimonio de unos pocos para pasar a ser propiedad de todos.

La obra es genuina representante de las inspiraciones e ideas que informaron el Renacimiento. Sigue en todo las doctrinas de los retóricos clásicos, hasta el punto que, aun reconociendo que la oratoria forense ha caído en desuso por el gran número de Leyes existentes, le dedica gran número de páginas a imitación de los antiguos preceptores.

La mayor parte del libro está dedicada al género deliberativo, al que pertenecen los sermones. Sin embargo, es posible sacar de él algunas observaciones de teoría literaria general.

En primer lugar, cabe destacar su notable preocupación por la claridad del discurso. Las palabras que se emplean en él deben ser «polidas y usadas». «Polidas», es decir, elegantes, hermosas. «Usadas», de significado bien conocido. Se indigna sobremanera con los clérigos que, so capa de sabiduría, emplean en sus sermones tres palabras latinas y una castellana. Es ésta una costumbre que ha dejado de ser de buen tono en los nuevos tiempos. Si antiguamente la religión, por mor de hacerse más respetable, debía envolverse en los velos del misterio, ahora la tendencia es despojarla de esa pesada solemnidad y hacer de ella algo asequible y entrañable.

Ser diáfano, transparente es ahora el sueño dorado de los que escriben y de los que hablan. El orden en la exposición es imprescindible para la claridad. Es mejor exponer pocas cosas con coherencia, que muchas de forma desordenada. El orden, el plan lógico comunica a la obra, incluso a la más intrascendente o necia, una cierta belleza que la hace apetecible. Belleza de que carece por completo el fárrago deshilvanado, aunque esté compuesto de profunda doctrina. Esta idea nos lleva a la tan clásica cuestión de la forma poética. Vemos que para el fino instinto estético de Miguel de Salinas, la forma es el elemento fundamental, el alma de la obra de arte. El armazón lógico, armonioso, es lo que hace posible la aparición del fenómeno estético en la escritura, lo que da cohesión, fuerza y sentido a las palabras.

Otra nota que cabe destacar es su insistencia en que la narración de un hecho debe estar regida por las leyes de lo verosímil y necesario. Estas dos palabras tienen aquí el mismo sentido que tuvieron para Aristóteles. Urdir una fábula de forma verosímil es hacer tomar a lo que se cuenta la apariencia de la vida. Hacer que todo el mundo juzgue su existencia posible. Lo prodigioso real no tiene, de este modo, cabida en el arte. Sólo lo bien urdido pero falso es fenómeno artístico. La caracterización de los personajes que intervienen en la fábula es imprescindible para dotarla de verosimilitud. Salinas hace mucho hincapié en la necesidad de conocer las costumbres, hábito y temperamento de los personajes, así como otras circunstancias de tiempo, lugar de nacimiento, etc. Este afán no denota, como pudiera parecer a primera vista, una complacencia del autor en el costumbrismo y el color local. Las circunstancias y caracteres son meros instrumentos de que se vale el escritor para dar a la acción que relata esa apariencia de fatalidad que le es tan necesaria. Es verosímil que dado el carácter y costumbres de una persona determinada, lleve a cabo tal acción; el resultado de ella es la reacción necesaria de otra persona de tales costumbres y tal temperamento.

Esta es más o menos la urdimbre de una fábula para Salinas. Su concepción es perfectamente clásica, todos los elementos de la Poética aristotélica se compendian en ella.

Otro punto a destacar es el consejo, varias veces repetido, de que el discurso debe ser natural. No debe notarse el artificio por ninguna parte. Las cosas artificiales creadas por el arte, deben tener en todo la apariencia de las cosas naturales. El artista debe crear y mantener esa ilusión en el espectador, de manera que, si no lo hace, el fracaso será seguro y total. No basta para este efecto, copiar minuciosamente todos los detalles de la vida, quizá esta diligencia sobra incluso. Es necesario, y casi sólo eso es necesario, infundir en la obra de arte esa suerte de soplo mágico que la haga estar viva dentro de su esfera. Coppelia, copia mecánica de una mujer, arrojada al mundo de los vivos; eternamente será una muñeca, un objeto sin alma. Monna Ginevra, viva eternamente, eternamente nos envía desde el mundo del arte su insolente mirada llena de desprecio y de fastidio.

La concepción de la obra de arte esbozada por Miguel de Salinas, es la que, más o menos modificada, ha llegado a nuestros días. No el afán de narrar un sinfín de cosas colocadas unas al lado de otras como en un retablo, que caracterizó la narración medieval. El escritor ahora debe contar una bien tramada peripecia y hacer, de alguna manera, cómplice de ella al espectador. No el asombro, la simple información, o el entretenimiento es lo que se busca; sino provocar un determinado movimiento del alma en el que escucha o en el que lee.

Pasaremos ahora a ocuparnos del segundo texto editado en este volumen, El discurso de la poesía castellana, *escrito hacia la segunda mitad del siglo* XVI *por el erudito sevillano D. Gonzalo Argote de Molina. Opúsculo sumamente curioso, pozo sin fondo de erudición y que tiene además la virtud de mostrarnos, quizá mejor que ningún otro, la forma que tenían de ser reaccionarios en crítica de arte los hombres del Renacimiento español.*

Este glorioso patriota, defensor con la pluma de la causa española, arrebata todo el mérito de la castellanización del endecasílabo al dulce Garcilaso. De él dice, sin embargo, que fue el que con más suavidad y donaire lo utilizó. En España, además de existir el precedente italianizante de Santillana («Sonetos fechos al italico modo»); se construían desde muy antiguo endecasílabos mejores incluso que los italianos. Desdeña sin embargo, la habilidad de fabricarlos y antepone en el orden de sus preferencias al majestuoso, bipartito y profundamente arraigado dodecasílabo. Lamenta que los poetas actuales lo hayan olvidado tan por completo siendo de «mucha gracia y buen orden, y capaz de cualquier cosa que en él se tractare».

Con todo, es el verso octosílabo el que acapara todos los amores del autor del Discurso. La copla castellana, tan airosa, tan llena de gracia, es su composición preferida. En ella se pueden tratar todos los temas porque «es capaz de todo el ornato que cualquier verso muy grave puede tener». Es necesario que se convenza de esta verdad a los poetas actuales que, seducidos por el artificio y gravedad del verso italiano, han dejado de practicarla.

¡Oh, los suaves poetas extranjerizantes que dibujan espacios abiertos y difusos! qué poco tienen que hacer frente al rotundo y españolísimo Cristobal de Castillejo.

Esas ficticias brumas, esos bosques y ríos de plata, esos ojos azules como lagos; fuera, lejos, son extraños, nada tenemos que ver con ellos. Aquí sólo existe (debe existir) la música concreta y circular de los cancioneros. Los bodegones lóbregos, el alambicado juego de palabras, el amor trabajado y sudoroso de contrarios opuestos, sin paisaje.

El *Discurso* de Argote marca un hito singular en la historia de la crítica literaria española. Con él se inicia la controversia que dará en el siglo siguiente sus frutos más sazonados. La polémica entre lo popular y lo culto, entre lo tradicional y lo importado, que trajo consigo el pensamiento humanista. En efecto, el humanismo abrió los ojos a la comprensión perfecta del espíritu humano. Despertó el interés por sus facetas más ocultas. La canción popular, antes desdeñada, pasó a formar parte del acerbo cultural. Los hombres doctos aprendieron a apreciarla en su justo valor y el gusto por ella fue en aumento creciente. El predicamento que adquirió entre la gente de letras fue enorme. Los poetas se dividieron en dos bandos. Los más, siguiendo a Garcilaso practicaron el metro nuevo venido de Italia. Los menos, capitaneados por Castillejo seguían adheridos a la versificación tradicional.

El uso del endecasílabo no suponía sólo la incorporación de un nuevo modelo de verso. Con él un mundo nuevo de representaciones artísticas se abría paso. Una más pausada, más intrincada comprensión del objeto estético venía con él, también una nueva serie de objetos estéticos.

Si el fin de la copla era sobre todo provocar una reacción inmediata en el lector; en las estrofas compuestas de endecasílabos este fin se diluye. Se trata en ellos, no tanto de exponer directamente algo, cuanto de jugar hasta la saciedad con un tema cualquiera, de exponerlo en todas sus facetas, de acercarse a él mediante toda la serie de comparaciones, antítesis y juegos que la lengua permite.

Es esta morosidad en el tratamiento del tema lo que Cristóbal de Castillejo encuentra reprensible en el nuevo *estilo. Su sensibilidad no puede adaptarse a esas estrofas*

> Enfadosas de leer
> Tardías de relación
> Y enemigas de placer

Argote de Molina, como hombre erudito y mesurado que era, no se permite tan contundentes opiniones. Su espíritu, sin embargo, y sus simpatías personales están, desde luego, al lado de Castillejo. Las ideas expresadas en el Discurso no son más que una forma de la reacción que todo lo nuevo despierta casi siempre. El otro lado de una realidad ineludible. El antagonismo, sin embargo, se va debilitando con el tiempo. La controversia pierde interés, y por lo general cada uno de los contrarios acaba por reconocer que el otro no es más que una parte en sí mismo. Así el endecasílabo terminará por tomar definitiva carta de naturaleza en la literatura española. Con él, como formando parte de la fulgente cola de un cometa, vendrán todos los tópicos de la literatura culta italiana.

El metro octosílabo, los temas clásicos de las letras españolas, no se quedarán atrás en su desarrollo y su cultivo estará cada vez más extendido. Así, los grandes maestros del Barroco, pese a su extravagante e interminable disputa, cultivarán ambos géneros en igual medida. Además, en este tiempo, ya no será su diversidad tan palpable, sino que ambos se hallarán mezclados en elegante y elocuente simbiosis.

El tercer y último texto del libro será el tema de las páginas siguientes. Se trata de la Elocuencia española, *magnífico ejemplar de retórica que legó a la posteridad el brioso y soberbio jesuíta murciano Don Bartolomé Jiménez Patón. No le arredra en su empeño de escribir retórica en romance el hecho de que esta tarea haya sido* acometida por otros varios escritores anteriores a él. De la retórica de Salinas, por ejemplo, dice que está muy anticuada y es pura traducción del latín. La suya tiene enorme interés por la novedad que constituye la incorporación de textos de innumerables poetas. Cada figura analizada por Patón lleva tras si como ejemplo un poema.

Nos choca la casi ausencia de citas pertenecientes a la obra de dos poetas que hoy consideramos fundamentales: Góngora y Quevedo. Al primero le cita dos o tres veces, una de ellas para sorprenderle en flagrante delito de cacofonía. De Quevedo habla una sola vez y la composición elegida para representarle no es de las mejores. Lope de Vega acapara todas las simpatías del autor. Composiciones suyas, sobre todo de la Angélica, se ven esparcidas a lo largo de todo el libro. Patón justifica esta su desproporcionada predilección por Lope diciendo que, es tan universal en la observación de todos los preceptos retóricos, que no pude por menos de encontrar ejemplos suyos a cada paso.

Parece que la amistad entre el poeta y el preceptista de Villanueva de los Infantes fue entrañable. Así, vemos que Lope corresponde a la simpatía que Patón le profesa con admiración no menos devota. Dice en una ocasión que Villanueva de los Infantes, puesto que alberga a tan glorioso erudito, debe cambiar su nombre por el más apropiado de Villanueva de las Musas.

Se dice también que Patón fue amigo, maestro y protegido del laberíntico y contradictorio conde de Villamediana. Parece, sin embargo, que la producción literaria del discípulo no dejó la menor huella en el maestro.

Otra cosa que llama la atención en la retórica del jesuíta es la desmedida extensión que tiene en ella la elocuencia, la parte que se ocupa exclusivamente del adorno del lenguaje. Las otras partes de la retórica están tratadas al final, muy de pasada, mientras que lo dedicado a tropos y adornos ocupa casi todo el libro. En efecto, como muy bien señala Antonio Martí, en este tiempo la retórica parece reducirse a «un mero empeño por conseguir buen estilo» [8].

El lenguaje, su arquitectura, sus problemas, sus lujos, es lo que interesa a los autores de este tiempo. Todo está ya pensado, no hay nada nuevo que inventar. Sólo las palabras, sus interminables juegos y facetas multicolores pueden interesar al espíritu del artista. Los modos de entrelazarse palabras y sentencias desfilan como en una linterna mágica a lo largo de la obra de Patón. El toma sus posiciones frente a los juegos verbales de su tiempo, y propone otros nuevos. No fue seducido por la magia de alusiones y complicidades que supuso el verbo encendido del culteranismo. Abominó de él. Es mas, fue él quien inventó (según dice Lope) la palabra mortificante «culterano» para designar y denigrar a los fieles seguidores de este modo de escribir poesía. No tanto ornamento, no tanta selva de frases y nombres entrelazados. El adorno, la dislocación del lenguaje deben tener un límite y ese límite es el impuesto por la claridad. De otro modo no son mas que vicio y corrupción del bien hablar. Cuatro cosas dice Patón que se han de guardar a la hora de escribir.

La primera hablar castellano puro. No utilizar palabras o construcciones propias de otras lenguas, «o ya que se utilicen, sea esto hecho por personas de mucha autoridad y sea su incorporación refrendada y pulida por el uso.»

---

[8] Antonio Martí: *La preceptiva retórica española en el Siglo de Oro* (E. Gredos), Madrid, 1972, p. 264.

La segunda es hablar con claridad. En este punto arremete contra los vicios conceptistas, especialmente contra el uso de palabras de dos sentidos, el chiste o la velada adivinanza.

En tercer lugar habla del adorno que, sea del tipo que sea, debe tener una medida si no quiere dejar de ser adorno para pasar a engrosar las filas de lo grotesco. Tampoco es bueno, sin embargo, el desaliño en la expresión por mor de conseguir más claridad o llaneza. La elegancia en el decir es imprescindible para no caer en la vulgaridad.

La última cualidad que señala es «hablar a propósito». Es decir, que el tema sea adecuado a la forma de expresarlo y, así mismo, la forma al tema. Nada de florituras inútiles en temas de poca importancia. Nada tampoco de bajeza en la exposición de un tema solemne.

Concluyendo, parece que la retórica de Patón clama por una vuelta a la serenidad, al justo medio. En la carrera sin fin de la agudeza verbal se muestra partidario de detenerse. No son de buen agüero para él los monstruos creados por la imaginación de sus contemporáneos. Quizá presumiera que así, en este vasto laberinto de espejos y juegos artificiales, el arte de escribir iría consumiendo poco a poco su propia sustancia.

ELENA CASAS
Marzo 1977

RETORICA
EN LENGUA CASTELLANA

por Miguel de Salinas

NOTA A LA EDICION

Utilizamos la primera y única edición que conocemos de la Retórica compuesta por Salinas. Se trata de *Retórica en Lengua castellana*, Alcalá 1541.

La ortografía y puntuación del texto están actualizadas con el fin de hacer más fácil su lectura.

Hemos suprimido la última parte de la Retórica que no es mas que un resumen de lo tratado a todo lo largo del libro.

PROLOGO
DEL AUTOR DEL LIBRO
A LOS LECTORES

A mi me pidió y con mucha instancia cierta persona que me lo podía demandar que le hiciese en lengua castellana un arte de retórica para que con ella, no sabiendo latín, pudiese entender algo de lo que los retóricos latinos y griegos ponen (a) cerca de la ciencia del bien hablar y escribir y aprovecharse de ello. Parecíome que lo deseaba tanto que, considerando cuánto le era obligado, no pude dejar (de) procurar satisfacer su deseo con todas mis fuerzas. Bien vi que eran pocas para ello, pero su mucha confianza y demasiado crédito que de mi suficiencia demostró tener, me dio atrevimiento a probar hacer aquello de que en otra manera yo estaba bien descuidado. Yo lo hice como pude, por obedecer, y después de acabado, por la poca confianza que de ser la obra para (a) parecer tuve, supliqué a quien me la había mandado hacer que no curase de ella, y concedíólo a mi mucha importunación. Yo la tuve puesta a un rincón más de un año y después quise ver ciertos montones de papeles en que suelo poner mis pensamientos y echarlos aparte para no menester, y topando con aquellos en que había escrito la Retórica, antojóseme mostrarlos a algunos amigos míos y otras personas doctas con el deseo de desengañarme mejor y rasgarlo, o, enmendando algo, guardarlo para mí; pues en él tenía recogido en breve lo mejor de lo que había leído en los autores griegos y latinos. Salíome mi diligencia muy al revés de mi propósito porque fue causa (de) que la obra se publicase sin poderlo contradecir, a lo menos tanto que bastase a salir con mi intención. Como quiera que sea, se ordenó que se diese al impresor. Yo holgara, por el deseo que tengo al provecho común, que la obra fuera muy perfecta, porque cualquiera buena habilidad fuera bien empleada en ella. Podría a lo menos (si quisiese apropiar a mi esta gloria) decir que he sido el primero que pensó y puso por obra de comunicar a los españoles una muy alta ciencia y provechosa como es la del bien hablar y escribir, que aunque entre ellos es de muchos muy deseada, por mejor decir afectada, pocos la alcanzan. Osaré decir y afirmar que si esto pusiera por obra una persona docta y experimentada en la retórica, fuera cosa bien provechosa y aun no menos necesaria que era antiguamente. Porque si entonces había pleitos y contiendas donde podían ejercitar el buen decir y tenían de ello necesidad, no faltan ahora, aunque la manera de proceder sea diversa; y no es tan diversa que no se hacen en ella muchas cosas de las a retórica se enseñan a hacer para defender y acusar, y creo que mejor que ahora se hacen, como lo podría juzgar cualquier jurista que supiese retórica. Demás de esto ha sucedido el enseñar y amonestar al pueblo que llaman sermones (o predicaciones) lo cual, aunque antiguamente antes de la venida de Cristo se usase a otros propósitos, no era tan de veras ni tan ordinario. Y que para todos los otros efectos se dejase, para éste sólo era de procurar con mucho estudio, porque si el que ha de predicar es docto en la Teología mucho le ayudaría para persuadir al pueblo la virtud, o apartar del vicio que quiere, o declarar alguna cosa oscura, o alabar algún santo (que se usa mucho), saber decir por palabras, comprendiéndolas y de buena orden, lo que quiere, con lo cual fácilmente se mueven los ánimos de los oyentes. Por la falta de esto vemos cada día hombres doctos que tienen ciencia y discreción puestos en predicar o dar a entender lo que sienten; no lo ordenan ni saben de manera que ellos alcancen el fin del hablar ni los otros del venir a oír, antes dan fastidio y aborrecimiento. Como quiera que lo que dicen sea muy bueno y que puesto en boca de otro muy menos sabio se podría dar tal color que a todos dejare muy satisfechos. Y lo mismo es el escribir, que hay muchos que escriben libros de buena doctrina pero por tal estilo y orden que en dos hojas que el hombre lee se harta y no dará cuenta de dos razones de todo ello, y así, son tenidos en poco y pierden el fruto de todo su trabajo.

Verdad es que diferencia hay entre la retórica que conviene a los que han de acusar o defender, o favorecer causas delante de jueces o de alguna persona especial; a la que conviene principalmente al predicador, que no tiene que hacer con jueces, ni trata leyes humanas, ni causas de personas ciertas. Pero aunque sea así, que no tenga mucho que hacer con ésto a que se refiere la mayor parte de la retórica, hay también reglas para lo demás. Ya que para mejor predicar cesase el provecho de la retórica, pues todos no predican, para el hablar familiar es cosa muy necesaria porque acontecerá estar hablando con personas que os tienen en suspenso dos o tres horas sin fastidio alguno, otros en poco rato hartan y no han dicho lo que quieren. Y por semejante en el escribir las cartas mensajeras. No niego que el buen natural es de mucho valor para este efecto y que con él sólo muchos sin haber deprendido el arte, porque no teniendo cogidas en uno las circunstancias que se requieren para el bien hablar según la diversidad de las materias y tiempos y personas que oyen, muchas veces no se ayudan de ellas o, a lo menos, no de todas las que se podían aprovechar, y así, cojean sin sentirlo ni saberlo remediar. Común excusa es de la flojedad lo que dicen que todo es burla, sino el buen natural y la retórica que cada uno de suyo tiene. Yo digo que bueno es ésto y lo más sustancial, pero también digo que no hay natural, por bueno que sea, que no pueda ser mejor ayudándole con el arte y diligencia y que, por el contrario, dejándole sin labrarle, no se haga áspero y de menos provecho. No faltaba buen natural a Tulio y Demóstenes y a otros de los antiguos y se quemaron las cejas deprendiendo hasta la menor particularidad que les pudiese aprovechar para el bien hablar, porque les parecía que toda la otra ciencia era muerta sin esta virtud y, así, hicieron arte de ella. Y de los nuestros, el bienaventurado

San Jerónimo, San Agustín, San Juan Crisóstomo y otros muchos doctores santos cuánto trabajaron en ella (a) parece bien por los libros que dejaron escritos, pues no eran de menos buen natural ni menos santos ni letrados que los de nuestro tiempo. Así que aunque el buen natural sea gran parte, mucho más será si se ayuda de arte y esto no sé quien se lo negará. También el que no tiene buen natural con el arte remediaría su flaqueza, y menos desabrido será lo que dijere con mediano estilo y alguna orden que no yendo del todo flojo y desatado. Demás de ésto es necesaria para saber juzgar entre lo bueno y (lo) no tal. Oímos dos predicadores de igual ciencia: uno nos contenta que no hay mas que pedir, al otro no quisiéramos haber oído. Si nos preguntasen o nos preguntásemos a nosotros mismos por qué nos contenta uno más que el otro, diremos que el uno lo dice bien dicho y con buena gracia y el otro no. Esto juzgámoslo solamente por lo que el buen natural nos representa, y así, nos engañamos muchas veces: que, o este natural no es perfecto, o no faltan especiales afecciones que no dejan juzgar derecho cuando especialmente no hay razón y regla donde acudir a compasarlo. Si pusiésemos el arte, veríamos las particularidades y podríamos las decir; porque una buena razón o un ejemplo no dicho en su lugar, salirse de la materia, o el tiempo de detenerse en la digresión, unos meneos, alzar o abajar la voz sin tiempo y proporción, mucho quita o pone del espíritu y así otras circunstancias que ya tienen notadas con mucha experiencia los. que han hecho arte, las cuales sabiendo, vemos las causas particulares del contentamiento o descontentamiento, aunque el mismo que habla no las sienta ni las sepa. Y el mismo fruto hará, para sentir la diferencia que hay de un autor a otro de los que leemos, y en un mismo autor o diverso conocer las virtudes y vicios que principalmente tienen en el hablar y las causas porque nos contentan unas razones más que otras, que muchas veces yendo leyendo notamos sin saber por qué, más de porque nos contentaron, que aunque tenga algún fruto no se ofrece. También si nos queremos aprovechar de ellas imitándolas. También, si sabemos el arte, no nos engañará quienquiera para persuadirnos lo que no es tal, y esto es provechoso, porque acaece muchas veces oír o leer escrituras de hombres que si no son muy santos, son hábiles, que confiando en su arte se atreven a hacer creer lo que ellos quieren y por ventura sintiendo lo contrario y sin tener fundamento de verdad, les bastan unas apariencias, pintándolas y ordenándolas, que quien no les conoce los pasos fácilmente se mueve. Y sabiéndolas, véese claro cómo van por las reglas generales, que antes que digan lo que se sigue, el que conoce el arte, sabe lo que han de decir, y tomándolo desnudo, sin la ayuda de la retórica véese que no es nada. Y por semejante, cuando se hace un razonamiento por apariencia o por ejercicio, aunque parezca que persuade, quitándole las reglas generales, tiénese en lo que es, y no se alaba fácilmente lo que no es de alabar. Porque uno sobre buen natural, bien instruido en la retórica, podrá (como lo hemos visto) persuadir una opinión y después tornar a persuadir lo contrario aunque sean hombres avisados los oyentes, especialmente si la materia tiene pro y contra.

No me quiero detener a decir los provechos de esta ciencia, que no comencé con este propósito. Pero aunque son muchos más, bastarían los dichos para que quienquiera me pudiese con razón decir que, pues la retórica tiene tantos provechos, cuál es la causa por qué en estos tiempos esté tan olvidada, con ser antiguamente tan estimada de los hombres doctos que querían ser tenidos por tales, y por ella muchos de baja fortuna vinieron a ser muy ilustres. La causa me parece (no sé si acierto) que es ésta: lo primero, la falta de ella no se siente como no haya o haya pocos, por no usarse, que la sepan notar, y con lo mediano quedan muy satisfechos. Ya que con el buen natural en el que habla se sienta algún descontento, no se siente de dónde procede ni se sabe remediar y, así, en unos por lo uno, y en los otros por lo otro, quédase por todos. Y ya que algunos sientan esta falta y crean por lo que oyen decir que con el estudio de la retórica la podrían remediar, con no presumir que de ella se seguirá ganancia personal (que es lo que se intentan y principalmente en España), no se disponen a saberla con trabajo y uso tanto como requiere, aun mas que en los otros tiempos; y la causa es ésta: demás de faltar maestros suficientes, las artes que hasta aquí se han hecho de retórica son en latín muy primo y para deprenderlas y usar de ellas presupone muy entero conocimiento de la lengua latina, y éste haíle en pocos cual conviene, por lo cual no se atreven a comenzarlo. Y que lo comiencen es tan dificultoso que les cansa y hace perder la esperanza y no salen con ello. De manera que, por falta de la latinidad, la dejan muchos al mejor tiempo que, con el buen natural que tienen si tuviesen abundancia de palabras latinas conociendo el provecho ellos, se harían tan buena maña para saberla que no faltasen Tulios en nuestro tiempo, ni por eso las otras ciencias estarían menos sublimadas. Pues faltando la latinidad como falta y como tengo por cierto que faltará adelante, a lo menos tal cual conviene para usar de la retórica, no parece que hay esperanza de remedio, si no es darse a la latinidad lo que baste, lo cual en España tengo yo por imposible. Algunos gramáticos y latinos les parecería lo contrario, pero a la experiencia les querría ver. A lo menos no me negarán que ellos y otros más que ellos dirán tan liberalmente en latín lo que sienten y con tan buenas palabras como en castellano, y no habiendo ésto, háse de tener el pensamiento ocupado en las palabras y no puede estar libre para en lo demás, que es lo sustancial. Y así, estando cojos, falta el ejercicio sin el cual no se puede alcanzar cosa perfecta. Si no, véase por cuantos se señalan en retórica entre los que aquí la han oído y oyen en Castilla. Pero ya que los muy cursados hagan algo bueno, no queda remedio para deprender el arte los que no son tan latinos, o no deprendieron poco ni mucho de latín, ni saben otra lengua mas que la que usa en la tierra donde se criaron y viven. Y pues la retórica es arte del bien hablar y todos tienen de ello necesidad y, según vemos, así en sermones como en juicios, cartas mensajeras y hablas familiares, todas hablen en su común lengua y no en latín; sería bien que hubiera arte de retórica en la lengua vulgar porque, a lo menos en Castilla, podrían se aprovechar de ella los que no saben latín para en castellano, y los que saben latín para en latín y castellano. Y según el hablar común está de abundoso y pulido especialmente entre gente de manera, aprovecharían con ello mucho y en poco tiempo. Porque si los que estudian retórica en latín tuviesen tan presupuesta la lengua latina como la tiene en romance uno de mediano natural, no hay duda que saldría largamente con ello tan bien como los antiguos y, por consiguiente, buenos romancistas teniendo arte de retórica en romance y estudiándola, serán buenos retóricos y en poco tiempo; y tengo por cierto que mejores en un año que los que oyen en las escuelas lo serán en tres. Y digo mejores y aún osaré decir que perfectos en su romance, que es lo que hace al caso, pues, como tengo dicho, no se usa hablar en latín. Yo he procurado en muchas librerías si había cosa de esta facultad escrita en romance porque no pudiera ser cosa, a mi juicio, que no fuera mejor que ésta que yo he hecho, para con ella cumplir con quien la mandó hacer. No la hallé y así, de necesidad, hube de hacer lo que pude. No ha sido trasladado al pie de la letra de lo latino, forma diversa lleva, y no mucho porque en todo lo que bastó no mas de trasladarse de un autor o de diversos, lo hice, por poner de mío lo menos que fuese posible (sabiendo bien que no dejara de ser de menos valor que lo otro). Todavía me hizo poner más de lo que quisiera (el) tener intento de hacerlo de manera que aquel por cuya orden lo escribiese pudiese de ello aprovechar sin tener necesidad de declarador, y por esto también me alargué algo más. Con todo, no ha sido tan larga la obra que no se podían decir otras cosas más que parecían necesarias, antes temí ser corto por ir con temor de ser largo, y entre estos dos extremos no pude dejar de poner muchas cosas que parecían buenas ni pude disimular muchas que aprovecharan. Excusaré la brevedad, con que ésto fue solamente ayuntamiento de principios, y la prolijidad, aunque dejé de poner muy buenos puntos y muchos que pudieran aprovechar, como lo vería si lo leyese quien hubiese visto las artes del latín. Y entre otras cosas, por no ser muy largo, dejé de poner algunos ejemplos que aprovecharían mucho para la declaración de los preceptos, pero yo espero que no harán falta. Tampoco pude dejar de usar de algunos vocablos latinos, porque al quererse trasladar al romance no había otros que en sola una palabra pudiesen comprender lo que los latinos comprenden, por la mayor abundancia que en muchas partes la lengua latina tiene, pero de tal manera quedan que se puedan entender. No faltarían de tachar en todo ello, si se pusiese en manos de quien lo hubiese gana, así descuidos como ignorancias, o ser ruín orden, o poder ser mejor. Todo lo creeré de mi aunque, por ventura, no faltarían excusas suficientes. Y por excusar esto de ponerme a juicio de quienquiera en facultad que, aunque es buena, no parece a todos que asienta el estudio de ella en los de mi estado, y por otras consideraciones que a ello me movían, holgara de no publicarla aunque después no se pudo hacer menos.

AVISO NECESARIO

La manera que cada uno ha de tener para saber hacer su tabla, disponer y ordenar cada materia, cualesquiera ejemplos y autoridades que hallare leyendo, para saberse después aprovechar de ellos. Un ejemplo de la misma tabla donde se ponen los principales títulos con sus símiles, anejos, contrarios y correspondientes. Acabadas las partes de la Retórica algo copiosamente, póngolas recogidas como en una tabla para que se puedan mejor encomendar a la memoria. Luego pongo en breve una forma cómo se pueda poner por ejercicio la retórica, no habiendo maestro, y porqué es muy provechoso saber ser breve o abundoso, según se requiere; pongo las cosas señaladamente en que consista la brevedad y abundancia. En fin, como cosa por si y casi diverso tratado, está la manera que se debe tener en leer a los autores y sacar de ellos lo bueno, de manera que no haya necesidad de leer más el que una vez está leído, y lo sustancial que de ello se sacare se ponga en parte que, siendo necesario ello, de suyo se ofrezca, para lo cual se ponen algunos títulos según la diversidad de las materias, cosa a mi parecer buena, como por ella se verá.

Antes que comience el arte, quiero poner la primera y principal regla de la Retórica y de que se tenga muy gran cuidado, es que, sabido muy bien el arte, se sepa disimular, usando de tal manera las reglas que no se pueda, oyéndole, sentir que se acuerda aun de ellas. Porque si el que oye huele que se precia aprovechar de arte el que habla, o piensa que quiere engañar y guárdase, o pone la atención sólo en notar el artificio y, finalmente, es cosa odiosa sentirse que uno tenga cuidado y afectación de bien hablar, y todo junto se pierde y de honra no se gana nada. Y de haberse preciado los buenos escritores de ésto viene que en lo que dejaron escrito es menester mucha experiencia de arte y aviso para conocer las partes de la retórica, aunque ninguna cosa haya que no guarde las reglas que ellos mismos u otros maestros de retórica dieron. Por causa de no acertar en este punto en alguna manera es peligroso para muchos el estudio de retórica, porque dándose a ello, sea con cuanta diligencia quisiéredes, si no es con discreción, solamente quedan, como vemos muchos, con una barbullería de palabras muy hinchadas y no saben acabar cosa que comienzan ni hay quien los sufra. Como la virtud más principal del bien hablar sea decir muchas cosas en pocas palabras, y, aunque también sea decir pocas cosas en muchas palabras cuando es menester dilatar; pero ha de ser de arte que parezcan muchas cosas y pocas palabras. Así que, de tal manera se ha de saber y usar de las reglas de la retórica, que todo parezca salir sólo de buen natural. Para lo cual y para todo lo demás conviene, y tanto que éslo todo, poner por ejercicio hablando o escribiendo lo que se deprendiere, porque con ello todo es fácil y faltando piérdese mucho trabajo. Y aunque en todo tiempo es bueno, mucho más a los principios en los cuales, poniéndose la diligencia necesaria, sábese el arte, cualquiera que sea, y perfectamente de una vez. Y no hay necesidad de andar adelante siempre estudiándola, envejecidos en preceptos y en facultades, que sólo sirven haberse estudiado y dañan siempre estudiarse; de las cuales una es la retórica, que quiere al principio cuidado y trabajo y una vez bien sabida adelante, se descuiden de ella. Y habiendo negligencia donde se requiere diligencia, hace poner diligencia dañosa donde ya la diligencia sería provechosa.

Pues, presupuesto lo dicho, comencemos el arte.

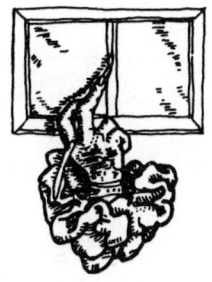

CAPITULO PRIMERO

Qué cosa sea retórica y cuál sea el fin del retórico

Por ir por orden, pues lo primero se suele saber qué es aquello que se ha de tratar, diremos qué cosa sea retórica. Retórica es arte de bien hablar, por otro nombre se podría decir oratoria, y de aquí viene retórico u orador, el que sabe bien hablar. Suelen también poner diferencia que retórico sea el que enseña el arte y orador el que la usa. Podrase ahora decir que es retórico u orador el que en público (en juicio o fuera de él) hace alguna oración o razonamiento bien hecho, pues usa de la retórica, como hacen los predicadores y los abogados en sus peticiones o escritos. El fin del retórico es persuadir o hacer creer lo que intenta con ayuda de enseñarlo probándolo y no sólo sin pesadumbre, pero aun deleitable y apaciblemente y en fin, mover las voluntades de los oyentes. Y si algunos dijeron que son tres los oficios del orador: enseñar, deleitar y mover; y aunque el orador con lo que dice no alcance estas tres cosas, no deja por eso de hacer su oficio y ser orador si a lo menos habló bien, así como el médico no deja de ser médico si intentando curar una enfermedad, después de haber hecho todo lo que de su parte se requería, no la sana. Y por quitar esta cuestión, si es uno retórico o no lo es, considerando si alcanzó el fin de la retórica, es mejor decir que los oficios del orador son los que aquí se pondrán por principales partes de la retórica, después de haber puesto los géneros de las causas que el orador trata.

CAPITULO II

De tres géneros de causas en retórica

Dejando aparte lo que se podría decir qué cosa sea propiamente causa, en retórica llamamos causa la habla o razonamiento que se hace delante (de) algunos jueces o de otros que oyen. Y mirando por los que hicieron arte, las diferencias de las materias sobre (las) que se podía ofrecer hablar, parecíoles que se debía distinguir entre tres géneros a que llamaron demostrativo, deliberativo, judicial. En esto se ejercita principalmente el orador. Y aunque parezca haber otras cualidades de causas de que se pueda hablar, todas, empero, se refieren a estos tres generales o alguno de ellos con quien tiene más afinidad. Y así, por esto, como por hacer menos distinciones que suelen ofuscar, dijeron en general tres son los géneros que trata el orador: demostrativo, deliberativo, judicial.

Demostrativo es cuando demostramos, o enseñamos, o damos cuenta de alguna cosa. Como es de persona, provincia, ciudad, montes, puentes u otros lugares; o alabamos o vituperamos a alguien. Dícese demostrativo porque demuestra cuál sea la cosa de que trata. De este género de causa usan más los historiadores. En otra manera, muy pocas veces viene por si solo, porque pocas veces acaece venir a hablar sólo por mostrar, alabar o vituperar alguna cosa; salvo yendo tratando otro propósito, ofrécese haber menester hacerlo, como es amonestando alguno que se vaya a morar a alguna ciudad, detenémonos a contar la manera de ella y alabarla.

Deliberativo es cuando amonestamos o persuadimos que crean o no crean alguna cosa. Dícese deliberativo porque cuando una cosa está puesta en duda si es buena, o de dos o más qué sea la mejor, determina por razones y persuade o da a entender cuál sea lo bueno o lo mejor. Y así, comúnmente, cuando alguno está en duda pensando lo que hará decimos: «delibera», o, «¿habéis deliberado lo que habéis de hacer?». Llámase este género de causa en latín también suasorio, en romance no se usa «suadir» en cuyo lugar decimos persuadir y aún vocablo más general. De este género usan por la mayor parte los predicadores, al cual se refiere cualquier manera de amonestación, exhortación, consolación, petición, etc.

Judicial es cuando acusamos o defendemos alguno. Dícese judicial porque siempre se trata en juicio, pero más generalmente, es cuando hay controversia o diferencias, por lo cual se ponen aquí cualquier manera de queja, excusasión, tacha, amenaza. Finalmente, cualquier otra cualidad de causa fuera de las que aquí están señaladas, se refiere a uno de estos tres géneros. De manera que cualquier cosa que sea pertenece hablar al retórico, y porque mejor se pueda conocer de qué género sea cada causa por la mayor parte, podrá aprovechar esta distinción.

Toda causa o se trata en juicio o fuera de él. Si en juicio, será judicial (y entiendo juicio cuando hay demanda y respuesta, queja y excusa); si fuera de juicio, o se trata de cosas pasadas o de porvenir. Si de cosas pasadas, será demostrativo. Si de las que están por venir, deliberativo. Porque las cosas que están pasadas contamos, y las que están por venir deliberamos u ordenamos cómo se deban hacer.

Esto basta por ahora de estos tres géneros de causas. Adelante, en otro lugar que no impedirá y será más conveniente, se pondrán algunas consideraciones que en cada uno de ellos en especial se tenga. Ahora vengamos a lo que se comenzó a tratar. Y por concordar con los unos y con los otros que han escrito retórica, diremos que cinco son las partes de la retórica o los oficios del orador de esta manera.

CAPITULO III

De las partes de la retórica

Como cuando hemos de hablar o escribir en cualquier género de causa que sea, se requiera primeramente pensar e inventar qué decir. Después de hallado, ordenarlo y poner cada cosa en su lugar; ni basta saber lo que hemos de decir y por qué orden, si no se dice con palabras propias y usadas; y, después de ésto, sea necesaria la memoria para poderse acordar de lo que ha de decir, y después, buena pronunciación y meneos para referirlo. Miradas estas cinco cosas en las cuales está la sustancia del bien hablar, pónense cinco oficios del orador o cinco partes de la retórica sustanciales: invención, disposición, elocución, memoria, pronunciación. Pues cualquiera, para hablar bien, ha de tener estas cinco partes, y si no las tiene todas las cinco, mientras más tuviere, más partes tendrá para ello.

Lo primero saber inventar lo que después pueda decir, que es Invención. Lo segundo ponerlo por buena orden, que es Disposición. Lo tercero que sea por palabras pulidas y usadas, que es la Elocución. Lo cuarto decorar y acordarse lo que inventó y dispuso, que es la Memoria. Lo quinto decirlo con buena gracia y meneos, que es la Pronunciación. De cada parte de estas se tratará en especial.

CAPITULO IV

De la Invención

Invención es pensar cosas verdaderas o verosímiles como que lo que inventa el que habla parezca razonable. Entre las cinco partes de la Retórica ésta es la más larga, la cual sabida, se tiene lo más del buen hablar. Y así, comunmente, hablando de alguno que habla bien, se dice que tiene buena inventiva. En cualquier oración o razonamiento, mayormente si es perfecto o largo, se dice primero alguna cosa que prepare a que se tenga atención y oiga de buena gana lo que se ha de decir, y no siempre conviene echar luego mano, como dicen, y a las primeras decir lo que quiérese a secas. Hecho ésto, cuéntase lo que pasa, luego apártase de lo que se contó y propone lo que principalmente se entiende probar, después tráense razones y argumentos para probar lo propuesto, en fin, se concluye como no quede suspenso. Estas seis partes puede tener cualquier oración cuando mucho, y muchas veces se contenta con menos, según es la calidad de lo que se trata. Y así, dicen que son seis las partes de la oración: exordio, narración, división, confirmación, confutación, conclusión. Para cualquiera de ellas conviene al que ha de hablar tener las cinco partes que arriba están dichas que ha de haber el orador. Inventar qué decir para cada una, ordenarlo bien, decirlo por buenas palabras, con buena memoria y pronunciación.

Para lo primero, que es inventar qué decir, se tratará de cada parte de estas seis de la oración, diciendo qué cosa sea y lo que principalmente en cada una de ellas se debe procurar para que de ello, como de fuentes, se pueda sacar todo lo necesario e inventar con facilidad lo que pueda servir al propósito. Y porque lo que principalmente en ellas se trata es saber inventar, considerando ésto, encerráronlas en la invención, y así, sin diferencia dicen «seis son las partes de la oración o de la invención». No embargante que

en cualquiera de ellas se toca algo de las otras cuatro partes de la retórica, en especial de la disposición, pero poco.
Ahora trataremos del Exordio.

CAPITULO V

Del Exordio

Exordio es el principio de la oración con el cual hacemos los ánimos de los oyentes atentos, benévolos (que es diciendo algo con que les ganemos las voluntades), y dóciles (que es diciendo algo como estén aparejados y deseosos de saber lo que se ha de decir). Hacemos los oyentes atentos si prometemos de hablar de cosas nuevas, grandes, o no usadas, o que pertenecen al bien común, o en especial a los que oyen; si rogamos que estén atentos, si antes que hablemos nos detenemos un poco con alguna gravedad o serenidad del gesto, si prometemos que seremos breves solamente diciendo lo necesario al efecto de lo que se ha de tratar; y también si entre las otras cosas se dice algo que sea gracioso y provoque a risa, porque aun con esto se quita el fastidio, si lo hay, y se renueva la atención. Pero en cosa de decir gracias conviene mirar la cualidad del que habla y de los oyentes y la materia que se trata con las otras circunstancias de tiempo y lugar. Lo otro será si mostráremos no saber por qué palabras comenzar, con estas cosas o con alguna de ellas los oyentes tienen atención a lo que se ha de decir. Benévolos hacemos los oyentes por parte de nuestra persona, si alabamos sin arrogancia algún hecho nuestro que venga al propósito de la causa, o contando en general nuestra fidelidad, amistad y diligencia, trabajos, pobreza, desdichas, etc. Rogando que nos favorezcan, diciendo no tener en otros algunos esperanza; o refiriéndolo a la persona del que favorecemos si no es la causa propia. Por otra parte de la persona del contrario ganamos benevolencia si decimos algo con que venga en aborrecimiento de los oyentes y será, señalando alguna cosa que haya hecho maliciosa, soberbia o atrevidamente o, como quiera, fea o mala. Diciendo también algo como lo menosprecien y tengan en baja opinión: que es apocado, mujeril, lujurioso, glotón, flojo, etc. O contando su poder, mando, riquezas, linajes, alianzas, y compañias y dijéremos que en ésto confía más que en la verdad. Por la persona de los oyentes alcanzaremos benevolencia alabando a ellos o a sus cosas fuerte, sabia, magníficamente hechas, y cuan buena fama haya de ellos y, por consiguiente, opinión que en lo presente y en todo lo demás lo harán así. Aquí es de notar que la alabanza del que oye debe ser apropiada a la causa que se trata, porque si es de alguna desdicha o desastre, alabarse ha de misericordioso. Si es sobre remedio de algún agravio, alabámosle de severo y que guarda justicia. Si favorecemos a honesto alabamos su honestidad, etc.

Por parte de la misma causa que se trata, hacemos los oyentes benévolos si la alabamos mostrando ser en sí digna de ser acusada, defendida, seguida o desechada; tachando la opinión y propósito de la parte contraria y diciendo ser provechoso para los oyentes lo que se tratare. Y con esto postrero juntamente alcanzamos atención y benevolencia. Atención porque es provechoso lo que se dice y benevolencia porque procuramos su provecho de los oyentes.

Docilidad se alcanza poniendo delante en suma lo que después a la larga se ha de tratar, con la orden que se ha de tener en el proseguir y deshaciendo primero que otra cosa se haga aquello que creemos que nos puede hacer más daño y por lo cual, si los oyentes no se satisficiesen, podrían en lo demás tener ruin opinión y engañarse creyendo no ser verdadero.

Por estas maneras o por algunas de ellas podemos hacer los oyentes atentos, benévolos y dóciles, o uno u otro, que es lo que se ha de intentar en el exordio o principio de la oración. Y si se mira con cuidado, no hay alguno que hable o escriba, que bien o mal, no procure de hacer algo de esto, y aunque hacerlo mayormente pertezca al exordio, también se intenta en las otras partes de la oración habiendo ocasión para ello, y en cualquier parte que se haga, no es necesario usar de todas las maneras dichas, ni se podría hacer y en las pocas o muchas que se usaren, tampoco se requiere ponerse por la orden que aquí van puestas, mas aquellas y cuantas fueren menester, y por la orden que mejor viniere.

La atención mayormente se renueva entre las otras partes de la oración por estas maneras o semejantes:

«Cosas recias os parecen éstas, pues muy pequeñas son en comparación de lo que delante diré». «Detenido me he en lo pasado, lo demás diré en dos palabras». «Quiero ahora venir a lo que hace al caso».

El hastío y cansancio se quita diciendo de cuando en cuando alguna de estas formas o semejantes:

«Parecerá es ésto, por ventura, cosa de que no se debe hacer mucha cuenta; pues oíd con atención y veréis ser muy sustancial». «Estad atentos y veréis donde voy a parar, que no he hablado esto sin causa». «Escuchad una cosa maravillosa», o «Cosa muy de reír», etc.

La benevolencia también se puede renovar por las formas que hablando de ella puse, y así de la docilidad. Hay dos maneras de exordios o principios. El uno cuando hacemos los oyentes atentos, benévolos y dóciles por palabras y a la clara, como es lo más ordinario, y se hace por las maneras que están puestas. El otro se llama insinuación, que es cuando lo hacemos por palabras expresas más implícitas, o por señales exteriores como son las lágrimas o suspiros u otra señal. Y es menester saber cuando se debe usar de principio y cuando de insinuación, para lo cual se debe notar lo siguiente.

Dijimos ser tres géneros de causa: Demostrativa, Deliberativa, Judicial. Ahora se dice que cualquiera de estos tres géneros puede ser repartido en otros cinco géneros. Honesto, que es cuando alabamos, persuadimos, defendemos o acusamos aquello que al parecer de todos es de alabar, persuadir, defender o acusar; como es alabar la castidad, persuadir la paz, defender al padre o deudo y acusar al ladrón; en causas semejantes usamos de principio a la clara por una de las maneras dichas o por algunas de ellas. El otro género es torpe, que contradice a las causas del género honesto, favoreciendo lo torpe y malo; aquí se debe usar de insinuación, procurando alcanzar atención, docilidad y benevolencia o algo de ello por algunas señales o palabras dichas por rodeos, que muestre conocer ser la causa, a lo menos a «prima facie» torpe, pero que espera que oyendo algo de lo que quiere decir, mudarán el parecer, etc. El tercer género es dudoso, cuando la causa es en parte torpe y en parte honesta; como si favoreciésemos a padre, deudo o amigo que fuese ladrón, o hubiese hecho algún maleficio; porque honesta cosa es favorecer a los padres deudos o amigos y torpe favorecer a los malhechores. En tales casos usaremos de principio, excusando y deshaciendo primero aquello que parece tener torpedad, porque no dañe. El cuarto género es humilde o bajo, cuando se trata causa de poca cualidad y de que parece que se debe hacer poca cuenta, y entonces, porque no la desprecien y dejen de oír por su poco valor, háse de procurar de hacer los oyentes atentos. El quinto género es oscuro, cuando la causa está intrincada y mala de averiguar. En tales casos hánse de hacerse los oyentes dóciles, poniéndoles la suma de la causa delante los ojos bien distinguida para que, dándoles alguna luz con irlo entendiendo, estén atentos.

 Son de notar algunos tiempos en que no se debe usar exordio. Cuando los oyentes están persuadidos de lo que primero hablaron, en tal tiempo es bien comenzar la oración con lo que el contrario dijo a la postre, o de aquello que temo que le puede hacer más daño y en que la parte contraria puso su esperanza. También, cuando están cansados de oír a los que primero hablaron, comenzamos con alguna fábula o dicho gracioso traído a propósito, con lo cual se quite el fastidio y oigan de mejor gana. Y no se debe reprobar ésto por cosa no grave que, si se sabe notar, por muy grave que sea el que habla lo hace muchas veces. Cuando la materia es tal que de suyo hace el efecto de exordio, que es hacer los que oyen atentos, benévolos y dóciles, como lo que tratan los predicadores y declaradores de la Sagrada Escritura, que en si tiene reverencia, gracia y provecho entre cristianos, y de suyo trae ser oída de buena gana y ser agradecido lo que se dice; podráse dejar el Exordio, como lo veremos muchas veces en los doctores antiguos de la Iglesia en sermones y exposiciones que hacían al pueblo, aunque ahora en este tiempo no es sermón el que no tiene una salutación, que dicen comúnmente, en que se detienen poco menos que en todo lo demás. Y tiénese por costumbre hacer principio del sermón por una autoridad de la Sagrada Escritura, que se dice tema, lo cual, aunque los doctores antiguos usaron algunas veces, no ordinario, como ahora, porque pensaban la cualidad de lo que habían de tratar y si al propósito de la materia tenían una autoridad de la Sagrada Escritura, poníanla por tema. Como es, queriendo persuadir a misericordia tomarían por tema lo del Evangelio: «sed misericordiosos como Vuestro Padre es misericordioso», o, «Misericordia quiero y no sacrificio». Y procuraban apropiar lo que decían al mismo propósito, y era fácil de hacer, y, aún habiendo ésto, muchas veces dejaban el tema. En estos tiempos no, siempre ha de haber tema y parece gran cosa a algunos si viene de allá muy lejos, fuera del propósito que, o lo dejan sin aplicarlo y declararlo, o, por aplicarle primero a la salutación y después a la otra parte del sermón a diversos propósitos, lo vuelven de mil colores a él y a otras autoridades de la Sagrada Escritura, traídas por la fuerza y como arrastrando, hasta que a ellos les parece que cuadran, o que los que oyen piensan que cuadran y, muchas veces, no en muy buen sentido, aunque todo se pueda sufrir no creyendo que han hecho poco. Pero si pesasen bien el fruto que queda del sermón, por ventura les pareciera otra cosa porque, aunque muchas veces y por la mayor parte sea bueno, no lo será siempre; y puédese tomar el Evangelio y declararle por orden, deteniéndose en unos pasos que son más de ponderar que otros, y habría siempre qué decir y siempre muy bueno. Por ésta y por otras maneras se puede sin exordio comenzar el sermón, como lo hacían algunos sabios predicadores a imitación de los doctores antiguos.

Por muchas causas puede ser el exordio vicioso, los retóricos ponen cuatro. La primera si es muy compuesto, con palabras altas e hinchadas, porque debe ser llano y claro y sin aparato de palabras, de manera que no se pueda sentir estudio de composición; porque, aunque en todas las partes conviene disimular el arte, mucho más en el principio. Otra manera es de vicioso cuando es común que se ha dicho por él o por otro algunas veces, o se puede aplicar a diversas materias. La tercera es por largo, si es más de lo que la causa requiere. La otra, si es contra las reglas: que hace los oidores dóciles cuando han de ser atentos o, por el contrario, cuando no hace ni lo uno ni lo otro.

Después del exordio o en comenzando, se suele usar algunas veces de invocación, comúnmente se hace, entre los predicadores, a Nuestra Señora y ya tiene Esta preeminencia con mucha razón. El tiempo en que la invocación se haya de hacer, comúnmente se hace, platicado primero un poco el tema y aplicado si pueden, por según regla y razón, mejor es; o primero que todo, pues para todo es menester gracia y ayuda divina; o, a lo menos, después de pocas palabras; porque si los predicadores han predicado sin gracia hasta el tiempo en que la piden, tanto será lo desgraciado como lo gracioso.

CAPITULO VI

De la Narración

Muy natural es que, aparejado el oyente con el Exordio, ya atento, benévolo y dócil; le proponga y cuente luego lo que se ha de tratar. Así la narración pone delante los ojos lo que pasa, siempre tirando a persuadir ser verdadero lo que se cuenta. Muchas veces no hay lugar de narración, por ser tan breve la causa que sólo basta proponerse; y cuando se cree que se sabe bien lo que ha pasado y sólo queda probar ser en favor de una parte o de otra. O son dudas que comúnmente se tratan, como es si la vida de los casados es más segura que la de los clérigos, la de los simples que la de los sabios, etc.; u otras proposiciones generales, como «Dios es misericordioso», etc....; o son preceptos ya de autoridad, y, finalmente, cuando se procura y es menester brevedad, porque en tales casos y semejantes bastará proponer.

Hay dos maneras de narración. La primera cuando contamos lo que ha pasado, aplicándolo cuanto más podemos al propósito de nuestro intento, por alcanzar victoria, y esto pertenece a las causas que ha de haber adelante juicio, y hácese por estas maneras:

La partición, que es dividiendo todo lo que se ha de contar en partes, como si dijésemos: «Diré primero lo que acaeció antes que viniese, luego lo que se hizo en su presencia, después lo que pasó él ido.» Y esto quita el fastidio y da atención, como se dirá adelante hablando de la división. La otra manera es con preparación, añadiendo algo de nuestro que ayude a fundar la intención, sin lo cual la narración podía quedar verdadera. Ejemplo: «Fue Pedro a Roma, no habiendo sospecha de guerra, y poco después se revolvió la ciudad», es la verdad de lo que pasa. Decir que no había sospechado de guerra, añádelo de suyo el que hace la narración para, con ello, preparar al que oye que sospeche mal de Pedro en aquello y en lo demás que se dijere, que es que Pedro fue causa de revolver la ciudad, según lo intenta el que acusa. La otra manera es amplificando o encareciendo la cosa más de lo que, por ventura, es. Las maneras de amplificar o, a lo menos, algunas de ellas se pondrán adelante, tratando de la conclusión. Ejemplo: «Toda la ciudad asoló, todo el culto divino destruyó. Ya no hay Roma, no hay religión». Dícese, aunque sea verdad que de la destrucción quede mucho libre y salvo.

Otra manera que se incluye en la pasada, es disminuyéndolo. Como si llamásemos a la disolución alegría, a la necedad sinceridad, etc.

La otra manera es amonestando (como de pasada y yendo diciendo otras cosas) a los oyentes las razones que tenemos. Como si acusamos a alguno, yendo haciendo relación, diríamos de cuando en cuando: «¿Veis si es razón que sea castigado?». «No lo acusan sin causa». O, si le defendiésemos diríamos: «Hasta ahora no hay porqué decir que tiene culpa». Con estas palabras, o semejantes, que confirman el intento, se amonesta tácitamente a darnos crédito y juzgar en nuestro favor. De estas maneras se puede aprovechar en la narración cuando se cuenta por alcanzar victoria donde adelante ha de haber juicio.

El otro género de narración es de cosas que pertenecen en algo al propósito que se trata, aunque no sea todo propio de la misma causa. Y esto se llama digresión, porque nos salimos de la materia por decir algo que parece hacer al propósito. Esta digresión se hace por tres causas. La primera es por pasar conveniblemente a otra cosa necesaria, de esta manera: Vamos contando una cosa y queremos pasar a otra que es sustancial y no se podría hacer bien sin sentirse disconformidad, y, por excusarlo, decimos otra cosa en medio a que puede dar ocasión la pasada; y la de en medio da ocasión para decir la de adelante, tras la que andábamos; que si se pusiera incontinente con la primera, no concertara. Ejemplo: Mi intención es contar en qué manera Pedro me hurtó un jarro de plata, con propósito de alcanzar victoria para que lo condenen, y por ésto me quiero ayudar de las circunstancias que pudiera para que le tengan por ladrón. Y digo así: «Estando yo en la plaza, vi a Pedro quitar unas puertas de una ventana de mi casa, y entró dentro y salió con mi jarro de plata que mé llevaba hurtado; fui corriendo a tenerle y ya era ido; llamé a Juan y, para que me ayudase a buscar, le dije lo que pasaba y él me ayudó porque también a él había hurtado. Pocos días había una capa; pero no le pudimos tomar». Que a Pedro le viese hurtando el jarro y haberle visto entrar por la ventana y salir con él, es la narración sustancial. Ponerle en ruin opinión, dando a entender que lo tenía por costumbre y contar el otro hurto que había hecho, no lo podía incontinentemente poner, aunque perteneciese algo a la causa, porque parecía cosa por sí y sintiérase haber pasión clara; pero lo primero dio ocasión a decir que llamé a Juan para que le ayudase, y esto dio ocasión para decir lo postrero que Juan le había dicho de la capa, de manera que pareciese solo contar lo que a él le acaeció.

La otra causa de la digresión es por alabar y vituperar alguna persona u otra cosa, como yendo hablando a algún propósito, entre lo demás hacer mención de alguna persona o cosa a que yo tengo afección, o de alguna virtud y, por algún respecto, sálgome de la materia a alabarla; o, por el contrario, si no estuviese bien con ello, o fuese algún vicio, vituperarlo.

La tercera es cuando nos salimos a describir o pintar la manera de algún lugar, persona, tiempo u otra cosa en general como es batalla, convites, etc.; o declarar alguna materia que de camino se ofreció tocar. Esto se hace por adornar o por deleitar, poniendo a los oyentes delante de los ojos a la larga la cualidad de aquella cosa que se nombraba, que por ventura no sabían. En las cuales digresiones, cuando se hacen al principio o al fin, se pueden detener, porque, siendo propósito y con buen estilo, aprovechará para muchas cosas; pero cuando son al medio, no conviene alargarse en ellas porque no hagan perder el intento así al que habla como a los que oyen, a lo menos, enfriar lo que principalmente se trata, y ya que sea, debe quedar la materia en punto seguro para conveniblemente retornar a ella.

Y porque el describir las maneras de las personas, lugares, tiempo y otras cosas es muy provechoso hacerse bien hecho, ora sea en digresión, ora por por principal materia; quiero poner algunas reglas especiales para ello después de poner las circunstancias que, así para este efecto como para otros que adelante se tocarán, son necesarias. Para lo cual, cuando fuere menester, podrá ocurrir aquí.

CAPITULO VII

De las circunstancias de la persona

En cualquier persona se ha de considerar de qué linaje sea, quiénes fueron sus padres y abuelos; porque, por la mayor parte, los hijos son tales como los padres, y tales costumbres e inclinaciones tienen. La nación, porque siempre hay unas costumbres más naturales a una gente que a otra. A uno se inclinan los alemanes, a otro los flamencos, a otro los españoles, etc. Y también en una nación se tienen unas leyes y costumbres y en otra no se usan aquellas.

La crianza y conversación; porque, a las veces, se pega más de aquellos que nos criaron y con quien conversamos, que de los mismos padres.

El género, si es hombre o mujer, porque uno es más natural a los hombres que a las mujeres, y por el contrario.

La edad; si es viejo, hombre mancebo, muchacho o niño, porque cada edad de estas tiene unas inclinaciones y palabras y meneos más naturales. Porque más se creerá un adulterio de una mujer u hombre hermoso que de uno feo, y una fuerza de un valiente que de un flaco.

La fortuna, si es pobre o rico, y de parientes y amigos ricos o pobres. Porque muchas cosas se podrán presumir del rico que no se presumirán del pobre, y por el contrario.

La condición o estado. Hidalgo o no, dignidad u oficio público, o lo ha tenido. Si es padre o hijo, libre o esclavo, casado o soltero, tiene hijos o no, es fraile o clérigo.

El oficio, si es letrado, juez o abogado, escribano, sastre, zapatero, carpintero, etc.

Estas circunstancias y otras que puede haber son exteriores y, aunque por ellas se pueden conjeturar algunas de las interiores del ánimo, todavía se señalan, y son: si es cobarde o atrevido, casto o lujurioso, humilde o soberbio, etc., a qué cosas es más inclinado.

También es circunstancia lo que ha dicho o hecho antes de aquel tiempo, porque por ello se puede sacar lo de presente y porvenir. Si es hurto y suele hurtar; si es lujuria y suele ser lujurioso; si le acusan de alguna muerte y ha sido otras veces homicida.

Saber qué nombre tiene es también circunstancia, aunque más ayuda a efecto de tener qué decir que para poderse de ello sacar alguna especial condición o sospecha, porque hay muchos nombres y sobrenombres que en si tienen significación. Si se llama Inocente y le acusamos; decimos no ser inocente, mas malhechor; si le defendemos, decimos que concuerda bien con su nombre. Y así, si se llama Juan Bueno, responde el otro si le favorece: «y bien bueno»; si le acusa, dice: «dígole malo», etc.

CAPITULO VIII

De las circunstancias de lugar, tiempo y de las otras cosas

Si es alto o bajo, ancho o angosto, oscuro o claro, público o privado, frecuentado o solo, sagrado o profano, lícito o vedado, etc.

Las circunstancias de tiempo son: qué parte del año; invierno o verano, estío u otoño; qué día, qué hora, si era noche o no; qué parte de la noche o del día. Si fue breve espacio o mucho, tiempo de paz o de guerra, de regocijo o de sosiego, de placer, etc.

Las circunstancias de cualquier otra cosa en general son: mirar porqué causa se hizo, con qué instrumento, por qué ocasión, de qué manera, por qué persona y en qué lugar y tiempo, etc.; consideradas las circunstancias especiales de éstas.

Estas circunstancias, bien sabidas, son de tanto provecho que, el que supiere aprovecharse de ellas, no puede dejar de estar muy fácil en cualquier materia para muchas cosas; como es para amplificar, o engrandecer, o disminuir, y para probar y confirmar y tener en cuenta abundancia de razones y argumentos, y para poner delante de los ojos, tan evidentemente como si se viese, cualquier cosa de que se quiera dar cuenta. De tal manera que, así como no se puede encubrir, aunque lo disimule, el que es músico o sabio en otro arte; así, por el buen uso y saberse aprovechar de las circunstancias, se conoce al que es retórico, y él sentirá en otros de dónde les proceden la mayor parte de las buenas razones y argumentos. Y esto baste por ahora de las circunstancias. Vengamos a lo que se comenzó a decir de la narración o manera de dar cuenta de las personas, tiempo y lugar y de las otras cosas.

CAPITULO IX

De la narración o manera de dar cuenta de la cualidad y particularidades de la persona

Dos maneras de personas solemos pintar hablando o escribiendo, la una es verdadera, la otra fingida. La verdadera, cuando queremos mostrar la hermosura y disposición de alguna persona que vive o vivió; para lo cual conviene decir cada una de las facciones por sí, mayormente aquellas en que más se señala la fealdad o hermosura, flaqueza o fortaleza que queremos mostrar, poniendo comparaciones con otras personas conocidas o cosas que denoten aquella fealdad u otra disposición, de manera que parezca a los oyentes ver lo presente. Como pinta Homero a Tersites, y él mismo, y también Virgilio a Helena. Y aunque la narración y pintura de la disposición corporal acaezca algunas veces; pero mucho más la disposición del ánimo, que los retóricos llaman notaciones, que es cuando pintamos a una persona enamorada, lujuriosa, avarienta, dormilona, parlera, envidiosa, mentirosa o con otro vicio o virtud que en ella esté notado, o queremos que noten. Ejemplos hay muchos de éstos en estas comedias o farsas que hacen, donde siempre procuran de ponerlo muy al natural. Si ponen un enamorado, las palabras, las obras, los meneos, pensamientos y congojas y otras circunstancias tan naturales, que muchas veces hace descuidarse a los oyentes oyéndolo como de veras. Y lo mismo si pintan un viejo avariento y sospechoso, una ramera halagüeña, un rufián renegador, un mozo mentiroso y otras cosas semejantes, o según se ofrecen al esfuerzo principal. Lo cual se hará bien, consideradas las circunstancias dichas, y principalmente la nación o patria. Si es francés o italiano, español o de otra nación; que por la mayor parte tienen diverso traje, lengua y costumbres y leyes, etc. El género, porque varón se pinta más grave y severo; la mujer parlera, inconstante y supersticiosa, etc. La edad, porque unas palabras e inclinaciones son más de los viejos que de los mancebos y niños. La fortuna, con fausto y más atrevimiento se pinta al rico; el pobre humilde y temeroso. El oficio, estado, crianza y disposición, según está dicha, con las otras circunstancias que hubiere lugar. Débense notar también las afecciones naturales, según es el amor de los padres por los hijos, del marido en la mujer, del ciudadano en su patria, del príncipe en su pueblo, etc. Lo cual sabido, damos a cada persona su natural, que los retóricos llaman «decorum». Sabiendo también que demás de tener el viejo o el mozo, el soldado o el fraile y los demás las cosas que más propias les son, pero no embargante ésto, muchas veces se puede introducir una misma persona, diversa en sus palabras y obra; como se ve bien en las comedias, que casi parece que maestradamente las pintan contrarias. Como es en Terencio, que introduce dos viejos hermanos, Demea y Micio, el uno tenía por costumbre de siempre gruñir y reprender a su hijo, el otro de halagarle. Cremes siempre apacible y alegre, Simón, bravo y sospechoso. Y así de otros muchos que fácilmente podrá notar quien lo leyere. De manera que, después de lo que más comúnmente a cada persona le es propio, es bien saber que aun ésto a veces se suele mudar, poniendo, empero, esta mudanza siempre con un resabio de aquello más comúnmente natural. Y si tratamos de persona que ya en algún autor está puesta cumplidamente, o a lo menos lo más principal de ella, debemos imitar lo que aquel autor le pone por natural. Si es continente o lujurioso, cruel o misericordioso, etc. Y lo mismo se debe guardar si fingimos hablar a alguna persona ausente o difunta, como sería si dijésemos: «Si ahora resucitasen los viejos dirían...», poniendo aquí lo que verosímile, conocido su natural, se cree que dirían. Y aun ésto no solamente lo que dijimos en las personas difuntas o ausentes, pero aun damos habla a la naturaleza, a la patria o provincia, o cosas semejantes, como diciendo: «Con razón se podría quejar ahora nuestra tierra y decir...». Y aun también damos habla a los animales y árboles y cosas sin ánima, como más largamente se puede ver en las fábulas y cosas fingidas. Lo cual se puede hacer al natural, conocido lo que es propio de cada cosa de éstas.

Contarase también entre la narración de las personas fingidas cuando ponemos delante, a manera de persona, con vestidos y palabras a la Justicia, o Fortaleza, o cualquiera otra virtud o vicio, a la Filosofía, a las Musas. En lo cual también se debe tener respecto que las vestiduras y palabras tiren a significar en mucho o en algo lo que es natural a cada cosa de éstas. Como si fingiesen a la Filosofía con gesto constante y lleno de reverencias y con otras señales que Boecio la pinta. A las Musas, alegres y con «vulto» sereno. A la Justicia, el gesto claro y los ojos quedos; y así de las otras cosas.

CAPITULO X

De la narración o pintura del lugar

Cuando damos cuenta de algún lugar como es provincia, ciudad, monte, región, río, puerto, fuente, huerto, casa, templo o cosa semejante; debemos procurar que sea así como si, estando en el mismo lugar, trajésemos por la mano al que lo oye. Diciendo el sitio si está en lo alto, bajo, en monte o fuera de él, qué mar o río le cerque, que anchos y longura tenga, qué aires corren en él, qué ciudades o lugares tenga cerca, o montes, si es alegre o no, y otras cosas semejantes. Después, como quien viene a lo mas particular, aquello diremos primero que al que en él entrase primero se le podría ocurrir.

Si es villa o casa de gran edificio, pondremos cuán grande y cuál sea la entrada, de qué materia edificada y de qué cosas particulares esté adornada, cuántos aposentos, y qué ventanas, y a qué mano puestas, y con qué vistas; y así, de todas las otras particularidades. Si es río o lago cuán ancho sea, cuanta agua lleve y cuán recia o mansa, de donde nazca, qué ríos o arroyos entren en él, por donde pase, qué formas de peces críe y las maneras cómo se navegue. Si es huerta o campo qué frutos lleve y en qué cantidad, cómo se labre. Si es monte cuán alto y cuán ancho sea, qué árboles críe, qué caza y géneros de animales. Y así en esto, como en todos los lugares demás, se deben mirar todas las particularidades y circunstancias que tienen, y miradas, se pueden poner las que mejor parecieren o todas; de manera que siempre se ponga delante de los ojos tan evidentemente como si se viese. Estos lugares muchas veces son verdaderos, según realmente en alguna parte están; otras veces son fingidos, como es la Casa de la Fama o del Sol en Ovidio y de otras cosas semejantes en él mismo y en otros autores, en los cuales también se debe guardar que las particularidades que en ellos haya sean conformes a lo que las cosas para que se señalan piden.

CAPITULO XI

De la narración o pintura del tiempo

El dar cuenta de la manera particular del tiempo pocas veces acaece mas de decir si era verano o invierno, noche o día, por la mañana o por la tarde, o señalando la hora según el reloj. Pero, o por mayor abundancia, o por encarecer más lo que precede o se sigue, o por adornar; muchas veces se dice más a la larga, poniendo algunas particularidades que en cada tiempo de estos suele haber. Como diciendo, para la noche, que estaba muy oscura y no sonaba ni hombre ni ave ni otra cosa, etc. Si de la mañana, poner cómo cantaban los pájaros, cómo sonaban levantarse los labradores y oficiales a sus labores, y otras particularidades que en este tiempo y en otra ayudarían a significar su propiedad; y, aun solas puestas, podrían denotar propio tiempo.

También es de esta parte, aunque no tan propiamente, cuando hacemos relación de algún tiempo en que reinó, o reina, paz o guerra, o algunas virtudes o vicios especiales, o algún rey u otra persona principal en que estuviesen; poniendo ejemplos que hubiesen acaecido tocantes a aquella virtud o vicio que reinaba.

CAPITULO XII

De la narración de cualquier cosa en general

Cuando contamos alguna cosa como es guerra, convites, amores, pestilencias, rencillas u otras cosas fuera de las personas, lugares y tiempo, que ya está dicho; conviene poner las particularidades que en ella pasaron, todas o aquellas que pueden favorecer al primer intento sobre que aquello se vino a contar. Como si contásemos alguna guerra que hubiese pasado con intento de encarecerla o ponerla delante los ojos para que los oyentes pudiesen juzgar de ella como si la viesen, diríamos los fuegos que en ella hubo, los derribamientos de edificios, el ruido de lloros y gritos, el huir de los unos a los otros y encontrarse con sus enemigos, y las muertes diversas, las madres muertas con los hijos en los brazos, las doncellas perdidas y todas las otras particularidades, poniendo algunas muertes en especial y derribamientos, o alguna de las otras cosas. Y lo mismo si hiciésemos relación de algún convite o exequias, o de cualquier otra cosa. En lo cual y en todo lo demás hacen mucho al caso las comparaciones semejantes o contrarias, que pueden alumbrar a ver mejor lo que se les pone delante. Y, si lo que se cuenta quedase en algo suspenso, o no concertase con algo que se hubiese dicho, podríanse añadir razones especiales que bastasen a persuadir conformidad. Como si, diciendo que estando riñendo uno con otro enemigo suyo capital, dijésemos que, teniéndolo medio vencido, lo dejó, y fue a trabar con otro. Aquí se podría añadir alguna razón que mostrase haber tenido algún respecto el dejar el enemigo capital por ir a trabar con otro que no lo era. Y así en otras cosas, que sin poner la razón no dejaría el juicio satisfecho, y por esta causa algunos dicen ser dos maneras de narración. Una simple, cuando solamente se dice lo que pasa, dejando las causas porqué se hizo de una manera o de otra al juicio de los oyentes. Otra se dice narración declarada, que es cuando se añade tras cada cosa su razón o razones.

Cuando acaece ser la narración larga, en especial en el género judicial, y que se temiese los oyentes no tenerla por verosímil, puédense detener a probarla una parte no solamente con razones, mas con razones firmes, y, probada aquella, pasar a otra, y así hasta concluirla. Lo cual es bien que se haga y aun necesario al defensor o que tacha y contradice alguna causa, tomando una parte en que se tenía mucha confianza por los contrarios y, desechada como echada aparte, pasar a otra.

Y, aunque en la narración puedan servir todas las cosas dichas o muchas de ellas, no se deben estorbar a que la narración tenga lo que principalmente debe tener para ser buena, y es que sea breve, clara y verosímil.

Breve será si de allí comenzásemos a contar donde hay necesidad, y no cosas precedientes o subsecuentes. Y si lo que es lo decimos en suma y no particularmente, y si no usáremos de digresiones, y si de tal manera comenzamos el caso que por el principio se pueda colegir el fin, y si no dijéremos alguna cosa dos veces o más, finalmente, si sólo dijéremos lo que no se puede excusar. Pero, de tal manera se debe procurar la brevedad, que por ser breves no quedemos oscuros y tan faltos de las particularidades necesarias que no se pueda bien colegir la cualidad de la cosa que se dice. Porque no se entiende ser breve el que dice pocas palabras, mas el que no las dice demasiadas. Y así, por esto se ha de hacer la narración perfecta, como porque muchas veces hay necesidad de tener abundancia y poner aun cosas que se podrían excusar, siempre en las reglas se pone cumplimiento para poder tomar lo uno y lo otro. Porque, habiendo mucho, hay en que escoger, y a la falta no sería tan fácil el remedio. Pero de las cosas que son necesarias para ser breves o abundantes, adelante, concluidas las partes de la Retórica, se tratará.

Pues, tornando a lo primero, clara será la narración si dice por buena orden, contando primero lo que primero pasó, o lo que primero está en la disposición de donde lo sacamos. Aunque alguna vez se pervierte esta orden, contando lo postrero primero, mayormente los poetas lo hacen artificiosamente. También será clara si no decimos cosa que, por oscuridad de las palabras o sentencias, haya menester propia declaración.

Verosímil será si dijéremos cosa natural y que comúnmente suele acaecer, y si no se contradice uno a otro por razón de los tiempos en que decimos que pasaron, y de las otras circunstancias, que parezca no poder ser hecho o dicho por personas de tal cualidad y en tal tiempo y lugar. Si la cosa es verdadera, débese esto mirar, porque faltando algo de ello, podríase presumir ser mentira. Y, si es fingida, débese tener mucho más cuidado, porque poco descuido basta para olerse la ficción. Y así es buen refrán: «Tú que mientes, qué dijiste para mientes». Y esto baste en lo que toca a la narración.

CAPITULO XIII

De la División

División o partición es el número cierto que hacemos de las cosas que hemos de tratar, o tenemos contra nuestro contrario, o nuestro contrario tiene contra nosotros, o de las unas y de las otras juntamente. Hay dos maneras de división. La primera no sólo muestra al oidor lo que se ha de tratar, ya que ha de tener atención, pero con cierto número promete las cosas de que ha de tratar, como diciendo: «Trataré brevemente del matrimonio. Lo primero diré en cuántas maneras se contrae. Lo segundo por qué causas se hace el divorcio. Lo tercero de cuánta veneración sea este sacramento». De esta manera de partición se puede usar en el exordio, porque con ella se hace el oidor atento, o acabado el exordio, o después de la narración y, finalmente, en cualquier parte de la oración se puede poner. Y háse de mirar que por la orden que hacemos la división, por la misma tratemos lo dividido, no diciendo lo primero postrero o lo segundo primero. Suele ser también esta manera de división algunas veces simple, como si prometiésemos tratar no más de justicia, o fortaleza, o de otra cosa en número singular.

La segunda manera de división es cuando, después de la narración, colegimos en el género judicial las cosas en que concertamos con el adversario y las en que queda la diferencia, para después sobre ellas tratar. Ejemplo: «Que Pedro haya muerto a su madre él lo confiesa; que la haya muerto sin causa, esto niega y entiendo probar». Del primero género de división, que promete tratar cierto número de partes, algunos dicen que es mejor dejarle por estas causas:

La primera porque muchas veces, yendo hablando, se ofrecen cosas que dejarlas de decir parece que se pierde mucho y decirlas contradice con el número de la partición, por lo cual se han de callar siendo muy buenas, o se han de meter en algún lugar con dureza y contradicción. Lo otro porque hay algunos de tan ruin memoria que, prometiendo de tratar tres cosas, o dejan la una o añaden la cuarta. Por lo cual los que desconfían de su memoria deben prometer en suma, sin número los puntos que han de tratar. Y aunque, pensando en la materia, se ofrezcan al pensamiento muchos buenos puntos o buena orden, no por eso se debe prometer todo, porque yendo hablando se puede olvidar o parecer que no se debe decir. Y, si está prometido, no se remedia bien, y el pensamiento podémoslo mudar sin daño.

En las materias que sufren pasar sin división o sin ser muy divididas y por esto no quedan menos palpables, mejor es que no se divida, porque estas divisiones escrupulosas traen consigo oscuridad, contra lo cual se inventó la división. Y, como quiera que sea, dice Tulio y otros muchos retóricos que las partes en que dividiéramos la causa no deben pasar de tres. Lo uno por el peligro de decir más o menos, lo otro porque da gran sospecha que se hable muy pensado y con arte, lo que hace perder el crédito. Muchas veces es bien dejar la división, porque hay cosas que traen más gracia si se dicen de súbito y así como de camino, que si ya las esperasen. Lo cual se ayuda con ciertas maneras de decir que den a entender que o se olvidó, o no había mirado en ello, como diciendo: «Un punto bueno se me había olvidado, quiérolo decir». «Lo mejor me olvidaba». «En principal me descuidaba», etc. Y también hay cosas duras de oír que, prometiéndose antes desmesuradamente, se aborrecen y hacen perder el crédito, y diciéndose de presto y casi sin pensar, con cosas procedentes que tácitamente las preparan, aprovecharán en algo que no aprovecharían, o antes dañarían, prometidas.

Los provechos de la partición son que, no solamente trae claridad, pero aun oyendo el número cierto de lo que se ha de tratar, recrea, viendo cuando vendrá el fin y sabiendo lo que falta o puede faltar de aliento para oír lo que está por decir.

Las cosas que hacen ser la división viciosa son estas:

Lo primero cuando, prometidas algunas partes, añaden una que hace ser las otras demasiadas, o ella lo es. Ejemplo: «Mostraré cómo no tuvo voluntad de hacer esta ruindad, mostraré que no tuvo lugar ni poder para hacerla y mostraré cómo no la hizo». Porque si muestra cómo no la hizo, las dos prometidas primeras demasiadas son; mostradas las dos primeras, la tercera en ellas se entiende.

Lo otro, es viciosa la partición cuando, prometiendo hablar de una cosa en general, se promete luego de sus especies que en ella se entienden. Ejemplo: «Trataré de la virtud, trataré de la justicia, temperancia y fortaleza». Porque, habiendo el vocablo que es general a toda virtud, no había necesidad de poner las otras especies que se encerraban en él.

Mala partición es también cuando las partes de que prometemos tratar no concuerdan, o son muy ajenas unas de otras. Ejemplo. Prometer tratar de la historia evangélica: «Luego propondré una cuestión teológica, después contaré la vida de San Cristóbal». Salvo si la cuestión de teología es conforme al Evangelio y lo mismo la vida del santo, porque así tolerable sería.

CAPITULO XIV

De los estados

Porque en la división siempre ponemos los puntos que principalmente intentamos, que se pueden decir proposiciones, y para proponer bien es menester conocer el estado o constitución de cada causa. Quiérolos poner aquí porque también aprovecharán para lo que adelante pondré de la confirmación y confutación.

Estado es lo principal que en la causa se intenta, a lo cual el que habla refiere, o debe referir, todo lo que dice, y lo que tiene cuidado el que oye de saber: si es, o qué es, o qué tal es, según la diversidad de tres maneras que hay de estados, los cuales y cada uno de ellos provienen de la primera intención del que propone y de lo que el otro responde. Ejemplo: «Tú mataste este hombre». Responde: «no le maté». El estado de la causa es la cuestión que de aquí nace, si lo mató o no. Y de aquí es que el estado unos lo llamarán cuestión, otros suma o argumento, otros constitución; comúnmente los juristas en el género judicial lo dicen contestación de la causa. Después de saber de qué género sea la causa, conviene considerar de qué estado sea, porque esta consideración aprovecha mucho para que en todo lo que dijéremos tengamos un intento y, descuidadamente, no nos contradigamos ni traigamos cosa fuera de propósito. Finalmente, tenemos blanco a qué tirar todos los tiros. Y la falta de esto hace a muchos no sacar fruto de lo que dicen, porque no teniendo siempre ojo a lo principal de lo que hace al caso, diviértense en otras cosas fuera del propósito y quédase el principal intento sin probación y, muchas veces, habiendo prometido señaladamente la averiguación de ello.

Los estados son tres: judicial, o legítimo, o conjetural. Algunos ponen más, Tulio y otros principales retóricos con este número se contentan, porque, mirándose bien, aquí se refieren todos los demás que se pueden poner. Tres cosas son las que en cualquier disputa se procuran averiguar: Si es (si Ulises mató a Ayax). Qué es (si es sacrílego o simple hurto tomar la cosa sagrada de lugar no sagrado). Qué tal es si es justo o injusto, según derecho o contraderecho. (Si mató Orestes justa o injustamente a su madre, etc.).

Por esta manera se hace la diferencia de los estados. Si la duda es de haberse hecho o no, es estado conjetural. Si, después de saber que fue hecho, es la duda del nombre del hecho, para ver a qué leyes toca su determinación; es legítimo. Si la duda es si se hizo con justicia o no, es judicial. Y para conocerse mejor, se tratarán más a la larga de esta manera.

CAPITULO XV

Del estado conjetural

El estado conjetural es cuando la duda está en si se hizo o no. «¿Mataste a este hombre? No lo maté». Es estado conjetural, porque se ha de averiguar por conjeturas, las cuales se han de mirar en las circunstancias de la persona, tiempo y lugar y de la misma cosa, según están puestas, porque con ellas se verá si hay con qué actuar y defender. Ejemplo: «Ayax, estando fuera de su juicio, hizo cosas que conocidas tornando en su seso se enojó tanto que se fue a un desierto y con su misma espada se mató. Ulises, su enemigo capital, pasó acaso por allí y, viéndole muerto, sacóle la espada del cuerpo ensangrentada. Teucer, hermano de Ayax, topó luego a Ulises con la espada en la mano llena de sangre y, viendo muerto a su hermano, acúsale que le mató. Ulises lo niega». La causa es judicial, el estado conjetural. Hálo de probar por conjeturas, para lo cual se ayuda de las circunstancias de la persona que pudieren concordar y del tiempo y lugar, como se le ofrecerá mirándolas por la orden que las pusimos atrás. Procurando siempre el que acusa de contar el caso cautelosamente, entremetiendo palabras de sospecha, dando a entender que ninguna cosa se hizo o dijo acaso, mas todo sobrepensado. Como si el que acusase a Ulises dijese de esta manera: «Como Ulises fuese enemigo capital de Ayax, según es público, procuró con engaños de que él sabe y suele usar de sacarle a un lugar sólo do poner pudiese por obra más a su salvo la maldad que tenía pensada, y allí, a traición, lo hizo él, que por su gran cobardía, en otra parte y a la clara no osara mirarle, etc.». El que defiende contará el hecho simplemente, deshaciendo la sospecha, como si propusiese este mismo caso de la manera que está expuesto antes o más simplemente. Y ha de mirar también el que acusa o defiende, que se quiere aprovechar de las circunstancias, que si no le son favorables las debe deshacer o contrariar, y, si le ayudan, ponderarlas y hacer mucha cuenta de ellas. Y, porque se sepa mejor poner por uso, quiero usar de algunas de ellas como acusador y como defensor. Acuso a Ulises que mató a Ayax, o a un hombre que mató a otro; considerando las circunstancias de la persona, digo que era su enemigo, o por alguna otra causa le venía mucho provecho de su muerte, o daño de dejarlo de hacer. Si digo que provecho, procuro demostrar qué provecho, y ser muy codicioso de provecho, y le suele buscar a las derechas o a las tuertas. Si daño, después de mostrado el daño, procuro probar que es muy solícito y no deja de cometer cosa que sea por excusar pérdida o daño. Si defiendo, muestro no venirme provecho ni daño; y si no puedo excusar de conocer que me venía provecho de su muerte, o daño de su vida, procuro mostrar no ser causa suficiente para hacer tal cosa, deshaciéndola cuanto fuera posible; diciendo no ser cosa justa porque a alguno se le siga provecho de alguna muerte, juzgar ser él el homicida, mayormente no siendo él persona de tan ruines costumbres.

El que acusa se ayuda de la circunstancia de la vida pasada, en la cual procura saber y probar que haya hecho cosa semejante. Si no la hallare, procura saber si se ha tenido de él sospecha que la haya hecho. Si dijese que lo hizo por causa de dinero, mostrará haber sido avariento; si por honra, ambicioso, etc. Y así, compara la inclinación de su ánimo a aquel pecado. Y si no pudiere hallar vicio en sus costumbres que iguale con aquel de que le acusa, buscarle ha mayor o menor de otro género de pecado. Si no pudiere mostrar que es avariento, mostrará que es mentiroso, perjuro, y ponerle en ruin opinión por estos y otros vicios; diciendo que, quien tan ruines cosas suele hacer, no es de maravillar si ha hecho esto de que le acusan. Si la opinión que del acusado se tiene es muy buena, dirá el que acusa que no se debe mirar a la fama, mas a las obras; y que siempre se ha mostrado hipócrita, procurando encubrir sus ruindades, para poder más seguro obrar estos maleficios y otros semejantes.

El que defiende mostrará la vida pasada haber sido buena, y si esto no pudiere, dirá que los vicios que dice que ha tenido han sido en la mocedad, o por no mirar, o por malas compañías, o haber sido forzado a ello, etc., y no porque de su natural sea malo; apropiando las circunstancias de linaje y nación y cuantas más pudiere para demostrar ser de buen natural. Si fuese muy común tenerle en ruin opinión, dirá ser falso lo que dicen, procurando mostrar que no se debe dar crédito al vulgo porque la mayor parte yerra, mayormente que él sabe que muchos le son envidiosos. Y cuando nada de esto hubiere lugar, aprovecharse ha del postrer remedio y dirá que allí no se trata, ni se debe tratar de las ruines costumbres que haya tenido o tenga, más de la culpa que se le impone.

El que acusa se esforzará también a apropiar el pecado al acusado por comparación, diciendo que aquello no tocaba a otro más que a él, y si tocaba, no tanto; y lo que pretendía, no lo podía alcanzar por otra vía; y si por otra vía, no tan bien. El defensor mostrará que a otros les venía provecho y lo podrían hacer mejor que él por aquella vía que se hizo. Mostrará también el acusador por otras muchas señales haber buscado el acusado buen aparejo para hacerlo por escoger tal lugar y tal tiempo, considerando todas las circunstancias, apropiándolas a su favor para dar a entender que para tal maleficio no podía haber más propio lugar y mejor ocasión, con los cuales aparejos era muy cierta la esperanza de salir con su intento. Mostrando también ser sabio para imaginarlo bien, y muy poderoso para ponerlo por obra, y haber muy gran aparejo para tener esperanza de ser encubierto, considerando los que ayudaron y también los que lo supieron.

Demás de lo dicho hay muchos argumentos ciertos para averiguar el hecho, o a lo menos para sospechar, mirando en la circunstancia del tiempo tres diferencias. Del tiempo pasado antes que acaeciese aquello se debe procurar saber dónde fue visto el culpado, y con quién habló, y qué aparejó, qué dijo, si amenazó, qué amigos tuvo o cosas que le podían servir para aquel efecto, si hizo algo contra su costumbre. Cuanto al tiempo presente, si fue visto cuando lo hacía, si fue oído ruido de voces o de otra cosa, y generalmente, si fue visto, oído, olido, gustado, o palpado algo; porque por cualquiera de estos sentidos se puede comprender cosa que concuerde con la intención del acusador. Cuanto al tiempo siguiente, se mirará lo que después de hecha la cosa se siguió. Si hay señal que murió con veneno, o con hierro, o con qué instrumento fue; si quedaron las vestiduras o lugar ensangrentado, o con otra señal de algún género de muerte. Si también el culpado después del maleficio, hablándole en ello, pierde el color, o se turba en el hablar y hace juramentos a menudo, grandes y sin concierto. Si no hace nada de esto, dirá el acusador que lo tenía tan pensado y es tan cursado en otras semejantes, que no se le mueve cosa alguna. El acusado, si hiciese alguna señal de estas, dirá que es con temor del peligro y de la pena que tiene por el falso testimonio que le levantan, no por haber cometido tal culpa. Si no las hiciere, dirá que no hace movimiento porque, no teniendo culpa, no tiene porqué.

Demás de esto, se trata de una parte y de otra las partes que se siguen, por lo cual se llaman lugares comunes. Lo primero diciendo el que acusa en favor de los testigos que presente, y el acusado contra ellos. Por los testigos dirá alegando su autoridad, buena vida y constancia en la verdad, y defendiendo todo lo que el contrario contra ellos dijese. Contra ellos dirá el contrario si mostrare su ruin vida y natural, considerando las circunstancias de la persona. Lo que dijere tachará diciendo ser pariente o deudos del contrario, o hacerlo por congraciarse con él, o por tenerle especial amor o temor, o ser atraídos con dádivas. Y, mirando los dichos, se note si dicen alguna cosa que no puede ser, o se contradice él mismo, o un testigo a otro. También es cosa sospechosa cuando el testigo se esfuerza a probar lo que dice con razones y argumentos, porque muestran tener odio o amor, u otra pasión y tocarles la victoria del negocio. Otras cosas hay que se pueden traer para tachar los testigos o recibirlos, pero esto los juristas lo tienen más visto. Lo otro que comúnmente de una parte y de otra se trata es el dar los tormentos. El que acusa dice que es bien ordenado, y que los que lo ordenaron bien vieron que no se podía saber mejor la verdad que apremiando con tormentos a aquellos de quien, con justa causa, se tiene sospecha. Y esta es la más verdadera probanza que por su boca confiesa, porque con miedo de más dolor dice la verdad. El que defiende dice no ser de dar los tormentos en todos los casos, y mayormente en el presente, por no concurrir en él las cosas que para dar tormento se requieren; y, aun concurriendo, no se deben dar, porque hay muchos que con muy grandes tormentos niegan la verdad, y otros con muy pocos dicen lo que no han hecho, porque saben que diciendo lo que les preguntan no los atormentarán más.

Lo tercero, decir por las señales y cosa que arguyen, la sospecha. Alegando que, habiendo tantas señales, debían bastar para condenarlo, cuanto más para tener suficiente sospecha; y que más conviene dar crédito a señales evidentes que a testigos, porque las señales representan la cosa como pasó, y los testigos pueden ser corrompidos con precio o alguna pasión. Contra las señales y argumentos de sospecha se puede decir que si se da lugar a sospecha, no hay cosa que no se pueda criminar, porque se pueden buscar según hay la voluntad de hacer daño. Después de esto procurando disminuir las sospechas, mostrando ser de poca cuenta cualquiera de ellas, y no pertenecer más a él que a cualquiera otro, y ser cosa injusta por sospecha afrentar a alguno.

Lo cuarto será alegar por la fama y común opinión, diciendo que no sin causa se dice, mas es o quiere ser, mayormente no habiendo causa para que nadie se pusiese a fingirlo. Y ya que otras veces la fama común suele mentir, probar en esto ser cierta, ayudado de las circunstancias que pudiere. Contra la fama y común opinión diremos, mostrando por ejemplos muchas cosas que comúnmente se han dicho, haber salido falsas, y diciendo ser esto levantado de hombres malos y que le son enemigos. Trayendo alguna cosa que comúnmente se diga que pueda poner en ruin opinión a los contrarios, añadiendo que nosotros no le damos fe, porque nos parece que quienquiera puede sembrar la opinión que quisiere. Y si vemos que la fama se tiene por muy cierta, esforzarémonos más a deshacerla, argumentando cuán variable sea, etc.

En estas partes y semejantes se podrá ejercitar el estado conjetural, del cual se ha hablado largo porque se trata más comúnmente; y cuando viene, es menester poner diligencia y aprovecharse de todos los remedios que pudiere. Pero de la manera de tratar y probar los argumentos se dirá en su propio lugar.

CAPITULO XVI

Del estado legítimo

Estado legítimo es cuando la duda está en el nombre del hecho y nace de algunas leyes o cosa escrita que parece tener sentido diverso. Y esto es en seis maneras.

La primera cuando el uno se ayuda de alguna ley o cosa que está escrita al pie de la letra, el otro se ayuda de lo que se presume que sintió el que lo escribió. Tulio en las Filípicas prueba que se debe poner estatua a Servio Sulpicio, porque yendo por legado a Antonio murió en el camino. La ley mandaba que se pusiese estatua a los que matasen yendo por legado. Esta honra pretendía Tulio que se debía a este Servio Sulpicio que, aunque no hubiese sido muerto con armas, había muerto por el trabajo del camino.

La segunda es cuando es la duda por causa de haber dos leyes contrarias, que al parecer la una veda una cosa, la otra la permite. Y el que acusa tiene ley de que se ayude, y el acusado con que se defienda. Una ley manda que el que matare sea muerto, otra veda que el clérigo no sea justiciado. Un clérigo mató un hombre, el que acusa tiene ley para pedir que le maten, y el clérigo también para defenderse de la muerte.

La tercera es cuando la duda nace por ser la ley o escritura oscura o que se puede echar a muchos sentidos, y proviene muchas veces por la diversidad de la significación de muchas palabras, y por natural manera de escribir unos más oscuro que otros. Uno mandó en su testamento, que cuando él estaba a la muerte pleiteaban sobre cierta cantidad, y dijo: «Mando que si Juan venciere a Pedro se le den estas casas». Juan venció y pide que se le den las casas. Pedro dice que a él le pertenecen según la cláusula del testamento de su padre.

La cuarta es por causa de la definición, cuando la duda está en qué nombre se pondrá al hecho. Uno hurtó una cosa sagrada de lugar no sagrado, la duda es si será sacrilegio o no, mayormente si el que la hurtó no sabía ser sagrada. Para lo que se ha de traer la definición de sacrilegio y simple hurto, con la cual se puede ver si concierta.

La quinta es cuando decimos que no podemos ser acusados por éste, mas por el otro; no ante estos jueces, no por esta culpa, no se nos debe dar esta pena, no de esta manera, no en este lugar, etc. Y para esto, como para todo lo demás, hace mucho al caso saber las leyes, para saber cuándo y cómo y por qué causa se hacen las recusaciones.

La sexta es cuando la causa viene a juicio sin propia ley, solamente porque parece apropiarse a otra ley ordenada a otro propósito semejante, y esto viene por cinco maneras.

La I cuando hay duda si lo que tuvo lugar según derecho una vez, lo tendrá otra o muchas. Uno fue ahorcado por ladrón y, rompiéndose la soga, cayó antes que fuese ahogado y huyó. Dúdase si se tornará otra vez a ahorcar.

La II si lo que tuvo lugar en uno, habrá en dos o más. Había ley en Roma que gozase de ciertos privilegios el que tuviese tres hijos, el que tenía seis si los tendría doblados, o si tuviese doce o más, así al respecto.

La III si lo que hubo lugar en tiempo lo habrá en otro cualquiera. La mujer forzada tiene derecho que el forzador se case con ella, o le dé dote con que se case. Este huye. Ella cásase en tanto. Volviendo él de allí a algún tiempo, pide ella su justicia.

La IV si lo que tiene lugar en el todo lo tendrá en la parte. Está ordenado que no se puede tomar por prenda el arado, uno quería tomar la reja, sin la cual el arado no podría aprovechar.

La quinta si lo que ha lugar en la parte lo habrá en el todo. No se puede sacar lana de un reino a otro, uno quiere sacar las ovejas de que pueda sacar la lana.

Cuando nace la duda de algunas leyes o cosa escrita por significar las palabras otra cosa de lo que parece haber sentido el autor de ellas. Si queremos favorecer la letra, alabamos el autor diciendo que era hombre sabio y que si él quisiera sentir lo que los contrarios dicen, bien lo pudiera declarar sin que dejara duda, como hizo otras cosas. Y así, es de creer que sintió lo que parece en la letra, afirmando aquello estar muy bien ordenado, clara y abiertamente escrito y muy cumplido. Trayendo ejemplos en que se muestre haberse seguido comúnmente el sentido literal, alabándolo mucho y trayendo los inconvenientes que pudiere, que se seguirían de sentirse como los contrarios dicen, y los provechos de seguirse el que nosotros tomamos.

Si queremos favorecer al sentido y no a la letra, alabaremos el autor diciendo haberse preciado de ser breve. Y porque conoció por aquellas palabras poderse largamente entender lo que sentía, no curó poner otras. Y procuraremos demostrar otras partes en las cuales no se sufre tomar el sentido literal y en ellas, y especialmente en la presente no ser ley ni sentencia alguna que contradiga; y si contradiga, no ser bien ordenada y ser injusta, y no concordaría con lo precedente y siguiente ni con el derecho común. Y traer otros casos que hayan sido juzgados semejantemente.

Cuando hay leyes contrarias o de dudoso sentido, o es la duda del nombre del hecho, o cualquier otra cosa que pertenezca al estado legítimo y aún al conjetural y jurisdicial, no me quiero detener a ponerlo, porque muchos más son los avisos que los juristas tienen que los que los retóricos dan. Y demás fuerza, según la forma que ahora hay de proceder en las causas, que como sea muy diversa, así, no tiene en toda la retórica el lugar que antiguamente tenía. Y la principal causa es porque entonces no había tantas leyes que determinasen las diferencias que se ofrecían, y estaba la determinación al arbitrio de los senadores o jueces; y por tanto el orador o abogado procuraba de favorecer su parte con tal orden y tan buenas razones, que el juez, cuyo juicio estaba suspenso, sin tener a donde de fuerza se inclinar, viendo más fundada la una parte que la otra, se inclinase a juzgar por ella. Ahora hay muchas leyes, y habiendo ley que determine expresamente el caso, no han lugar buenas razones, aunque por ellas se probase ser mal ordenada la ley. Y cuando hay esta falta y hay duda por contrariedad de leyes u oscuridad, o las otras cosas que están dichas, hay doctores que lo declaran, a quien se da tanta autoridad que basta por ley. Así que en este tiempo están tan atados los juicios de los jueces y aún el de los príncipes, que, en lo que alguna ley habla, no admiten cosa en contrario. Y no tiene la retórica en los pleitos la fuerza que en otros tiempos, aunque tenga mucha, y por esta causa en lo que especialmente se refiere al género judicial no me detendré. Porque en todo lo que se puede sacar de los retóricos antiguos para quien ha estudiado derecho es cifra, y para quien no los ha estudiado no le basta.

He puesto hasta aquí algo y pondré de aquí adelante, aunque pasaré por ello más livianamente, porque no quedase esta parte en todo falta de comparación de las otras partes de retórica de donde esto saco, y porque se viene algo de los avisos que los abogados antiguos tenían en favorecer sus causas. Y también porque, aun dejando a parte los pleitos, muchas veces se ofrece defender o porfiar alguna opinión, o tornar por la fama nuestra o de otros y cosas semejantes, para lo cual lo que está puesto y mucho más que los retóricos ponen, podría aprovechar. Pero todavía, presuponiendo lo que primero dije, será poco.

CAPITULO XVII

Del estado jurisdicial

El estado jurisdicial es cuando, estando averiguando haberse hecho lo que se acusa, es la duda si se hizo contra derecho o no, o justa o injustamente; y pártese en dos partes. La una es cuando a la clara el acusado confiesa haber hecho lo que le oponen, por ser cosa justa, y entiende defender su justicia. Ejemplo: «Mataste a tu madre. Si maté, porque ella mató a mi padre.» La duda es si tuvo justicia para matarla aunque ella hubiera muerto a su padre.

La otra es cuando confiesa haber hecho cosa vedada según derecho o injusta, pero excusa la culpa o la pena por alguna causa o causas. La primera cuando excusa la voluntad, diciendo haberlo hecho por ignorancia: como si uno matase a un hombre, pensando que era otro a quien con justicia podía matar. O por desdicha, como si un carpintero haciendo su oficio, echase un madero o algún instrumento y con él matase a un hombre. O por necesidad, como si fuese prohibido de no llegar con naos armadas a un puerto, y con la tempestad no lo pudiesen excusar.

Otra es cuando conoce haber pecado y maliciosamente, pero ruega que le perdonen. Este estado de causa nunca viene a juicio, porque no hay que altercar salvo si quisiese probar ser digno de misericordia por haber hecho muchos servicios al rey y a la república y haberse puesto por ellos en muchos trabajos, aprovechándose de todas las circunstancias y razones que pudiesen mostrar debérsele perdón. Y el acusador procurase mostrar no deberse hacer con él misericordia.

Otra causa es también cuando decimos haber sido otros causa de nuestro pecado. Mayormente si son los mismos que recibieron el daño, por haberlo ellos merecido. O echamos la culpa a otros que nos lo mandaron, a quien no podíamos dejar de obedecer sin daño nuestro. Y lo mismo es cuando dejamos de hacer algo que nos mandaron hacer, y lo dejamos por ser cosa a que no bastaron nuestras fuerzas. Uno mandó en su testamento a sus herederos que ahorrasen a un esclavo porque le pusiese su estatua entre otras que estaban en la plaza de Roma, el esclavo lo quiso hacer y no le fue consentido por ser contra ley y ordenanza de Roma. Pide su libertad, los herederos dicen que no debe dársele.

Otra excusa es, y sea la postrera aunque se pudieran poner más, cuando nos excusamos comparando la culpa a otro daño mayor que de necesidad se había de hacer si no se hiciese lo que se hizo.

CAPITULO XVIII

Del razonamiento y judicación

Conocido el estado de la causa, háse de buscar la razón, que es la que constituye la diferencia. Porque, conocido el hecho, si no hay razón porqué se hizo, la condenación está presta y ya no sería causa. Orestes confiesa haber muerto a su madre, si no diese razón porque, luego sería condenado. Pues pone la razón defendiéndose y dice: «Ella mató a mi padre». Hallada la razón, contradícese por parte del acusador, diciendo algo que haga no ser de valor aquella razón y dice: «Aunque ella hubiese muerto a su padre, no la debieras tu matar por tu autoridad». Esto que el acusador añade llámase firmamento, porque confirmando la primera intención, infirma o deshace la razón del contrario. Pues vista la razón y el firmamento, de estas dos sale la cuestión que finalmente se ha de determinar, lo cual se llama judicación que es el postrer estado de la causa. Como diga Orestes que él mató a su madre, la razón sea porque ella mató a su padre, y el firmamento que no la debiera matar por su autoridad. La constitución o duda postrera, que llaman judicación, es si fue justo o injusto matar Orestes por su autoridad a su madre habiendo ella muerto a su padre, al cual punto el que acusa y defiende ha de dirigir todas sus razones y argumentos. Y por esta manera se puede hallar la judicación en cualquier estado, salvo en el conjetural. Porque allí, como se niegue el hecho, no se da razón porqué se hizo, y no habiendo razón, no hay firmamento que la contradiga; y por tanto, de la intención del acusador y la negación del reo sale la judicación. «Mataste a este hombre. No le maté». La judicación es si le mató o no; y así, en lo conjetural, estado y judicación es todo uno. Cuando hay muchos estados, como está dicho también, habrá muchas judicaciones en el mismo número y hallarse han por la forma dicha.

Esto que se ha tratado del estado, razón, firmamento y judicación, parece solamente pertenecer al género judicial; y aunque sea así que más sirva para este género que para los otros, también en los otros géneros hay estas partes dichas. Porque el que quiere persuadir o amonestar alguna cosa ha de tener un principal punto al cual haya de referir todo lo que dijere, y este será en lugar del estado. Y aunque no haya contradicción expresa, haíla tácitamente; porque si yo propongo que es bien ayunar con propósito de probarlo, parece que hay contradicción, aunque no a la clara, y tengo de presuponer que la hay, que dice que no es bueno, de la cual sale el estado, que será si es bueno o no. Y así, el que predica o quiere persuadir alguna opinión, lo mismo hará que hace en el juicio el orador, que será proponer entre si su intención y después pensar que es lo que a1 que estuviere de contraria opinión se le puede ofrecer. Y lo que saliere de la proposición y contradicción será el estado, al cual han de servir todas las razones y argumentos. Ejemplo. Si quiero persuadir la virginidad, pensaré qué se puede decir en contrario: que la virginidad es contra orden de la naturaleza y trae muchos peligros a algunos que les sería mejor ser casados, etc. De cualquier contrariedad de estas y de cuantas otras se puedan ofrecer y de una negación mía, sale un estado; y lo mismo de lo que yo propongo en favor y del no contrario que presupongo, al cual estado o estados se ha de tener ojo como lo principal.

En el género deliberativo hay estado, según está mostrado en el ejemplo pasado. En el demostrativo dicen algunos retóricos y especialmente Trapezuncio lo afirma, que no hay estado y que cuando pareciere haberlo, ya deja de ser demostrativo. Pero ahora, allegándonos a los más autores o por enseñarlo más claro, dejando las razones que en contrario Trapezuncio pone, diremos que tiene estado como cualquiera de los otros géneros, aunque no tan a la clara. Y será, presuponiendo nosotros mismos la contradicción de lo que intentamos demostrar o alabar y, como si nos estuviesen diciendo que mentimos, así ponemos nuestras fuerzas a satisfacer las dudas que de las contradicciones salen, que serán en lugar de estados. Y aunque haya algunas proposiciones tan averiguadas que no tienen contradicción, como decir que Dios es bueno y misericordioso, porque el que lo negase sería loco; pero aun en estas si se han de probar y enseñar cumplidamente, se deben presuponer contradicciones y sacar estado al cual se apliquen las razones y argumentos.

De manera que, en cualquier género de causa que sea, habemos de presuponer que hay estado y ante las cosas debemos buscarle, para lo cual será bien saber algunas en especial de cada género. Y así para este efecto, como para la confirmación que luego se pondrá, quiero tratar aquí de ellos aunque se pudiera dejar para otra parte y, por ventura, más conveniblemente.

Y es de notar que, aunque en cualquier causa el principal estado se haya de tratar por uno de los tres géneros, muchas veces una misma oración o razonamiento parece tocar a todos tres géneros juntos por la diversidad de los estados que en ella puede haber; por lo cual conviene que, además del cuidado que se debe tener del género que principalmente toca, se miren las reglas de los otros géneros cuando se mudare de estado y género, porque pocas veces se trata uno por sí solo sin que se toque con otro.

CAPITULO XIX

Del género demostrativo

El género demostrativo se parte en dos partes principales, según está dicho. En demostrar, o enseñar, o dar cuenta de alguna persona, lugar, tiempo u otra cosa en general. Y cuanto a esta parte lo que allende de lo que está dicho se puede decir, es que siempre se procure que sea muy natural, para lo cual en todo remito a lo que está dicho hablando de la narración.

La otra parte se ejercita en alabar o vituperar algo, y en esto, como en todo lo demás, es muy necesario mirar todas las circunstancias de la cosa que se trata según están puestas atrás. Si queremos alabar, apropiándolas a loor; si vituperar, a vituperio. Y de estas circunstancias, como quiera que las exteriores son muy sustanciales; por mucho, mucho más hincapié se ha de hacer en las del ánimo, como es de las virtudes que en él hay y ha habido. Esto se entiende cuando se trata de persona, amplificándolas y encareciéndolas mucho. Las maneras de amplificar, adelante se pondrán. Cuando se alaba alguna virtud en general que de suyo se es loable, bastan por circunstancias mostrar haber sido mandado procurarse por leyes divinas y humanas y consejos de hombres sabios, poniendo ejemplos en que se vea haber sido siempre y ser tenida en mucho, y los provechos y loor que por ejercitarse en ella hayan venido así a los que la tuvieron, como a la república; y al contrario de los vicios.

Y, porque muchas veces del loor demasiado, mayormente de la persona, nace envidia a los oyentes; débese añadir algo que la deshaga. Como diciendo que, con todas sus virtudes era tan humilde el que alabamos, que teniéndole todos en extremo por bueno, parecía que él mismo en extremo se tenía por malo y se abatía más que todos y así, los tenía en mucha reverencia pensando que eran mejores; y si alguna vez le halagaban de virtuoso y, por haber hecho alguna virtud a la clara no lo podía negar, atribuíale a Dios de quien sabía que venía todo bien, en otra manera no sufría con paciencia loor.

Esto mucho más se ha de procurar cuando se alaba a alguno que aun es vivo, porque más mueve a envidia el loor de los vivos que de los muertos. En los cuales casos así se debe moderar el alabanza que solamente parezca alabar sus virtudes, dando a Dios las gracias de todo. Y cuando está presente el que se alaba, demás de ser aun más peligro que en lo pasado, haílo también de sospecharse lisonja e interés. Y por esto lo más seguro y mucha cordura es huir las ocasiones que para esto suelen venir. Y si no se pueden excusar o tiene voluntad de alabarlo por algún respecto, pues hay muchos buenos para ello, podrá aprovechar decir que no pensó alabar aquella persona, sino que se ofreció oportunidad; o si lo tenía pensado, lo hizo por ser necesario al propósito, y también es bien que todos conozcan las virtudes que otros sus semejantes tienen, y den gracias a Dios y tomen esfuerzo de imitarlas. Y que bien sabe que el alabado recibe mucha pena de lo que él hace, poniendo a sólo Dios por testigo o a lo menos por juez, se diga en público, donde se le puede seguir gloria humana de ello, cómo a él no le parezca que hace cosa digna de loor. Y estando presente el alabado y si lo oye, después de dicho esto o cosa semejante, como pidiéndole perdón porque le alaba siendo cosa en que tanta pena él recibe. O pidiéndole licencia para ello primero que nada diga, diciendo que tenga por bien de sufrirlo; porque así como a él le parece que debe recibir pena de oír cosa en su loor, así al que habla le parece que no haría lo que debe si en tal ocasión no dijese lo que siente. Y que holgara que estuviera ausente por poderse mejor extender sin darle pena, que en cosa de decirlo por lisonja bien cree que no se sospechará.

Suélese comúnmente alabar alguna persona u otra cosa, comparándola a otra semejante que ya está celebrada por buena. Y es buena manera, pero no lo sería haciéndose muy particularmente, porque ya que en algunas cosas haya semejanza, no será en todas. Y queriéndose comparar todas las particularidades, tuércense las razones y encúbrese mal este estudio de quererlo comparar en todo, en lo cual me parece que pierden su autoridad muchos que piensan por ello ser tenidos en posesión de sabios. Porque ni todas las cosas se sufre hacerse semejantes ni, ya que lo sean en algo, se sufre en todas las particularidades. Demás de esto las comparaciones, como dicen, suelen ser odiosas, por lo cual se deben excusar entre personas vivas. Cuando se alaba a un santo por mostrar que le tienen devoción, o querer que la tengan los que lo oyen; úsase compararlo a los santos que se tienen por más principales hasta subirlo allá sobre los serafines. Y muy particularmente, cuán bien concierten las comparaciones o no, encúbrese tan mal que quienquiera lo siente. Y por el demasiado cuidado vienen a fingir milagros y cosas prodigiosas con las cuales, procurando que se las crean, vienen a concluir su intención según ellos creen. La intención puede ser buena, pero los santos no creo que reciban en servicio tal loor. Y de esta materia y del género demostrativo baste esto.

CAPITULO XX

Del género deliberativo

En el género deliberativo o suasorio háse de tener primeramente cuidado de mirar qué sea y de qué cualidad lo que queremos persuadir, y quiénes sean los que oyen, y quiénes somos los que hablamos. Porque, aunque no se hayan de persuadir sino cosas honestas, de una manera se han de persuadir a los honestos, de otra a los malos; de una a los que están corrompidos con falsas opiniones, y de otra a los que solamente están dudosos. A los buenos con más facilidad se les persuade las cosas honestas, los malos hánse de tratar con arte, como los caballos bravos. A los que están corrompidos con falsas opiniones háseles de dar a entender primero su error, a los que están en duda háseles de mostrar cuál sea lo mejor. Hay diferencia de hablar delante doctos o simples, delante de personas de manera o gente que no lo es, padre carnal o espiritual, superior o igual en edad o dignidad, con otras circunstancias.

Las causas por las cuales se persuade cualquier opinión son diciendo y procurando ser honesto, loable, provechoso, seguro, apacible, necesario, posible, fácil; porque probando estas cosas o algunas de ellas, no se puede negar que se debe seguir lo que se les amonesta o quiere persuadir.

Honesto contiene en sí bueno, justo, lícito, piadoso, hermoso, y finalmente, cualquier especie de virtud. Demás de esto legítimo, que será lo que es natural u ordenado por leyes y más por la Escritura Divina, y confirmado por ejemplos y costumbres de personas de autoridad y buena opinión. Y aunque lo que es honesto sea alabado y lo deshonesto vituperado, unas virtudes son más aceptas que otras y unos vicios son más aborrecibles que otros. Más alaban comúnmente un acto de piedad que otro de justicia, aunque sea la principal virtud la justicia; y peor suena ser uno ladrón que adúltero, como quiera que sea mayor pecado el adulterio. Y por esto se distingue lo honesto de lo loable, aunque diciendo honesto trae consigo ser loable. Porque más se mueven los hombres por una cosa que tenga fama que por otra que sea más virtuosa y no sea tan loada. Verdad es que cuando se persuade algo o se acepta por ser loable, no es tanto ni debe ser por loor que de ello se sigue ni se hace más cuenta, cuanto porque con el como por señuelo se atraen a la verdadera virtud. Y si procurar la alabanza humana es muy de gentiles, no es ajeno a la cristiandad procurar tener buena fama; y cierto, considerada la flaqueza humana, no se atraen menos a hacer alguna obra por ser loable que por ser honesta, mayormente teniendo lo loable especie de virtud.

Provechoso es lo que trae riqueza, honra, sosiego y otras cosas semejantes que comúnmente se desean y apartan las contrarias que se aborrecen.

Seguro es cuando de ello no se sigue peligro de vida, salud, riqueza u otro algún daño.

Apacible o alegre es lo que da contentamiento o alegría. Muchas veces se muestra ser una cosa honesta y provechosa, como es seguir la pobreza, castidad, etc., pero no se acepta tan fácilmente por parecer vida triste o no alegre. Aquí conviene reseñar cuán más alegres son los que siguen la virtud que los que siguen los vicios, y cuán más verdadera sea su alegría.

Necesario es lo que no se puede excusar. Hay dos maneras de necesidad, una absoluta que no se puede en ninguna manera excusar, y en tal caso no se puede persuadir que se haga, ni se puede ofrecer, si no fuese aconsejando a un avariento que gaste bien su hacienda en vida, pues de necesidad la ha de dejar, y parece que le amonestamos lo que de necesidad ha de hacer. O si persuadiésemos a sufrir con paciencia las persecuciones o tribulaciones que de necesidad, queramos o no, hemos de pasar. La otra manera es de necesidad condicional, cuando es alguna cosa que de necesidad se ha de hacer para excusar un mayor mal o alcanzar un mayor bien. Y de esta manera de necesario acaece más veces poner delante al que queremos persuadir algo, aunque más verdaderamente se puede encerrar en lo que dijimos de provechoso. Y así por esto, como porque la primera manera de necesidad es impropia, para por ella persuadir, algunos dejan de poner esta parte necesaria. Púselo siguiendo a muchos, y también porque va más claro según la común manera de hablar cuando decimos: «Hacedlo, que hay necesidad de ello».

Posible es lo que, habiendo voluntad, se puede hacer, aunque sea con dificultad. Y como sea cosa vana amonestar lo que sea imposible hacerse, lo primero que se ha de mirar es si aquello que persuadimos es posible. Algunas cosas se dicen comúnmente imposibles que no lo son. Poder vivir un mancebo sin ser vencido de la carne dicen que no es posible, parece lo contrario de muchos vírgenes y santos. Dicen algunos: «Imposible es yo comer esto», y después cómelo. Pero al fin son dichos que llaman a manera de decir, que todos se pueden sufrir con verdad, conocidas algunas maneras de hablar que hay.

Fácil será lo que para hacerse no requiere mucho trabajo y diligencia. Aparta de poner por obra a muchos lo que tienen conocido ser honesto, alegre, provechoso y posible por parecerles difícil, y como quiera que esto no se pueda del todo negar, podráse quitar algo del temor diciendo que la mayor parte de la dificultad se quita cuando se toma la cosa con verdadera voluntad y se ponen todas las fuerzas. Y lo que al principio parece ser enojoso, con alguna costumbre es fácil y, andando el tiempo, es dulce y apacible.

Queriéndose disuadir o apartar a alguno de la voluntad que tiene, procúrase mostrar lo contrario ser deshonesto, vituperado, dañoso, peligroso, triste, no necesario, imposible, difícil, o algo de ello, tornando las reglas que para persuadirse dan en contrario.

Y porque no hay cosa en el mundo por buena que sea que no tenga daños, o algunos inconvenientes que basten, según nuestra flaqueza para no ponerse por obra sin pesadumbre; el que amonesta que se haga ensalzará los provechos que hay con palabras y sentencias y disminuirá los daños, si no los pudiere negar, dando a entenderse pocos y de poca sustancia en comparación con los provechos. El que quiere disuadir o apartar de la opinión que hay, hará lo contrario. Podráse muchas veces decir y negar ser daños e inconvenientes los que dicen, mostrando los provechos que de ellos suelen o pueden salir; y por el contrario de los provechos.

No se usa siempre de todas estas partes dichas porque apenas hay casos donde todas convengan, mas unas en un tipo y otras en otro, según la causa lo demande. En la división prometerase tratar estas cosas dichas, pero no todas salvo las más principales; como es ser seguro y provechoso, que es lo que más puede persuadir. Y cuando más partes se prometiesen, sería teniendo suficiente probación para todas. Y con todo, la división debe de tener pocas partes, como está dicho tratando de ella. Y bien mirado, en ser seguro y provechoso se encierra lo demás, por cual conveniblemente podían prometer en la división estas dos solas, y después tratar de todas las demás como de partes que se encierran en ellas.

CAPITULO XXI

De la exhortación

Hay diferencia de amonestar que alguno quiera cosa que no le parece, o duda que se deba querer (que en latín se dice «suasio»), lo cual se hace probando las partes dichas o algunas de ellas; o de poner ánimo a los que han comenzado a seguirlo, pero o cesan o lo hacen flojamente, que se dice exhortación, que aunque sea semejante cosa, no del todo. El que suade muda el propósito o procúralo mudar; el que exhorta no le muda, mas pone ánimo para ponerlo por obra. Y así, muchas veces se pone la exhortación después de la suasión, como parte de ella, casi por conclusión. La cual no tiene mucha necesidad de argumentos ni se suelen poner en ella, mas traer delante algunas cosas que naturalmente se aman. Porque el que amonesta algo no basta dar a entender ser bueno, pero aun añadir corazón para que se ponga por obra, lo cual se hace poniendo delante los ojos las cosas siguientes:

Esperanza cierta que alcanzará lo que le amonesta, pintándolo lo más fácil que pudiere, mostrando otras cosas más dificultosas alcanzadas de otros de tantas y menos fuerzas. Y que Dios está presto para ayudar a los buenos, y de los buenos más a los que de suyo hacen lo que pueden, etc.

Esperanza de loor alcanzándolo y de ignominia aflojando, poniendo delante otros que son tenidos en mucho por haberlo alcanzado, y otros abatidos y tenidos en poco por haberlo dejado. Alabando aquella cosa que exhortamos y abominando la flojedad, y cuánto sea de huir la ignominia que de ello se seguiría a todos y más a él.

Poniendo también delante cuánta esperanza todos tengan que ha de salir con ello, o por el buen natural que de él se conoce, o por lo que en cosas semejantes en él se ha visto. Y cuánta razón haya para responder a la buena opinión que todos tienen.

Traerle a la memoria el galardón o cualquier manera de provecho que se pueda seguir, lo cual no suele poner pocas espuelas.

Mueve también mucho si aquellos a quien hará placer o puede venir provecho haciendo lo que exhortamos, mostráremos debérseles mucho o por deudo, o por bondad especial, o dignidad, o beneficios de ellos recibidos, y señalar, si se sufre, el provecho que se les sigue. Y también el placer que habrían los envidiosos y que nos quieren mal de lo contrario.

Poner también delante a algunos que hayan hecho o hagan cosas semejantes, alabando su virtud, industria y constancia. Y es de mirar que se alaben de tal manera que no pierda la esperanza aquél a quien procuramos poner ánimo, conociendo a la clara faltarle alguna parte necesaria para alcanzar lo que tienen los que con él compiten, o los que dimos por ejemplo. Para lo cual será bien no decir cosa que no parezca poderse imitar con esfuerzo especial; porque siendo imitable, aunque el natural no sea tan bastante, podemos ocurrir (después de negar o deshacer la imposibilidad que teme) diciendo que tanto cuanto más parece faltar la naturaleza, tanta más diligencia conviene poner, y otras cosas semejantes. Y para este efecto como para los otros, entre todas las cosas que adelante se pondrán en la confirmación, es mucho de notar la manera de tratar los ejemplos.

Cuando se temiere que aquellos a quien exhortamos se pueden sentir de la exhortación por presumir que su autoridad es mucha para ser amonestados, o su virtud tanta que no se puede desconfiar de ella; porque mientras más diligencia pone en el amonestar, tanto más se cree de él que teme que es menester, y algunos son delicados y requiérese con ellos mucho aviso. En tal caso es menester mitigar la exhortación, lo cual se puede hacer por muchas maneras. Pondré solamente algunas, solamente que baste para seña como he hecho en lo demás; porque si en todas las partes se pusiese todo lo que se puede decir, sería nunca acabar. Así, podremos decir que bien sabíamos ser ya él de su natural inclinado a ello y que no hemos procurado de encenderle de nuevo, mas de incitarle a correr mejor lo que él de su voluntad tiene cuidado, aun a esto nos movió un muy especial amor que tenemos a su servicio o provecho. Rogando que perdone el atrevimiento que procede de amor, aunque por ventura sea demasiado, pues no embargante que sabíamos que su virtud sabía mucho más que esto, no pudimos refrenarnos. Pero cosa es muy ordinaria que, cuando se desea que alguno haga alguna cosa que deseamos, aunque haya entera confianza de que se hará y tanto que no se podría creer lo contrario, el amor no deja estar seguro y hace poner diligencias que podrían ser bien excusadas, y no sirven mas de satisfacer a la pasión natural. O podráse fingir que no teníamos pensado decir lo que hemos dicho, sino que, forzados del verdadero amor, venimos a añadir espuelas a quien tenía más necesidad de freno. Siempre procurando saber la condición o ingenio de los que exhortamos, a qué cosas se inclinan y cuáles naturalmente aborrecen.

Mitigaremos también la exhortación si nos contamos a nosotros mismos por culpados o flojos, lo cual viene muchas veces a propósito para los predicadores. Como diciendo: «Harto hemos ya pecado, enojando siempre a Dios con nuestras culpas y poca enmienda, tornemos a El, que aparejado está para recibirnos», etc.

Mucho mueve al cabo de esto el ruego que se hace con mucha afección, poniendo delante en suma las cosas dichas. Ejemplo: «Ruégoos por la honra que siempre vuestros pasados tuvieron y por la buena opinión que, por vuestros buenos hechos, siempre de vos se han tenido y tiene. Por lo que a vuestra edad conviene y de un natural tal como el vuestro se espera. Por lo que de vuestra prudencia y cumplida virtud se cree, de la cual no hay cosa tan difícil y ardua que no se pueda esperar. Por lo que a vuestros amigos y a los que después de vos vinieron, hijos y descendientes de esta vuestra gloria se les puede seguir. Por lo que vuestros enemigos y envidiosos de lo contrario podrían ganar. Por Dios finalmente os ruego, porque en ninguna cosa se debe negar que en esto hagáis lo que de vos se espera.»

Semejante es a esto pasado cuando amonestando a algunos se aparten de vicio o pecado, después de dárselo a conocer, reprenderlos en general como hacen los predicadores; o en especial, cuando hay autoridad para ello, o se cree que se recibirá bien. Entonces es de mirar que de tal manera se haga que siempre parezca proceder de amor de las personas y aborrecimiento de los vicios, encareciéndolo de tal manera que no venga por ello en desesperación de remedio; mas luego, mostrando el vicio, debe enseñar el remedio, dando esperanza que todo se pasa con la enmienda, no mostrando ceño ni menosprecio de manera que el reprendido se embravezca y la reprensión no se tome con caridad ni haga fruto. Puede ser de parte del que reprende, por decir palabras muy a la clara, con pasión y descalabradas, o en alguna circunstancia de su parte no guardada la manera debida. Y cuanto al reprendido, por ser de autoridad y más que el que reprende, o de tal natural que le parecía para él bastar menos palabras, etc. Y habiendo en esto descuido, o siendo hecho sobrepesado, asperamente por darlo bien a sentir, podráse mitigar diciendo que no nos maravillamos, que bien vemos que somos hombres y flacos y, cual más cual menos, todos caemos, unos de una manera y otros de otra, según permite Dios que seamos desamparados de su gracia. Y que muchas veces el caer es por mas bien donde hay respecto a lo bueno, y que tal esperanza se tiene en lo presente, etc. Poniendo luego alguna cosa en loor del reprendido, guardando que no sea de manera que haya extremo. Y excusárase, a lo menos no diciendo cosa por alabarle que no sea verdadera y conocida; porque no hay ocasión en que más nos descuidemos a fingir, o lo hagamos adrede, que cuando alabamos a alguno y mucho más cuando es después de haberle tocado en lo vivo. Y puédese fácilmente sospechar que se hace para untar el casco y por lisonja.

En caso de reprender a príncipes, prelados, o personas poderosas, así en general como en especial, cosa peligrosa es, y más escándalo trae que provecho, y por la mayor parte, es menos mal disimular sus yerros. Puédese hacer más seguro y con más esperanza de enmienda, cuando es menester darles a entender en lo que han pecado, ponerles delante la imagen de buen príncipe, prelado u otro señor, diciendo que aquello deben hacer los que quieren vivir sin reprensión de Dios y de los hombres; como lo hacen muchos y lo han hecho, cuyos ejemplos se pueden añadir, aunque si son de personas vivas menester es ocurrir a la envidia como está dicho.

Aunque sean casi una cosa con el género suasorio las otras especies que a él se refieren; porque el que consuela amonesta que sufran con paciencia, el que reprende amonesta que se conozca la culpa y haya enmienda, etc. Pero por mayor abundancia, demás de lo que he dicho, quiero añadir algo de las otras partes y no de todas por no detenerme mucho más, sólo de la consolación y petición que se ofrecen muchas veces.

CAPITULO XXII

De la consolación

Si queremos consolar de caso acaecido contra lo que se deseaba o de algún desastre o descontento, es primero de considerar que hay dos maneras de consolación. La una cuando mostramos con razones y argumentos no haber causa para tener dolor, o a lo menos no tanto. La otra es cuando decimos haber justa causa y este dolor mostramos sentirlo como propio. La primera se puede usar con personas que tenemos por sabias y de quien creemos que se llegarán a razón, o sabemos que no están muy apasionadas. Con los cuales, si hay familiaridad o alguna superioridad, se puede usar de represión del mucho sentimiento con unas preguntas u otras maneras de decir. «¿Dónde está la prudencia con que sabéis consolar a otros? ¿Dónde está vuestro esfuerzo? No os sobra mucho en este caso, no se diga que os falta donde una pequeña partecilla de lo que en vos todos presumen podría bastar. ¡Tornad, por Dios, en vos! No mostréis tan poco corazón ni os abatáis en pequeñas cosas.»

La segunda manera se usará con los que vemos estar demasiadamente apasionados con dolor muy reciente, con los cuales es menester que haya arte. Porque el que siente mucho dolor no puede oír consolación, y recibe más pena en ver que los otros no lo sienten como él. Y por esto se debe hacer con ellos como los sabios médicos hacen con los enfermos que, por flaqueza o falta de juicio les parece lo que no es, blanco todo o todo amarillo, o que tienen cuernos o algún otro embarazo; y entonces el médico, o los que están delante si son discretos, por no darle causa a que sienta de sí que le falta el juicio, que sería acrecentarle la enfermedad y ponerle en desesperación, fingen tener ellos y ver lo mismo, y pasar por ello como cosa común. De esta manera se ha de hacer con los muy afligidos, diciendo cosa que dé a entender que no somos para consolar ni podemos, estando con más pena que él queremos consolar. Y ensalzaremos luego las causas que hay de tener pena, no solamente por ser cosa de cualidad que quienquiera la debía sentir mucho, pero, por caer en persona en quien debe ser mal empleado, concurren otras circunstancias que con mucha razón acrecentarán la pena. Hecho esto lo mejor que fuere posible, tendrá alguna sazón el remedio que se pusiere. Y podráse comenzar a poner diciendo que, como quiera que sea, ello es ya pasado y no se puede excusar; y donde hay tanta prudencia, todo es bien que se mire. Y que el recibir pena no trae provecho. Y aun, mirado sin pasión, otras cosas han acaecido a otros no menos recias que se sufrieron con paciencia, las cuales si se comparan con la presente, no es tan sobremanera intolerable que no baste una virtud, que en otras cosas se ha experimentado y señalado, a saberlo sufrir con buen semblante. Aquí se disminuirá el daño que causa el dolor, ensalzando los bienes que fueron causa de acaecer, o los que se pueden de ello seguir. Y disminuiríase el dolor mostrando ser pasadero, porque menos se enseñoreará creyendo que durará poco. Y si sintiere que el penado teme que ha de durar, será bien detenerse a probar ser momentáneo o de poco tiempo, ayudándose con las conjeturas que pudiere. Y si fuere de cualidad la pena que no se puede negar ser duradera, procurarse ha disminuirla por otra vía, y será probando no ser daño, y si lo es, no tan grave como parece; ensalzando mucho los provechos que de ello se han seguido o pueden seguir, porque ningún mal hay de que no se saque provecho si se saben de ello aprovechar con cordura. Y aún es bien decir, mayormente si está más a mano, que no nos viene mal, que no sean alguna causa poca o mucha nuestras culpas. Porque conociendo merecerlo, no hay tanto atrevimiento de quejarse. Demás de esto, decir no haber venido esto que da la pena acaso, mas es de tener por cierto que la voluntad de Dios fue ordenarlo así, no sin misterio; para que, recibiendo el cuerpo fatiga, el ánima gane sabiéndose de ello aprovechar.

Mucho alivia el dolor si se mostrare ser común con muchos, o a lo menos con personas de calidad y sus semejantes. Poniéndole delante ejemplos de otros que hayan sufrido o sufran aquello, o cosa más grave con mucho ánimo, no sin gran gloria y provecho que de ello se le siguió. Al cabo, vendremos a exhortarle a sufrimiento por la forma dicha hablando de la exhortación o semejante. Mirando bien que no lo hagamos como sanos que mandan a los enfermos lo que les parece, trayendo algo a propósito de nuestra buena disposición y contentamiento. Porque, como ser el dolor común alivia, así, la memoria de la mejor dicha de otros acrecienta la pena.

En la consolación no se debe usar de cosas de pasatiempo, si no fuese muy poquito y de pasada, ya algo madurada la postema; y en fin, cosa que, conocida la disposición en que está el penado y su condición y su autoridad y la nuestra, creamos por muy seguro que le podríamos aliviar. La mucha conversación y amistad suele dar atrevimiento en esta parte, pero lo más seguro es dejarlo.

Cuando es el consolado de mucha más autoridad que el que le consuela, o tal que se cree de él preciarse tanto de sufrir y disimular la pena que, no embargante que sabemos que la siente mucho, pero tiene en tanto no mostrarlo que podría recibir afrenta si a la clara le consolasen. En este tal podráse usar de arte si dijéremos que no le hablamos o escribimos por consolarle, que bien conocemos su prudencia y buen ánimo que en cosas semejantes suele tener. Y aunque, vemos ser el caso tan recio que a otros de mucho saber y virtud derribara, pero no dudamos que quien tan buena maña se suele dar en los trabajos que se le ofrecen, siempre sabio y cada día más experimentado, no sufra fácilmente lo que no se puede excusar. Y así, hablamos o escribimos más por mostrar la alegría que tenemos por ver en él tanta virtud que por confortarle.

Después de esto se pueden aprovechar de algunas reglas de las pasadas.

CAPITULO XXIII

De la petición

Si queremos pedir algo hánse de hacer cuatro cosas. Lo primero mostrar que lo que pedimos es en poder de aquel a quien lo pedimos. Luego ser la petición justa, encareciendo lo que va en ello. Después mostrar la manera cómo se puede hacer, mayormente cuando creemos que se puede en ello dudar. Al cabo mostrar la remuneración señalando alguna cosa en especial o en general, ofreciendo a nosotros mismos y a todas nuestras cosas, salvo si creemos ser bien notorio estar aparejada nuestra voluntad, o tememos que se podría recibir afrenta en prometer retribución. Pero aún estos casos es bien tocarse lo que baste a entenderlo si quisieren, con ofrecimientos generales o especiales en pocas palabras.

Y como las cosas que se pueden pedir son diversas y hay diversidad de los que piden y de los que son pedidos, así la manera del pedir será diversa. Hay cosas que se piden sin recibir por ello empacho, como es el consejo y ayuda de oraciones. Otras con vergüenza, como son dineros o cosas no lícitas y difíciles de haber. Cuando es cosa común y que sin empacho se puede pedir y es fácil de haber y lícita, no es menester arte, o poca, para ello. Basta considerar las cuatro cosas arriba dichas o las más sustanciales de ellas. Si es cosa no lícita o que puede dar pesadumbre no se debe pedir así a la clara, mas poner primero en cuanta necesidad estemos y cuán recia cosa sea la necesidad. Y habiendo tanta, no nos parece que es bien tener mucho empacho de pedirlo, aunque sea a quien nunca hicimos servicio que lo mereciese. Pero que nos basta de tomar atrevimiento de pedirlo a él más que a otro conocer su mucha nobleza, con la cual suele favorecer a todos en cualquier necesidad. Mostrando tener vergüenza de importunarle, pero de manera que dé a entender tener gran confianza, porque mucho convida a negar cuando se ve que el que pide está dudoso de alcanzarlo. Siempre considerando de aquel a quien pedimos si es conocido, pariente o deudo. Si hemos recibido otros beneficios de él, diciendo que deseamos deberle más, como quiera que no esperemos poder pagarle el menor beneficio. Y consideradas las otras circunstancias de tiempo y lugar como está dicho, lo demás buena discreción lo pondrá de suyo. Y con esto quiero acabar con el género deliberativo, aunque se pudiera poner mucho más.

CAPITULO XXIV

Del género judicial

En el género judicial, cuando acaeciere, muchas cosas hay que considerar, porque a él se refieren las más reglas de la retórica. En el cual no hay que decir aquí sino que se noten las reglas dichas, y que se dijeren que más le tocan, que si se hubiesen de repetir, y poner las demás que se podrían añadir, nunca acabaríamos. Porque los retóricos que escribieron antes más se ocuparon de este género, o por ser de más dificultad por la diversidad de cuestiones y pleitos que se ofrecen, y así de más ganancia; o porque antiguamente por más honra tenían saber defender o contrariar a quien querían, que alabar, exhortar, o persuadir alguna cosa o hablar delante del Senado cosas públicas. Ahora, en este tiempo no es de tanto fruto la retórica en el género judicial, como está dicho antes de esto, aunque no deja de servir cuando se ofrece contradecir alguna opinión o defenderla, así por principal intento, como si tratando alguno de los otros géneros, entre lo demás, es menester hacerse, que es muchas veces.

Los lugares comunes del género judicial son testigos, señales de sospechas, tormento, fama, leyes, o cosa de autoridad escrita, etc. Cómo se traten ya está dicho hablando de las circunstancias y estados. Ahora pasemos a la otra parte de la invención.

CAPITULO XXV

De la confirmación

Después de la narración y conocido el estado de la causa, sácase una proposición o más, para la cual ser probada se traen todas las razones y argumentos que se pueden traer. Ejemplo sea este muy común: «Acuso a Orestes que mató a su madre», es la intención o acusación. La defensión es: «Matóla, mas con justicia». Para lo cual se añade la razón: «Ella había muerto a su padre». Firmamento: «Aunque fuera así, no la debiera matar por su autoridad». La judicación es: «Como Clitemnestra haya muerto a Agamenón su marido y padre de Orestes, si Orestes mató con justicia a su madre». Porque judicación no es otra cosa sino la postrer cuestión o estado de la causa. Hecho esto, el que acusa saca esta proposición: «Orestes mató sin justicia a su madre aunque ésta hubiera muerto a su padre». El que defiende dice: «Orestes mató con justicia a su madre por haber ella muerto a su padre». Teniendo proposición sacada el que acusa o defiende todas las razones o argumentos que puede traer para probarlo. Y esto es la confirmación, porque no es otra cosa sino aquellas palabras que dan probación a lo que se propone. Llámase proposición todo aquello en que está la sustancia de la causa, o cosa que en especial se promete tratar aunque no sea lo principal, mas áyuda. Y generalmente lo que al principio en suma, o en particular, o después yendo hablando, se señala por punto principal o accesorio o, aunque no se señale, se piensa tratar. Y esto muchas veces solamente se apunta, no deteniéndose a probarlo, o por ser en sí tan averiguado que ninguno duda, o porque ya entre las partes que hay la diferencia está confesada, o antes se probó, o se guarda para otro lugar más conveniente, o también, porque a detenerse a probar todas las proposiciones, sería muy largo y solamente se quieren detener en un punto o dos en que está la sustancia y que si se quedase sin probación, no bastaría todo lo demás a alcanzar el fin porque se vino a hablar o escribir. Y así es que no convendría a detenerse a pensar con argumentos todas las cosas a que se podría aplicar, porque demás de detenerse mucho y divertir la atención que a lo principal se ha de tener, daría sospecha de tener flaca razón y justicia en lo sustancial poner mucha diligencia en lo que no va ni viene, o es poco. Ni menos en esas proposiciones que queremos probar, pocas o muchas, usaremos de todas las razones y argumentos que se ofrecen, si no fuese de argumentos ciertos y en cosa muy dudosa y en tiempo que no podría hacer daño la dilación, mas antes aprovecharía en algo. Pues como quiera que sea, cuando se determina de probar alguna proposición, demás de considerar las circunstancias y lugares propios y comunes que en cada género y estado de causas se tratan, según están dichos, podránse aquí algunas especiales consideraciones para inferir los argumentos. Y aunque en esta parte podría aprovechar, y mucho, saber la lógica, bastaráme a mí por ahora poner algo de lo mucho que los retóricos hablando de la confirmación escriben. Y cierto es en esta parte como en todo lo demás muy principal cosa el buen natural y agudeza de ingenio, porque a uno se le representa más fácilmente que a otro lo que se puede seguir de lo pasado, o contradice lo que está ya dicho, etc.

Como argumento sea la razón digna de crédito que se da para probar lo que se intenta, coligiendo una cosa y lo que está en duda por lo que ya es cierto, ha de haber algo que ya se tenga por averiguado. Porque no habiendo cosa cierta de que lo dudoso tome crédito, no habría con qué probar. Tiénense por ciertas, cuanto a lo primero, las cosas que vemos y oímos. Después de esto, lo que ya por común opinión se tiene por verdadero, lo que está determinado por leyes y costumbres o por opinión de algún doctor aprobado. Lo que, estando en diferencia, se confesó, y todo lo que el contrario no contradice. Débese también saber para mejor poder inferir la naturaleza, fuerza y efecto de cada cosa, porque sabiendo lo que cada uno de suyo tiene, se vea lo que se puede de ello seguir. Y esto de ser las cosas ciertas o no entre los retóricos basta, aunque no sea firmísimo si fuere aparente o verosímil. Y por tanto hacen dos diferencias de las cosas que se dicen ciertas. Que, o son certísimas que nunca de ellas se ha dudado ni duda, como es decir que el que le han sacado el corazón no vivirá, o que la mujer que parió tuvo que hacer con varón; o son probables, que por la mayor parte acaece: el que está sano que llegará a mañana, la doncella que se deleite en compañía de mancebo que no es casta, etc. Y así, por el contrario, repugnaría decir: «sacado tiene el corazón y está vivo. Deléitase con mancebos y es casta».

Entre las cosas certísimas aún lo más firme es aquello que, de dudoso, se averiguó por verdadero. Si dijésemos: «Tú mataste el hombre, pues tenías la ropa ensangrentada». No es de tanta fuerza el argumento si el acusado conociese tener la ropa ensangrentada, porque podría añadir ser la sangre de otra cosa. Y si lo niega y se le prueba, tiene más fuerza la sospecha, porque es cierto que no lo negara si pensara poder probar ser la sangre de otra cosa.

Cuando las cosas sobre que queremos fundar los argumentos son de poco valor y muchas, débense juntar todas, porque si no valieren por ser de poca sustancia, valgan por ser muchas en número o que conciertan. Como si alguno diga que Pedro mató a un hombre por causa de heredarle, dirá que esperaba ser heredero y de mucha hacienda, y que era pobre, y estaba entonces en mucha necesidad, y sabía que tenía propósito el muerto en que le había hecho su heredero. Cada cosa por sí poco era y común, todo junto más arguye la sospecha.

Presupuesto esto, quiero decir de algunos argumentos que los retóricos ponen en especial. En los cuales después de haber puesto lo que tienen propio para ser perfectos, según requieren para probar y confirmar, pondré luego las cosas que les hacen ser falsos y poder ser tachados, que es menester así para huir de ellos, como para saberlos traer si la parte contraria usare mal de ellos.

Enumeración es argumento en el cual, puestas muchas cosas y todas ellas contradichas, sola una dejan para probar. De esta manera: «Pues que está claro haber sido mía esta heredad que tú ahora posees; de necesidad ha de haber venido a tu poder o por haberla heredado, o por alguna compra o trueco, o por haberte metido en ella de tu autoridad pensando no tener dueño, o en fin, haberme por fuerza echado a mí de ella. Viviendo aun yo, no te pudo venir por heredad; carta de compra no parece ni otra escritura de trueco. Haberla tomado por autoridad no lo dirás tú ni basta para poseerla. Queda que me hayas echado por la fuerza». Otro ejemplo: «Si dices que este hombre mató a tu padre, como no se ponga por obra maleficio sin alguna causa de necesidad; ha de haber precedido para matarle temor, o aborrecimiento, o esperanza de algún provecho, o haberlo hecho para satisfacer a algún amigo. Pues tú no puedes probar que haya habido temor, o aborrecimiento, o esperanza de provecho ni tampoco tocar a algún amigo suyo la muerte de tu padre; queda claro que él no le mató». Este, si para cada cosa de las que cuenta tiene sus razones suficientes, no se puede tachar; pero tacharáse por dos maneras. Si mostramos haber dejado el contrario de poner entre las cosas que contó alguna necesaria. Como si en el primer ejemplo que se añadiese el contrario que le hizo donación de la heredad, u otra cosa suficiente que entre las que contó no está, o si mostramos alguna cosa de las que se contaron ser falsa. Como si, habiéndose dicho en la enumeración que no compró la heredad ni parece carta de venta, probase el contrario haberla comprado y mostrase la carta de venta.

Complexión es otro argumento en el que se reprende cualquier cosa de las que se conceda, de esta manera. «O tu sabías lo que había de venir o no. Si lo sabías, ¿por qué cuando te pidieron consejo no decías lo que cumplía hacerse? Si no lo sabías, ¿por qué culpas a los que con la misma ignorancia en que tú estabas, no acertaron en lo que siguió—¿Por qué reprendes el estudio de las letras griegas? Las cuales o las deprendistes o no, si las deprendistes no debes tener cara para reprender lo que hiciste. Si no las deprendiste, que tengo yo por mas cierto, ¿por qué tachas lo que no sabes ni entiendes?». «No entiendo avisarle, porque si es cuerdo no lo ha menester; si no lo es, no aprovechara amonestarle». En la complexión conviene que las preguntas sean entre sí contrarias, porque si el contrario concediere una de ellas, porque no puede hacer menos; se le convence por la otra. Como es en el ejemplo primero: «O tú sabías lo que había de venir o no», etcétera.

Falta será la complexión cuando ambas partes se pueden convertir al contrario, o la una de ellas. Ambas de esta manera, convirtiendo el postrer ejemplo que se puso: «Mas si es cuerdo, le debes avisar, porque lo recibirá bien. Y si no lo es, porque tiene más necesidad de aviso». Para la una parte basta el mismo ejemplo, no se convirtiendo más de lo uno.

Simple conclusión es cuando de alguna cosa que pasó de necesidad se ha de seguir otra. «Si mataron este hombre en Roma, no le pudo matar el que estaba a aquella sazón en España». «Parió, luego tuvo ayuntamiento con varón». Y aquí son de considerar las cosas firmísimas y las probables (que por la mayor parte acaecen) para saber lo que de cada cosa se puede seguir, como está dicho. La simple conclusión se puede tachar por dos maneras. Si se niega el antecedente. Como si en el primer ejemplo diga el contrario que no estaba a aquella sazón en España; o, concedido el antecedente, niega seguirse lo que se infiere. «Si madre es, ama a su hijo». Dirá el contrario que no se sigue, pues es muy cierto que Medea y otras muchas madres mataron a sus hijos. Así que es menester que sea verdadero el antecedente y de fuerza se haya de inferir lo que se infiere.

Subiection es otro argumento en que buscamos lo que por nuestra parte puede hacer y lo que por la parte contraria, y después, preguntando de cada una de ellas en especial, nosotros mismos nos respondemos, añadiendo razones en que mostramos ser así o no ser así. Ejemplo: «Pregunto yo ahora de dónde pudo este ser hecho tan rico como fuese tan pobre. ¿Quedóle por ventura gran patrimonio? Todos los bienes de su padre se vendieron. ¿Vínole por otra parte alguna heredad? Sus parientes y deudos por sus vicios le aborrecieron siempre. Pues, ¿de la mercaduría o trato que comenzó sacó gran ganancia? El se dio tan buena maña que eso poco que podía tener, perdió. Luego, si por estas partes que honestamente le podía venir, no le vino; está claro que o lo ha hurtado, o habido ilicitamente». Reprende este argumento como el de la enumeración, al cual es muy semejante, si se muestra haber dejado de poner alguna parte principal o se niega alguna de las puestas.

Submisión es argumento en el cual nosotros mismos nos pedimos razón de lo que dijimos. Ejemplo: «Los atenienses se dieron mucho al estudio de la filosofía, ¿y esto por qué?, porque sabían bien ser las artes liberales dignas de ser amadas. ¿Y por qué causa?, porque ellas hacen que tanto cuanto los hombres son más dignos que los brutos, tanto se han de tener en más los doctos que los necios. ¿Y por qué?, porque nuestro ingenio si no se labra con arte y doctrina, siendo en si divino, se hace rudo y boto», etc. La submisión es mala cuando una o más de las razones de las que se ponen se pueden tachar.

Oposición es en el cual, después de puesto el contrario de la proposición, nos volvemos a la misma proposición. Ejemplo: «No solamente debemos excusar los pecados graves, pero aun los livianos. Porque si no tuviésemos envidiosos y émulos, podríamos sufrir las culpas leves, que son cosas comunes. Pero como tú estés puesto ahora en dignidad que trae consigo envidiosos y ellos siempre buscan qué morder, conviene no sólo excusar los pecados graves, pero aun los livianos». Otro ejemplo: «Con razón tengo de sentir mucho esta injuria recibida. Porque si me la hiciera algún extraño a quien no hubiera hecho beneficios, sufriérala con paciencia. Pero habiéndola recibido de familiar y aun deudo de quien tantos beneficios he hecho, con razón tengo de sentirla mucho». Táchase este argumento cuando la razón no es verdadera, de la cual se saca el contrario. «Téngolo de sentir porque es mi deudo y ha recibido de mí beneficios». O ya que se concede ser deudo y haber recibido beneficios, se niega por eso se sigue deberse sentir, etc. Inducción es argumento con el cual, concedidas las cosas no dudosas, se prueban las que tenían duda por algunas semejanzas que con ellas tenía. Ejemplo: «Díme, hombre ingrato, si no te hubiese hecho beneficio en tiempo alguno, ¿dirías que te hacía injuria?, dirás que no, porque no hace alguno a otro injuria, por no hacerle beneficio no le debiendo nada. Pues si yo te he hecho muchos beneficios de mi voluntad sin deberte nada, no tienes razón de quejarte y decir mal de mí porque cese de hacerte bien, pues no te quejaras si nunca comenzara a hacerte beneficio». Otro ejemplo: «Si quisieses edificar una casa ¿a quién la darías a hacer?, al más noble en linaje y rico, o al más sabio en aquella arte. Dirás que al más sabio en aquella arte. Si quisieses dar a doctrinar a tus hijos daríaslos al que fuese más tu pariente, o rico, o bien dispuesto; o al más docto y de mejores costumbres. Dirás que al más docto». Puestas estas cosas y semejantes, pónese luego aquello por cuya causa se traen. «Pues mucho yerran los que para elegir príncipe o gobernador más miran al deudo o dignidad de parientes y riquezas que a la ciencia y virtud que se requiere para ello». En este argumento la misma fuerza o poco menos tienen las cosas fingidas que las verdaderas. Llamo fingido lo que no es ni acaeció, sino que se pone porque podría acaecer. Ejemplo: «Si alguno hiciese agujero en la nao en que va para hundirla, ¿no sería locura?, sí.

¿Y si procurase derribar la casa en que él mismo había de perecer?, también». Fingidas estas cosas y otras semejantes que podrían acaecer, infiere: «No sería luego pequeño desvarío si ahora tú, por vengar la injuria que algunos particulares te han hecho, quieres destruir toda tu comunidad, cuyo daño no puede dejar de tocarte mucho». Puédese poner una comparación o muchas, y la misma operación hacen aquí los ejemplos. «El caballo, si le imponen al principio en lo que quieren que después sirva, fácilmente se hace, lo cual no se haría después de viejo. Pues así es en los niños que están aparejados para recibir cualquier buena costumbre que no recibirían ni reciben estando ya duros». También los ejemplos pueden ser fingidos para inferir por inducción, poniendo algunas cosas que podrían acaecer a aquel a quien traemos por ejemplo. «Si vieses a tu padre ir a morir por tu libertad, o hacer otras cosas semejantemente trabajosas, ¿procurarías servirle y no darle enojos?, sí. Pues así a Cristo». No hay cosa que tanto mueva en cualquier materia que se trate como las comparaciones y ejemplos, por lo cual conviene, demás de tenerlos aparejados, saberlos tratar según su diversidad. Aquí parecía que venía bien tratarse de ello, pero por no detener el fin de las partes de la invención, se quedará para otra parte. Pues, volviendo a la inducción, háse de mirar en ella que no sean las cosas que proponemos por semejantes tales que con razón se puedan negar. Y más que sean semejantes de tal manera que, concedidas, se conceda sin sentirse lo que queremos probar. Y si por ser muy semejantes y verdaderas, creemos que el contrario lo sentirá y no querrá dejar concluir la inducción, o no responderá a las preguntas; podremos respondernos nosotros mismos, o hablar con los jueces o con otra persona fingida, o, finalmente, concluir por otro género de argumento.

Coleción es argumento más perfecto que ninguno de los dichos, que concluye lo que por él se quiere probar con razones y otras cosas que adornan. Contiene en sí cinco partes. Proposición, razón, confirmación de la razón, exposición, conclusión.

Proposición es lo que se intenta probar o, como está dicho, para lo cual ser probado se traen razones y argumentos. Razón es lo que prueba lo que se propone ser verdad. Confirmación es lo que prueba la razón, o por mejor decir, razón de la razón. Exposición es lo que se debe poner por mayor abundancia y más adornamiento, de manera que se puede decir adornamiento. Conclusión, que también se dice complexión, es la postrer parte que coligiendo lo dicho en suma, muestra lo que de ello se sigue. Ejemplo: «De sabio es tener en mucho más la fama que la hacienda, y aun que la vida. Porque menos daño es perder la hacienda y la vida que la fama. Y la hacienda perdida por muchas maneras se puede cobrar; la fama, una vez perdida, tiene muy mal remedio. Y la vida que se alargue mucho, su término tiene; la fama es inmortal. Por lo cual quien nos quite la vida quítanos lo que de necesidad, después de poco tiempo, nos había de ser quitado; el que nos despoja de la fama prívanos de cosa muy preciosa e inmortal. Y esto bien lo conocían los antiguos, que no solamente hacienda, pero aun hijos y su vida ponían en muchos peligros, por ensalzar su fama. De muchos leemos que, viéndose privados de la fama, no les pareció que debían vivir, y con sus propias manos se mataron por tener en mucho más la fama que la vida. Así que, pues vemos tener en mucho las cosas que pasan presto, no es de tener por sabio el que no estima más la fama que todas las otras cosas, pues una vez perdida, nunca se cobra y es perpetua». Puede tener este género de argumento cuatro partes, y será si deja la adornación. Y también puede ser de tres, no mas si se deja la adornación y confirmación. Muchas veces se pone primero la razón que la proposición. «Porque no sabemos si llegaremos a otro día, no debemos diferir la enmienda». Lo mismo es que si se dijese: «No debemos diferir la enmienda porque no sabemos si llegaremos a otro día». Algunas veces no tendrá conclusión a la clara puesta, porque no es menester, y entonces podremos decir que es de dos partes la colección. Si no, se dice que la conclusión no se puede excusar de entenderse, como en este ejemplo postrero. De cómo se hallen las proposiciones, razones, confirmaciones y exposiciones, puesto el argumento siguiente que es semejante a este, se pondrán con otras cosas tocantes al uno y al otro.

Raciocinación es el género de argumento más perfecto de todos, que de la proposición y asumción infiere lo que se quiere probar. Contiene en sí cinco partes: proposición, razón, asumción, razón de la asumción. Conclusión de las tres ya está dicho. Asumción es una segunda proposición, sacada de la primera, que contiene lo que principalemente se quiere probar. Razón de la asumción es la que prueba lo que en ella se dijo. Ejemplo: «Todos los que tienen causa para cometer alguna maldad, si de su natural no aborrecen hacer mal, la cometen fácilmente. Ulises tuvo muy gran causa para matar a Ayax y es inclinado a hacer maleficios, así que es cierto que Ulises mató a Ayax». Esta raciocinación tiene tres partes, porque, así como la pasada, puede ser de cuatro partes si deja la razón de la una proposición; y de tres si se dejan las razones de la proposición y asumción, como en este ejemplo dicho. Puédensele añadir las razones y ser de cinco, de esta manera: «Todos los hombres que tienen causa para hacer alguna maldad, si de su natural no aborrecen hacer mal, la cometen fácilmente. Porque los mal acostumbrados y que siempre se cebaron en muertes y malas obras, como no se pueden apartar de los vicios que tienen ya por la costumbre hechos naturales en su ánimo; aun no solamente cuando acaece alguna ocasión de alcanzar provecho o excusar daño se mueven a hacer maleficios, pero ellos buscan causas con que puedan hacerlos.

Ulises era enemigo capital de Ayax, como es notorio; porque después de la diferencia sobre las armas de Aquiles, sabía bien que viviendo no podía él estar seguro, siendo cobarde y sin fuerzas y Ayax tan esforzado. Y como él siempre se halla acostumbrado en hacer maldades escondidamente, cuando no puede en público, según parece la indigna muerte de Palamedes que con tantas traiciones cometió sin haber causa de temerle; cuánto más se movería en este caso donde intervenían envidia, ira, aborrecimiento y temor. Así que, moviéndose los malos hombres, como es Ulises, a hacer mal con poca causa; no lo debeis creer si negare él haber muerto a Ayax.» Este género de argumento es muy común entre los retóricos, y más entre los lógicos cuando es de tres partes, y llámanlo silogismo, y a la proposición que los retóricos dicen, llaman ellos la mayor; y a la asumción, la menor, aunque la orden que guardan no es semejante.

La diferencia que hay en argumentar por raciocinación o coleción es esta: en la raciocinación ponemos en la asumción lo que queremos probar y después componemos la conclusión de la proposición y de la asumción. Ejemplo. «Todos los que cumplen lo que Dios manda son santos. San Jerónimo lo cumplió, luego San Jerónimo fue santo, pues cumplió lo que Dios mandó». En la colección ponemos en la proposición lo que queremos probar e inferimos, después de puestas las razones, en la conclusión, lo que dijimos en la proposición. «San Jerónimo fue santo porque cumplió lo que Dios mandó, y los que cumplen lo que Dios manda son santos. Luego San Jerónimo», etc.

Puede haber muchas razones para una misma proposición, y cada razón se puede confirmar por más razones y, de diversas maneras, ponerse adornación con muchas sentencias, proverbios y ejemplos y comparaciones, y encerrar en sí otros géneros de argumentos. De manera que un argumento de raciocinación o colección puede ser muy largo. Los ejemplos que he puesto aquí han sido breves, porque en ellos se pueden mejor comprender los preceptos. Las proposiciones se sacan como está dicho, considerando los principales estados y lugares comunes de la causa. Aunque, según dice Quintiliano y es así averiguado, saberlas sacar no basta arte que lo enseñe, sino que ha de proceder de buen natural, con el cual se comprenden y coligen los principales puntos en que está la sustancia del negocio y los que requieren probarse para que, tenidos por ciertos, basten para alcanzar la victoria.

Las razones se sacan miradas las circunstancias de la persona, tiempo, lugar y otras que sería largo poner. «Dice Tulio que Catilina es traidor a Roma. Responde Catilina: —que yo haya hecho traición a Roma no se debe creer sin testigos.— Pone luego la razón por la persona del acusado que es él mismo: —Siendo, como sabéis que soy, de padres y abuelos muy leales servidores de la República.— Por la parte del contrario: —y mucho menos se debe creer a Tulio por haber siempre sido mi enemigo, y como él sea de baja gente, naturalmente aborrece a los que son mejores que él—. Por la persona de los jueces: —Mayormente siendo vosotros, señores, los jueces cuya prudencia no debe dar lugar a hombres semejantes a destruir los buenos con mentiras y falsedades.— Razón por la circunstancia de la causa: —...y siendo de esta mala cualidad el negocio, es recia cosa darse sin testigos crédito.— Por el lugar: —... más en esta ciudad donde con mucho cuidado se guardó la justicia—. Por el tiempo: —... mayormente en este tiempo, que hay tanto atrevimiento en personas bajas para pretender cosas de honra que, dándoles alas, no dejarán de levantar falsos testimonios y destruir a los que quieren.» Y así de las otras circunstancias que, consideradas, se pueden sacar razones para probar o confutar las proposiciones.

Las confirmaciones se hallan también, consideradas las circunstancias, y demás de esto, confirman muchos ejemplos y sentencias y comparaciones. Como esto se trate se hallará en el tratado de Copia.

Las exornaciones por la misma manera se hallan, porque no son otra cosa sino poner por mayor abundancia razones y comparaciones, demás de los puestos en la confirmación.

Es bien saber que todas las maneras de argumentos que se han puesto, se pueden encerrar en la colección; y todos estos y la misma colección en la raciocinación. Lo cual verá claro quien lo quisiere probar con los ejemplos.

CAPITULO XXVI

De la confutación

Quiero tratar de la confutación, otra parte de la invención y casi una misma con la confirmación. Y así, se han puesto algunas cosas en la confirmación tocantes a la confutación; y ahora en la confutación se pondrán otras que se pudieran poner en la confirmación. Confutación es por la cual argumentando, se deshace del todo o hace de menos valor la confirmación del contrario. Para la cual es de considerar las cosas dichas en la confirmación, porque por los mismos lugares que se confirma una cosa, se infirma. Y es menester saberse, así para no usar argumentos viciosos, como para si los usare el contrario saberlos conocer y reprender. Cualquier argumento se reprende si tiene alguna parte falsa. La proposición se mostrará falsa si propone nunca haberse hecho alguna cosa y decimos y probamos haberse hecho algunas veces. O dicen no haber hecho alguno lo que es cierto haberse hecho. Y, finalmente, cuando se prueba no ser así lo que dice. La razón es viciosa cuando es falsa, o de poca fuerza, o no es al propósito de la proposición. Falsa es cuando su contrario es verdadero. «No se debe estudiar la filosofía, porque hace a los hombres necios». De poca fuerza es cuando, según la proposición requiere, no basta. «Bueno es tener amigos, porque haya con quien holgar». No es al propósito cuando se puede apropiar a otra proposición. «Bueno es estar casado porque tengas compañía». Esta razón se pudiera añadir si se dijera: «bueno es estar con tu padre, o madre, o hijos, etc.» Viciosa es también la razón cuando dice lo mismo que se dijo en la proposición. «Mucho daño trae la avaricia, porque de ella suelen venir grandes males». Y porque las razones se sacan consideradas las circunstancias, podrán ser viciosas si no son sacadas de las circunstancias pertenecientes, y por otras cosas, que ello de suyo se muestra. La confirmación y adornación pueden ser viciosas por las mismas causas que la razón. La asumción será viciosa si no fuere sacada de la proposición, de manera que lo que se quiere probar esté diviso en la proposición y asumción. La conclusión será falsa si, considerado todo lo dicho antes, no se infiere de ello lo que concluye, lo cual, dèmás del natural bueno que es toda la cosa, se podrá conocer lo que hasta aquí se ha dicho. Y esto sea para confutar la raciocinación y colección, que son los principales argumentos.

Como se conozcan ser falsos o viciosos los otros, hablando de ellos mismos se puso; entre los cuales había de poner el argumento que se dice violación, pero porque nunca se usa sino en la confutación, lo dejé para aquí. Violación es género de argumento en el cual sacamos de la razón que el contrario pone no lo que él quiere, mas lo que nosotros queremos. «No nos debemos poner en trabajo por alcanzar cosas grandes, pues la vida es breve». «Antes, porque la vida es breve, debemos alcanzar cosas grandes; porque ya que no pudimos vivir para siempre, dejemos algo que dé testimonio haber vivido en algún tiempo». Otro ejemplo. «No te debes casar, porque del matrimonio se suele seguir pena y soledad por la muerte de la mujer y de los hijos; mas por eso me quiero casar, por haber hijos y excusar la soledad». Este argumento es de mucha fuerza y casi siempre concluye, porque se confirma con la razón dada en contrario que ya no se puede negar.

Otras muchas cosas se pudieran poner así para efecto de saber confirmar, como de conocer el vicio del argumento; y no me quiero detener a ponerlas porque sería cosa muy larga. De ellas unas son tales que con el buen natural se pueden sentir, otras que por ventura no podrá con ellas el buen ingenio sin arte. Si se hubiesen de poner de manera que se pudiesen entender, sería enredar toda la lógica; no fuera malo, pero demás de ser muy larga cosa, no pudiera dejar de ofuscar, porque al fin es arte por sí. Y hablando verdad, yo he tratado estas dos partes con temor, porque con el cuidado que de ser breve llevo, me he puesto muchas veces en angustia de escoger lo mejor entre tanto como hay escrito. Y así, he dejado muchas buenas cosas y algunas mejores que las puestas por algunas causas que me movieron. Posible es que me engañase en el escoger y aun en el aplicar lo escogido, pero tal cual es pasará por ahora.

Quiero poner dos puntos tocantes a la confirmación y confutación. Y el primero es cuanto a la orden de los argumentos, y será que siempre se deben poner los más firmes al principio y al fin y los que hubiere de menos fuerza, que no hacen ni deshacen mucho, pónganse en medio. Porque, acabado de contar el caso y propuesto lo sustancial, luego el oídor espera razones que lo confirmen, y es bien que aquello a lo cual se ha de tener primera y especial atención sea de mucho valor; también lo que al cabo se dice, como más cercano, se encomienda mejor a la memoria y por eso es bien que sea bueno. Lo que no es de fuerza no valdría nada al principio ni al cabo, y puesto al medio es favorecido de lo primero y postrero que era bueno. El otro punto es que después de la confirmación y aún más después de la confutación, es de mucha fuerza la aseveración que afirma lo que ha dicho con mucha confianza, como cosa ya demasiadamente averiguada y que no se sufre negarla. Como si dijese después de puesto algún argumento que confirma: «¿Quién es tan ciego que no vea esto? ¿Quién tiene tan poca vergüenza que lo ose negar?¿Osáislo contradecir? Quien esto no ve bien, le falta el sentido. Muy claro está esto, pero no quiero que lo creais si no lo confirmare por muy suficientes razones. Bien veo que en esto no hay que dudar, pero por algunos incrédulos y malcontentadizos lo quiero probar de manera que no se pueda probar, y si aun hay quien dude, yo lo daré más a entender», etc.

En la confutación: «¿Quién no ve cuán frívola cosa sea lo que ha dicho y que no hay para qué contradecirlo? Ahora oíd con cuán frías razones prueba su intención. ¿Qué cosa puede ser más liviana que lo que dice? Vengamos ahora a las razones del contrario, mas no digamos razones, sino frialdades. Cosa bien de reír lo que dicen. Veis aquí todas las armas y artillería con que los herejes defienden su error. Si bien se considera lo que en contrario se ha dicho y puede decir, veráse a la clara ser todo aire», etc. De esta manera se pueden fingir otras mil aseveraciones, y dan mucho espíritu puestas en su lugar; porque hay algunos que hablan tan fríamente, que aun lo más verdadero parece en su boca dudoso. Ahora vamos a la conclusión.

CAPITULO XVII

De la conclusión

La conclusión es la postrer parte o término de la oración, que por breves palabras repito en suma lo que por extenso antes se había dicho. Como si después de haber mostrado por muchas causas ser de continuar la guerra, dijese: «Así que, señores, ved si hay que dudar en poner todas las fuerzas en guerra que va la honra de vuestras personas y la salud vuestra y de los que sois tanto a cargo, todas las riquezas y todo el ser de vuestra patria», etc. Trae mucho provecho la conclusión, porque renueva la memoria de los oyentes, poniéndoles delante de los ojos en suma lo que a la larga habían oído. Y hay también muchos argumentos y razones que diciéndose cada uno por sí, son de poca fuerza, y juntándolos así en la conclusión, brevemente, entre otros buenos, hacen bulto y aprovechan. Y es de mirar que la conclusión sea breve y no tan larga, o poco menos, que toda la otra parte de la oración; no repitiendo en ella cosas de exordio ni narración, mas comenzarse ha donde la división, poniendo sucintamente lo que se propuso y después alguno de los argumentos y razones de la confirmación, abreviándolos. Puédese también poner una breve conclusión después de la narración, repitiendo lo más sustancial de lo que se contó por extenso.

Los retóricos dividieron la conclusión en tres partes, en epílogo, amplificación y afectos. Epílogo, que también se dice enumeración, es lo que está dicho y lo que más propiamente es conclusión. Las otras dos partes se pusieron aquí por esta causa: en cualquier parte de la oración conviene al que habla procurar de ensalzar y encarecer su parte por palabras y sentencias, que es amplificación; y mover los ánimos de los oidores a misericordia, crueldad, amor, odio, tristeza o alegría, o a cualquier otra pasión o afecto del ánimo, según lo que en la causa intenta. Estos se dicen afectos, que es una perturbación, movimiento o inclinación del ánimo a una parte o a otra. Y aunque siempre convenga tener ojo a estas dos cosas en cualquier parte de la oración, como dije, por mucho más en la conclusión. Porque más ahína se mueven los ánimos a cualquier afección ya instructos y casi inclinados, que no faltando esta primer diligencia. Y es mayor la necesidad entonces, porque se queden con aquel movimiento de presto puesto; y digo de presto porque mientras más recio se mueven estas pasiones, tanto mas breves conviene que sean, porque ellas de suyo se pasan pronto y cuanto pasado aquel ímpetu momentáneo se hallare a efecto del mismo movimiento, es sin fruto. También el orador de tres cosas tiene oficio. Lo primero enseñar, que es haciendo como la causa se entienda, para que mejor se persuada. Esto se hace principalmente en la narración y división y confirmación y aun algo de ello en la conclusión; lo cual faltando, todo lo demás es vano, porque ninguno se moverá con lo que no entiende o no cree. Lo segundo tiene intento de deleitar y ser apacible. Esto se hace con alguna orden y con algunas cosas graciosamente dichas, procurando aliviar y alegrar los oyentes. Lo final es mover, que mayormente se alcanza con la amplificación y afectos, y que se debe procurar en cualquier parte; pero como cosa en que principalmente está la victoria, mas diligencia se pone al fin. Pues considerando estas razones y otras, pusieron la amplificación y afectos en la conclusión, como más propiamente de ella. Y tanto que generalmente dicen que la conclusión tiene tres partes. Epílogo, de quien está dicho; amplificación y afectos, de quien luego se tratará.

CAPITULO XXVIII

De la amplificación

Amplificación es cuando pintamos la cosa por palabras que en sí son más graves que, según la realidad de verdad, es aquello que por ellas queremos significar. Y hácese de muchas maneras, y tantas que sería muy prolija cosa ponerse todas, y aun no son necesarias saberse. La primera sea cuando simplemente mudamos el propio vocablo de la cosa en otro más grave, como diciendo: «muerto está», por significar que está mal herido o tiene alguna pena o dolor grande. Mudo el que no responde. Resucitado o tornado de muerte a vida el que toma esperanza de lo que había desesperado. Ramera a la mujer deshonesta, etc. O poniendo el nombre propio del vicio o cosa que en alguno queremos notar por el mismo notado. Como si por llamar a uno liviano le decimos ser la misma liviandad. La misma piedad al piadoso, lujuria al lujurioso, justicia al justo, etc. O cuando ponemos el nombre de alguna persona señalada en que principalmente hubo lo que queremos notar por la persona notada, como diciendo que es un Salomón al que queremos llamar sabio, Sansón al fuerte, Creso al rico, Iro al pobre, etc. Y también cuando nombramos al vicio con el vocablo de la virtud con que tiene semejanza; a la crueldad justicia, a la necedad simplicidad, al chocarrero afable, o por el contrario. Y es de notar que lo que se ha dicho y dijere para ensalzar también se entiende para disminuir, que todo se encierra en la amplificación; como diciendo que tocó el que dio gran golpe, mal dispuesto el que está para morir, etc. En las cuales formas se amplifica aún más si se hace por corrección, que es cuando, puesto un vocablo, luego tras él, casi no aceptándole por suficiente, se pone otro más grave. «Este es un ladrón, o por mejor decir, robador público». «No adúltero, mas destructor de toda honestidad». «No sacrílego, mas enemigo capital de toda cosa sagrada». «No homicida, mas crudelísimo carnicero de sus propios compañeros». A esta manera llaman corrección, casi enmienda de lo que primero se dijo, así decimos: «Teólogo, dígole yo gramático y aun no bueno». «Sacerdote, ¡ojalá diácono!» Aquí se puede referir si, queriendo ensalzar alguna autoridad, se dice de esta manera o semejante: «No se tomó esta opinión de las hablillas que comúnmente se tratan, escrito está y no así en cualquier escritura, mas en la que ya está por todos aprobada. Y de las aprobadas no en cualquier autor, mas apóstol de Dios. Y no de cualquier apóstol, mas del muy escogido varón San Pablo». También será semejante a esto si, queriendo agravar algún vicio, se diga así hablando de la detracción: «No le privaste de la hacienda con tu mala lengua, mas de la fama que es mas preciosa que todas las riquezas. Vendiste con ella no a cualquiera, mas a tu propio hermano a quien eras mucho cargo. Y aun no le vendiste, mas mataste, pues que la vida del hombre es la fama. Y no le mataste con cuchillo o con otra arma material, mas con la ponzoña de tu mala lengua; porque no fuese simple homicidio, mas hechicería. Y no mataste a un hombre sólo, mas a todos aquellos en los cuales mataste la caridad fraterna con el veneno de tu lengua. Y finalmente no sólo hombre, mas a ese mismo Cristo mataste que en ti y en los otros que te oyeron como en sus miembros estaba aposentado». No será desemejante a esto cuando algo se amplifica ensalzándolo o disminuyéndolo por hipérbole, que se puede trasladar exceso; y es cuando se encarece la cosa sobre lo que puede ser según naturaleza. «Es liviano más que una pluma». «Es delicado como un vidrio». «Más blanco que una nieve». «Corre como viento», según dicen los portugueses de sus caballos. «Daba voces que llegaba al cielo», etc. Y no se sigue luego que es mentira por decirse más que lo que parece poder ser, pues que los doctores de la Sagrada Escritura muchas veces declarándola señalan en ella cosas que son dichas por hipérbole, como es lo del Salmista... «Sube hasta el cielo y desciende hasta el abismo», para encarecer la grandeza de la tempestad. «Más fácil es entrar el camello por el ojo de una aguja que entrar el rico en el Reino del Cielo», para significar la gran dificultad que es ser uno rico y guardar los mandamientos de Cristo. Estas maneras de amplificar por hipérbole cuando alguno las usa, aunque diga lo que parece contrariar a la verdad, no es mentira ni se puede decir por eso que engaña; porque si se dice de alguno que llega con la cabeza al techo, no hay quien entienda más de que es muy alto. Algunos hay que de muy bachilleres, si oyen decir que un pan es blanco como una nieve o cosa semejante, responden: «no será tanto», o cosa semejante. Y por esto es bien dicho lo que se les suele responder: «a manera de decir lo digo». Y ello así es manera de decir, pero buena y usada, en la cual es bien que se mire lo que Quintiliano amonesta diciendo que, aunque la hipérbole haya de ser sobre lo que podría acaecer, no debe ser sin alguna buena proporción; porque no vendría bien si para encarecer que uno tiene gran cabeza, dijésemos que es tan grande como una casa, o como otra cosa más desproporcionada. Pero esto débese compasar con las hipérboles que comúnmente se usan.

Hay otra manera de amplificar por incremento, que es acrecentamiento. Cuando, encareciendo lo más inferior, vienen de grado en grado subiendo hasta lo que es más grave de todo, porque crece mucho lo siguiente cuando lo primero que es menos que ello se tiene por grave. Ejemplo: «Atrevimiento es poner manos en persona sagrada, maldad grande en el que ya es sacerdote, diabólico matarle. ¿Qué diremos del que mató a su obispo?» Después de acrecentado el delito con tres grados lo postrero, como cosa a que no se pudo hallar digno nombre, queda suspenso al juicio del que lo oye. Semejante es a esto cuando no vamos por grados a lo que es más alto, mas sólo se pone aquello que queremos mostrar no haber cosa mayor. «A tu madre mataste, ¿qué diré más?, a tu madre mataste.» También es del incremento cuando, consideradas las circunstancias, se pone por orden, lo menos principal primero simplemente, sin encarecerlo, hasta venir a lo último. Ejemplo: «No tuvo vergüenza de jugar a los dados con rufianes en la taberna, sacerdote, teólogo, fraile, prelado. Malo fuera por sí solo jugar, y no a los dados, y aun no con rufianes, y aun cuando no en la taberna, y no sacerdote, y no teólogo, y no fraile, y no prelado».

Es otra manera de amplificar por comparación, porque si lo que ponemos en comparación por menor es de suyo grande, mucho se acrecentará lo que se pone por mayor que ello. Ejemplo: «En mucho tuvieras si, estando en un peligro que de necesidad habías de perecer en él, alguno te librara. Pues cuánto más debes a Cristo que de muerte te resucitó». Esto se hace poniendo ejemplo fingido o verdadero, que todo es uno cuanto a este efecto, según está dicho hablando de la inducción; y puédense poner uno o dos o más ejemplos y después lo que quieren amplificar. Y no hace al caso haberse puesto la comparación y ficción entre los argumentos, porque una misma comparación puede servir para argumento y para comparación y servir a diversos fines, como se hace en otras cosas. Como en este ejemplo: «Conoció el buey a su poseedor y el asno el pesebre de su señor, e Israel no me conoció». El ejemplo del buey y del asno no se pone aquí por argumento para mostrar que los judíos no conocieron a su Dios, sino para amplificar y encarecer su dureza. Para argumento se pusiera este mismo ejemplo de esta manera: «Si el buey y el asno conocen a su señor que los cría, cuánto más es razón que Israel conozca a su Señor». Y también es amplificar por comparación cuando decimos es más sabio, o más fuerte, o más franco que fulano, en el cual conocemos ya señaladamente estas virtudes. Y este modo de amplificar por comparación es muy más eficaz si comparamos unas cosas con otras que les son contrarias, porque lo uno hace a lo otro ser más eminente. Como si se pusiese una mujer fea delante otra hermosa, más fea parecerá la una y más hermosa la otra que si estuvieran apartadas. Y así, queriendo persuadir la paz, amplificáranse primero los males de la guerra, su contrario, y luego amplificáranse los bienes de la paz, los cuales puestos tras sus contrarios quedarán más ensalzados.

Por raciocinación, que se puede decir colegimiento, amplificamos cuando de las cosas que se han dicho, o se dicen, o de ellas se siguen se puede colegir cuánto sea aquello que queremos amplificar. Como si para encarecer de uno que hubiese bebido mucho dijese: «tú con ese garguero, con esa barriga, con esos cuartos de gigante, vomitaste el vino que habías bebido el día antes». Parece estar aquí ociosamente puesto garguero, barriga y cuartos de gigante, pues no tiene que hacer con haber bebido y vomitado el vino; pero no está, porque de aquí se colige haber bebido mucho, pues no bastaron aquellas partes que suelen ser más suficientes para beber mucha cantidad a que no lo vomitase otro día. Otro ejemplo. «Para pagar lo que por el pecado debíamos vino Dios a hacerse hombre y morir en la Cruz cruelmente. De aquí colegimos cuán grande cosa sea el pecado, pues para satisfacerle fue necesario que Dios se hiciese hombre y padeciese muerte tan cruel».

Por congeries, que es ayuntamiento de palabras o sentencias de una misma significación, se amplifica. Y difiere del incremento que va siempre creciendo lo que se pone delante; aquí solamente amplifica la muchedumbre. «En estas maldades que haces, en estas bellaquerías, en estos embustes y osadías, ¿qué pretendes?, ¿qué quieres?, ¿qué pides?, ¿qué deseas?, ¿qué piensas alcanzar?, etc.». Otros ejemplos se pueden fingir a esta semejanza, aunque pocas veces se hallarán, mayormente en romance, palabras y sentencias tan semejantes que no tenga algo una más que otra, pero baste que no sea la diferencia muy fácil de sentir.

Todas las formas dichas para amplificar son también para disminuir, en algunas de ellas están puestos ejemplos; en las que no, quienquiera los puede fácilmente fingir. Y aunque se pudieran poner otras maneras más para amplificar, creo que bastarán estas, y aun menos.

CAPITULO XXIX

De los afectos

Afecto es un movimiento o perturbación que más propiamente decimos las pasiones del ánima, porque según las mudanzas que se ofrecen, así se inclinan a dolor, alegría, misericordia, crueldad, amor, odio, etc. De estas ninguno carece, pero si se mueven con razón son virtudes y si no, son vicios. Toda la victoria del bien decir ponen los retóricos en saber mover estas afecciones a los oyentes según la cualidad de la causa. Y aunque en los juicios Arístóteles no aprobaba el mover de los afectos, por parecerle que no convenía ofuscar el entendimiento del juez con alguna pasión o movimiento que pudiese impedir de enseñorearse la razón, no es opinión tan aprobada que por ella se debe dejar de hacer. Y ya que se dejasen aparte los juicios, para lo demás es esta facultad muy necesaria, porque en algunos, mayormente en la gente común, más fácil es moverles a aborrecer, o a amar, o a cualquier otra afección que persuadirles por razones suficientes. Y comúnmente, más pecan por estar corrupta la afección que por falta de entendimiento de lo bueno y lo malo. El adulterio, usura, avaricia, etc., pocos hay que no sepan que son vicios aborrecibles, pero la codicia y afección corrompida les tiene a todos a no dejar lo que, por otra parte, ven que es malo. Y a los tales es bien procurar aflojarles o quitarles del todo aquella pasión que está enseñoreada, moviendo otra de nuevo en su ánimo contraria; pues razones para darles a entender que aquello es malo no son menester ni bastarían. Porque si se creyese que no se conoce el vicio y pecan por ignorancia, entonces vendrían bien razones y después de ellas aun se moverían mejor los afectos. Demás de esto, hay algunos tan descuidados a lo que se les dice que si no les despiertan con algún movimiento, están como dormidos. Enseñando por razones hacemos que el oidor entienda y conozca lo que es, con los afectos se hace que lo ame o aborrezca.

Lo primero es bien saber que hay dos maneras de pasiones o afectos, una de mansos y de menos fuerza, otra de recios y casi violentos. La primera es de los que son en las costumbres, cuando uno por su natural o costumbre es inclinado a una cosa más que a otra, solemos decir que es pasión natural o enfermedad, que no bastan con ella razones. Llámase en griego «Ethos», que trasladándose no se le puede dar otra voz más propia que costumbre, y aunque otra cosa signifique costumbre, aquí tuércese el vocablo porque no hay otro para dar a entender que estas pasiones son comunes, tanto que a ninguno faltan. Son más moderadas que las otras, no embargante que alguna vez muevan hasta sacar lágrimas. De esta manera de afectos son amar los padres a los hijos y más aun las madres, las abuelas a los nietos, los abuelos no son tan blandos, etc. Y por semejante de las otras pasiones naturales a cualquier género o cualidad de personas, las cuales puestas en las personas según más comúnmente en ellas reinan, cuando se introducen y cuentan algunos hechos suyos, avivan mucho cualquier parte de la oración, y mayormente hacen la narración probable y apacible. Así vemos en las comedias o farsas si se representan bien al natural, guardando lo propio de cada persona, que mueve mucho a risa, lágrimas, amor, aborrecimiento y a otras afecciones. Como es aquella historia que Virgilio escribe del amor que Dido tenía a Eneas, que confiesa el bienaventurado San Agustín no haberla podido leer siendo mancebo, sin lágrimas; no embargante que sabía que era fingida solamente a efecto de pintar una mujer casta y amorosa a su marido. Pues si tanta fuerza tienen estos afectos en las cosas fingidas, cuánto más obrarán en las que se tienen por verdaderas. Muchos ejemplos hay de estos escritos, y aun en la Sagrada Escritura como es la venta del mancebo José en el Génesis y del hijo pródigo en el Evangelio, etc., que en oírlas naturalmente nos mueven a misericordia, amor, indignación u odio. Imprímense estos afectos y aun los que adelante se dirán considerando las circunstancias de las personas, tiempos y lugares, y no solamente de las que pueden servir para la probación, pero aun de otras mas que sólo sirven para los afectos, porque mayor aflicción es la que mueve al inocente de la que mueve al culpado, y más indigna cosa es hacer injuria al que somos en cargo que al que no debemos cosa alguna, y peor es engañar al simple y sincero que tiene buena confianza, que no al cauteloso que tiene sospecha; lo cual no haría para la probación. Podríanse poner ejemplos de todo esto, pero por abreviar los quiero dejar.

La otra manera de afectos recios y casi violentos es cuando los que hablan imprimen en los oyentes la misericordia, indignación, amor u odio, o cualquiera de las otras afecciones; no porque les es natural, mas porque las cosas que les dicen bastan para hacerlo aun, por ventura, estando primero de contraria opinión. Entre todos los afectos el que más veces se procura mover y más suele ser menester es la misericordia, y si mucho en los juicios, mucho también en los sermones al pueblo y en otras hablas. Cuando se exhorta a socorrer a los pobres, a consolar y ayudar a los que están agraviados con alguna injuria, o afligidos con pérdida de parientes o amigos, o con otras desdichas; o para ayudar con oraciones a los que están en pecado o desesperados, etc. Y muévese este afecto de misericordia principalmente poniendo delante la inocencia, edad, impotencia, grandeza y multitud de agravios y pérdidas recibidas o que se esperan recibir; poniendo también, cuando se ofrece ocasión ser parientes del agraviado los que hacen daño, y su poder, fuerza y crueldad, moviendo a los oidores a indignación contra ellos, según se dijo en el exordio y se dirá adelante. Poner la dicha o buena fortuna que en otro tiempo el agraviado tuvo, porque mucho mueven a piedad los que padecen trabajos sin culpa, o reciben aflicciones de parientes y amigos y de los que han hecho buenas obras. Y más nos dolemos de los trabajos de los niños y viejos y pobres, así como de los que están desamparados de favor, como son los huérfanos y viudas y extranjeros, y de las mujeres más que de los hombres. Mueve también mucho si el trabajo es grande, si es nuevo o súbito, de dónde viene; que de los tormentos, aun de los ladrones y malhechores, muchas veces habemos lástima hasta llorar. Muy natural es entre todas las circunstancias dichas, como ver muy más recio lo que toca a parientes, deudos o amigos, y muchas veces más que lo que toca a nosotros mismos. Y mueve mucho a los oyentes si se les muestra, por parte del culpado o agraviado, venir a otros muy grandes daños de su pérdida y trabajo, diciendo dolerse más de la pérdida de los otros que de la suya propia. Añadiendo la misericordia que siempre con otros ha tenido, contando también otras muchas desdichas que haya padecido, quejándose de la fortuna. Y si la culpa que le imponen no es cosa que se le pueda negar, procurará disminuirla consideradas las circunstancias, y moverá si con humildad pidiere misericordia, según está puesto en el estado jurisdicial.

Para mover a indignación háse procurar poner delante todo lo contrario a lo que está dicho de la misericordia, amplificando la culpa de aquel con quien queremos que se indignen los oyentes, mirando las maneras de amplificar dichas y otras semejantes. Diciendo especialmente cuanto cuidado se ponga en las leyes divinas y humanas para excusar o, cometidos, castigar pecados semejantes. Señalando venir daño de aquello a mayores, iguales y menores, a todos juntos. Mostrando cuanto más podría venir si tales cosas se permitiesen hacer o, hechas, se dejasen sin castigo, y cuanto atrevimiento se daría a cometer otras iguales y mayores. Comparando las otras que se celan por muy dañosas, las cuales se podrían disimular con menos daño que éstas, y remediar más fácilmente.

Mueve a indignación, decimos, haber el culpado errado maliciosamente, echando todas las cosas que ha hecho y hace a la peor parte. Y aprovecha notar lo que está puesto en el exordio para alcanzar benevolencia por la persona del contrario, y lo que se dice en el estado conjetural hablando de cómo se han de aprovechar las circunstancias.

Los predicadores y los que reprenden, fuera de ser contrarios a la clara, no tienen esa necesidad de mover los afectos de aborrecimiento e indignación en las personas especiales, mas en los mismos vicios que se hacen, amplificándolos. La cual indignación trae provecho para la enmienda, así en los que oyen como en los que hablan. Y si alguna vez se mueve indignación contra personas especiales, tal debe ser como la de los padres en los hijos, que siempre parezca proceder de amor; en otra manera, no es muy católica.

Los afectos de amor se mueven poniendo ser aquello que queremos que se ame bueno, hermoso, etc., como son todas las virtudes y en quien están, aunque unas más que otras, según son la misericordia y franqueza y las otras que más comúnmente aplacen. Mueve mucho si aquello que queremos que sea amado es semejante, porque siempre nos inclinamos más a los que tienen con nosotros alguna semejanza; si ama aquel que queremos que sea amado, porque un amor trae consigo otro. También concilia amor si hay parentesco, deudo, o amistad; y sobre todo la beneficiencia, que sea hombre acostumbrado a hacer bien, que aun los animales se mueven a amar a aquellos de quien han recibido beneficio. También convence a amar cuando se pone delante el precepto que, entre los cristianos, de Dios tenemos, en que nos es mandado amar aun a los enemigos.

De la manera de excitar los otros afectos en especial, no es menester decir; bastan los dichos que son los que más veces se ofrecen, y lo que de ellos se ha dicho basta para por ello sacar lo que para los demás es necesario. Para los cuales todos es cosa muy principal que el que amonesta a aborrecer se conozca de él mismo que aborrece, y si a amar, que él mismo ama, etc. Porque es muy gran verdad lo que se dice, que no enciende sino el fuego. Y cuando el ánimo de dentro está encendido, la lengua dice palabras encendidas y que encienden; y por el contrario, si el que habla está dentro frío, todo lo que dice es frío y no parece que procede de corazón y así, no imprime. Y mal apartará de los vicios el que los tiene en sí, y ninguno los hará aborrecer más fácilmente que el que más los aborrece. De aquí viene que muchos, teniendo de veras en sí aquella afección que querrían mover, aun con muy simples palabras obran más en los oyentes que otros que les falta, teniendo mucha composición y avisos. Porque el verdadero hábito que una vez echadas raices en el corazón, hablando o callando, y haciendo cualquier cosa que sea, y aunque sea en burlas, no se puede esconder. No embargante que se podrían poner ejemplos de muchos que no siendo de vida aprobada, antes se conoce de ellos al contrario de lo que predican; mover a los oyentes hasta llorar y cualquiera de los otros afectos. Pero no aprovecha esto tanto como parece, porque, si bien se mira, tan presto se acaban como vienen; y teniendo respecto al provecho sustancial, no es de hacer cuenta de ello, ni el predicador se debe vanagloriar si viere que saca lágrimas, salvo si no viere que va tan guindado que todas las veces que se les acordare lo que oyeron, baste a que lloren, o poco menos. Lo demás todo es aire, y por la mayor parte cae en mujeres o personas del pueblo, que poco aire basta para moverlos, y aun plega a Dios que no lo hagan alguna vez por mostrarse devotos. En los juicios allá pasa esto donde se contenta el abogado u orador mover al juez alguna afección que baste para que sentencie en su favor, después poco se le da que le parezca lo contrario. Y lo mismo los truhanes, o que representan comedias, que se contentan con dejar los oyentes cuando concluyen aficionados a lo que quieren. Así que los predicadores verdaderos y los que amonestan de corazón no solamente deben tener ojo a lo de presente, pero de tal manera procuran mover los corazones, que dure adelante y siempre haga más fruto como buena simiente. Y, como comencé a decir, aprovecha para esto mucho cuando se dice de corazón, de manera que las palabras exteriores demuestren lo que queda dentro. Y a lo menos, ya que no lo siga por su flaqueza, que lo tenga por bueno y así lo conozcan de él. Pues para que cada uno mueva en sí afectos con que después fácilmente los mueva en otros, pueden servir estos tres medios. El primero es que piense pasando por la fantasía las imágenes que representan la cosa que ha de tratar, porque mucho más mueve lo que vemos con los ojos que lo que oímos. No hay quien no se turbe si viere a uno mudado el gesto, la espada en la mano, dando voces y bramando contra otro que está temblando y sin ayuda; y le da de cuchilladas hasta que lo derriba, y herido, con muchos gemidos se muere; mas que si oímos haberle muerto muy cruelmente. Y por esto es muy gran ventaja cuando los que escriben ponen la cosa con tanta evidencia, que realmente parece a los oidores que la ven. No hay necesidad que imagine lo que pudo «verisimiliter» (sic) acaecer, porque como sea esta diligencia para si solo que no ha de vender uno por otro, no le aprovechará. Bastará poner lo que realmente presume que sería; considerará las circunstancias de las personas, tiempos y lugares que pueden agravar o disminuir la cosa. Y esto sea por segundo remedio, porque haciéndose, no es menos la historia que está escrita que si estuviese muy primorosamente pintada; la cual pintura por diversa manera la mira uno que sabe el arte del pintar, que el que no lo sabe. Y es de tanto provecho esto de las circunstancias, que casi es el todo; y tan concerniente a la misma cosa que aun en la Sagrada Escritura, declarándola los doctores, para mayor evidencia las añaden. Y esto no es fingir cosa nueva, sino poner la misma delante los ojos más clara y abiertamente, aunque más se sufre entender en otras escrituras fuera de las canónicas. En concebir estas fantasías unos son naturalmente más hábiles que otros; otros con el arte y uso, considerando las circunstancias, se hacen instructos y diestros. Muchos hemos oído estar tan ejercitados en estas imaginaciones o contemplaciones, que cualquier cosa que oyen o leen se les representa tan evidentemente con sus particularidades como si la viesen realmente. Y así sienten los movimientos de dolor, o compasión, o alegría, como si ellos mismos los padeciesen; según acontece a personas santas en pasos de la Pasión de Nuestro Señor. Y en algunos es tan ordinaria esta representación de la realidad de lo que oyen, que se mueven en sí afectos viciosos. Como oyendo decir que alguno vomitó, o el nombre de enfermedad pegajosa, o cosa sucia, se les revuelve el estómago sin ser señores de remediar esta pasión. Tanta flaqueza mala es, porque así como no conviene al médico que ha de curar semejantes enfermedades no tener estómago para sufrir su presencia, y le estorbaría para curarlo; así el que ha de amonestar a otros le conviene reprimir cualquier pasión que le pueda estorbar a decir lo necesario, como son lágrimas y sollozos u otra demasiada turbación. El tercero remedio es que si el que ha de hablar se sintiere frío en aquel afecto que habría de moverle, ha algunas cosas de la Sagrada Escritura o de otros doctores que le puedan encender, deteniéndose en ellas hasta que sienta que han obrado. Y sintiendo algún movimiento, si teme que se le pasará, procure luego, si es posible, en plática lo que ha de hablar o predicar. Otro remedio será, y más eficaz de todos, la oración; en la cual, si es de corazón, concede Dios todo lo necesario, como lo saben mejor los que lo han experimentado y experimentan. Y por conclusión de estas partes es de notar, como comencé a decir, que en los afectos que se mueven recios y pueden hacer llorar o salir con alguna señal exterior, no conviene que se detengan; porque así como no se deben procurar mover a cada rato, así se deben dejar viniendo de grado en grado hasta los más moderados. Ni tampoco está bien a los predicadores y hombres graves mover estas pasiones con gestos y meneos extremados del cuerpo, como a los truhanes y hombres que no tienen mucha vergüenza; mas solamente con las palabras y con lo que ellas representan.

Algunas figuras, maneras especiales de decir aprovechan para esta parte, de las cuales algunas se pondrán adelante, en otro más propio lugar. Ahora, acabada la invención, pasemos a la segunda parte de la retórica, que es la disposición.

CAPITULO XXX

De la disposición u orden

Disposición es la orden de los argumentos y razones y de todo lo demás que se dice, porque así como no basta al que quiere edificar tener buscados los materiales suficientes si no los ordena y pone en el lugar que más conviene, así, aprovecharía poco tener sabidas las partes de la invención y halladas muchas palabras y razones si no se dispusiesen por orden conveniente. Es de tanta virtud esta parte que aun los disparates y necedades dichos por buena orden tienen gracia, y sin ella, todo cuanto se inventa, por bueno que sea, es vano.

No es posible señalar orden para todas las cosas que se ofrecen, sino que cualquiera se debe consejar de su juicio, después de acostumbrado a lección de buenos autores. Todavía se pondrá algo de lo más necesario. Hay dos maneras de disposición, una según arte; otra según la especial cualidad de la causa y tiempo que se ofrece. Según el arte ordenaremos si siguiéramos la orden que hasta aquí hemos traído de las partes de la oración, una después de otra, y en cada una de ellas lo que especialmente se ha notado; usando de exordio, narración, división, confirmación, confutación, conclusión; y en los argumentos la orden dicha, proposición, razón, confirmación, exornación, conclusión. La otra manera de disposición es que se queda al juicio del orador, según el tiempo y cualidad de la causa. Como es si comenzase de la narración, o de alguna firme argumentadión, o si, después del exordio, usa de confirmación. Lo cual no se debe hacer sin alguna especial causa, como se ha dicho algo hablando de las mismas partes.

En general se debe procurar de no pervertir la orden natural y dignidad de las cosas, que será si se dice: las mujeres y hombres, la noche y el día, el mayordomo y el conde vinieron; porque para mejor orden y discreción se debe decir: los hombres y las mujeres, el día y la noche, el conde y el mayordomo vinieron, etc. Débese también guardar que no vaya decreciendo la oración, poniendo después de las palabras firmes las menos firmes: «era un sacrílego, un ladrón», etc., porque siendo de más fuerza sacrílego que ladrón en la significación, quédase lo segundo sin valor alguno. Esto es lo que me parece que basta decir cuanto la disposición, aunque algunos de los retóricos se detienen en ella más particularmente. Y es verdad que si se mira lo que hasta aquí se ha dicho en cada parte de la oración, queda puesto lo que en especial en ella se requiere para la buena orden. Los doctores antiguos, como por la mayor parte declaraban la Sagrada Escritura, seguían la misma orden que lo que declaraban, tratando primero lo que primero estaba. En el apóstol San Pablo se nota esta costumbre. Primero declara las cuestiones dificultosas que se le ofrecen, luego dice algo de lo que toca las buenas costumbres, ya como más fácil; y al fin, pone las encomiendas y salutaciones. Y así, los doctores antiguos, por la mayor parte, le imitan. Declaran los pasos dificultosos que hay y tocando en un lugar moral y de más doctrina, espácianse en él tratándole cuán a la larga les parece que sufre el tiempo que hay, y los que oyen, y la materia que tienen. Ahora inventan nuevas maneras, cuál sea la mejor véalo quien tiene buen juicio. Yo tengo por averiguado, según mi juicio y el de muchos hombres doctos, que aquella es mejor orden que más se allega a la que está notada en lar artes de retórica y a la que siguieron los doctores antiguos. Y sobre esto no hay más que decir cuanto a la disposición.

De la elocución

La elocución es la parte de la retórica por la cual se alcanza que señale el que habla lo que tiene en el corazón por palabras suficientemente propias, sin lo cual toda otra diligencia sería de poco fruto. Mas ahína se sufriría hallar poco que decir y esto poco decirlo por palabras bien propias, que tener mucho faltando esta habilidad. Y, por tanto, se tiene esta parte por necesaria, y aun dificultosa más que la invención, y en la que principalmente se conoce ser uno buen retórico. La invención y disposición dicen ser de prudencia, la elocuencia es propia retórica y como tal los que escribieron arte la trataron con especial cuidado. Para la cual sea por primera regla que, como quiera que se haya de poner mucha diligencia, no conviene que sea tanta y tan demás, ni se sienta afectación demasiada; porque así como es cosa galana y provechosa hablar pulidamente, así es aborrecible cuando hay ansia continua. Bien es que haya cuidado y grande cuando se deprende el arte y se pone ejercicio, pero cuando venimos a hablar no nos hemos de detener en ello, porque no se puede dejar de perder el intento de las razones y de lo que es de más sustancia para la materia. Muchas veces, teniendo algunos ordenado lo que han de decir por palabras suficientes, buscan otras y otras más remotas y no pensadas, mudando por esta causa las sentencias por otras por ventura diversas o menos buenas; como no hayan de servir las sentencias a las palabras, mas las palabras a las sentencias; pues las palabras fueron inventadas para significar y representar las sentencias, y aquellas son mejores que mejor representan el sentido del que habla.

   La elocución considera o en cada una de las palabras en especial, o en la composición de unas con otras. En cada una de ellas en especial se ha de mirar que sea pura castellana, clara, usada y apropiada a aquello que queremos que signifique; y generalmente, sin vicio de añadimiento, mudamiento o quitamiento de letras fuera de uso. Pura castellana será si no fuere traída nuevamente al uso de otras lenguas, ni se aprueba aunque sea latina. Hay algunos predicadores que parece o quieren que parezca, a lo menos vánse tras el uso, que están llenos de latín hasta los ojos, tanto que no pueden encubrir, y hablan una palabra en romance y tres en latín, que ni son latinas ni castellanas; y muchas veces una oración entera que podría decirse con más propias palabras en lengua común. Sufriríase cuando no se puede conveniblemente o tan bien decir fuera de la lengua latina en que primero se escribió, o cuando es alguna autoridad de la Sagrada Escritura, o sentencia de algún doctor, que se dice en latín, declarándose en romance. Dicen que aquello se dice solamente para los doctos. Cosa bien excusada, pues los doctos entenderán también el romance; y la gente común no estaría pasmada pensando que van allí misterios que no se deben decir a todos, y pierden la atención que llevan seguida a lo demás, y por cosas que, aunque las entiendan todos, no hay peligro que se levanten opiniones falsas. Como cuando comienza dicho el tema: «Scribuntur verba ista originaliter Mathei quinto, declarabuntur ad honorem sanctissime et individue trinitas, nec non ad salutem animarum nostrarum», y al fin: «...ad quam gloriam nos perducat Iesus marie filius, qui cum patre et spiritu sancto vivit et regnat in secula seculorum amen». Porque veais que se gana en decirse en latín, pues no lo entienden todos, y qué se podría perder si entendiesen qué quieren decir: «Escríbense estas palabras originalmente en el quinto capítulo de San Mateo, declarándose a honra de la Santísima Trinidad y a la salud de nuestras almas». Y lo otro: ...«a la cual gloria nos lleve Jesús, hijo de María, que con el Padre y el Espíritu Santo vive y reina por siempre jamás. Amén». Y otras cosas y semejantes que se podrían poner en lengua vulgar, y aun déjanlas sin declarar. No puedo decir aquí más, sino que el uso hace descuidar en cosa tan a la clara sin provecho. Así que el que hable, especialmente a diversa manera de personas, debe excusar cualquier palabra que no sea de la lengua que todos entienden; salvo si no fuese sobrepensado hablarlo todo en latín o en otra lengua, con propósito de satisfacción sólo a una parte de los oyentes.

Claras serán las palabras si fueren de tal significación que para entender lo que significan no sea menester especial diligencia, aunque en la lengua castellana pocas veces acaece.

Usadas serán si, ya que sean de la misma lengua, no las hayan dejado por antiguas o groseras, o no recibidas por muy nuevas; especialmente cuando hay otras en uso de los que bien hablan que pueden servir para lo que aquellas no usadas sirven. «Poneldo en somo del escaño», «yo iré con busco», «muy empeciente sodes», «las cosas que vos atañen y atañer pueden, y lo que sois tenudos a hacer», etc. Y muy más de veras que se deben excusar cuando no son honestas, como: «mear», «gargajo» o «moco», «natura humana» y otras que aunque sean propias y se puedan decir, no se usan entre hombres avisados, pudiéndose decir por otras palabras aunque sea por rodeos.

Propias serán si aquella cosa a que se aplican comúnmente, se significa por ellas, no tomando otras que casi lo significan, o no lo significan bien, salvo las que se sufre recibir por tropo; que no solamente no se siente por vicio, más aún es virtud. Tropo es cuando el vocablo no se toma en su propio significado, más por alguna semejanza se pasa a otro que no es suyo propio. Hay siete maneras de tropos.

Metáfora es el primero, que quiere decir transformación; es cuando pasamos el vocablo de su propio significado a significar otra cosa que no tiene vocablo propio, o el prestado es mejor que el propio. Esta figura dice Tulio que alumbra la oración así como unas estrellas, porque en cualquier parte que se use da mucha virtud y viveza, hácese en muchas maneras. La primera cuando pasamos los meneos y señales corporales al ánimo, como es diciendo: «espeluznáronseme los cabellos», para significar que tuve miedo. «Puso ceño», por mostrarse sañudo. Y así decimos: «¿con qué ojos le miraste?», «¿con qué boca diré tales palabras?». «Alzar el dedo», por prometer. «Bajar la cabeza», por consentir. «Menearla a una parte o a otra», por negar. Lo mismo es cuando con la mano o con la cabeza señalamos que venga o no venga, y otras muchas señales que dan a entender diversas cosas; que aun sólo menear los ojos puede dar a entender muchas cosas según al tiempo que se hace.

Es metáfora cuando pasamos los sentidos del cuerpo al ánimo, que es muy usado. Primero digamos de la vista: «¿Veis lo que digo?», por ¿entendeíslo? «Visto lo tengo», por entendido. «¿Estáis ciegos?», ¿no entendéis?. «No quise mirarle», por despecióle. Y cuando queremos significar que alguno estaba atónito o espantado, decimos que estaba mirando hecho bobo. «Traéle sobre sus ojos», por quiérele mucho. «Delante los ojos lo tiene», por muy manifiesto le es. «Bien lo olía yo», por «bien lo sospechaba»; y así se pone olor por sospecha. «Guardáos, no lo huela vuestro padre», por «no lo sienta». En latín se usa decir «homo naris emuncte», hombre de narices limpias, para significar que es de agudo juicio; y «naris obese» o «mucose naris», de sucias o mocosas narices, por hombre necio o bobo. «No huele bien» o «hiede», no tiene buen respecto o no es bueno. «A mentira o a herejía huele».

Gustar por experimentar, gusto por experiencia o por el principio de la cosa. «No me sabe bien», no me contenta. Decimos «de tragarse ha esto» cuando es alguna cosa que contra nuestra voluntad la aceptamos; es tomado de los que beben purgas que lo tragan a empujones y contra su voluntad, y así es común decir, cuando se duda de tomar algún trabajo, «tragadlo ya». «Sabe lo que decís a soberbia, a vanagloria o a herejía». Al que no puede callar alguna cosa decimos: «vomitadlo». «Escupe reniegos», «revuélveseme el estómago», cuando oímos cosas sucias o que no querríamos oír. Y también decimos «revuelto tiene el estómago», cuando uno está enojado, etc.

«Oíd a vuestros padres», por «obedecedlos». «Bien lo siente», por «bien lo entiendo». «Abrazad lo que os digo», por «amadlo». «Tocar, o fregar, o restregar la llaga», por traer a la memoria dolor antiguo.

Pásanse también, por metáfora, vocablos apropiados a animales irracionales al hombre, que es animal racional. Como diciendo que gruñe, que es de los puercos, al hombre mal contentadizo y murmurador; o que ladra, que es de perros. Y también se toma en buena parte por amonestar, o guardar alguna cosa encontrada. Por el contrario, los del animal racional se pasan al irracional. A la raposa llamamos traidora, a la picaza, parlera; al león, ambicioso. Y otras cosas más, que son de hombres, las pasamos a los animales. También de las cosas con ánima a las inanimadas: «la cabeza del monte», «los brazos o los pies del árbol»; como montes ni árboles no tengan estos miembros, que son propios del hombre o de otros animales. «Ríense los campos», «paren los árboles», «vístese el campo de flores», «airado o manso está el mar», etc.; en las cuales maneras de hablar damos ánimos para obrar a lo que carece de sentido. De las cosas inanimadas a las con ánima: «hombre con corazón de piedra», como la piedra no tenga corazón. «En edad florida», «en edad verde», etc. De unos animales a otros animales, diciendo que las abejas pacen, que es de las bestias; que va un cuervo caballero en un puerco, que es de los hombres, etc. Pásanse también los vocablos de las cosas sin ánimo a otras sin ánimo: «El mar y ondas de los negocios que me cercan», y tomada metáfora de las naos cuando están en la mar. «Tornarán a florecer las fuerzas que la ciudad había perdido». «Es un prado que está bullendo con flores», como bullir sea propio del agua de las fuentes. «Rueda muy bien esta oración», lo cual se puede decir más propiamente de la bola. Y es de notar que hay metáforas comunes, como es diciendo el mar alto y el cielo profundo. Puédese volver y decir el mar profundo y el cielo alto. Otras solamente para una parte, que no se pueden decir en otra. Decimos la cabeza del monte por la cumbre o altura, y no diremos la cumbre del hombre por la cabeza ni por la altura de ella. Hay también metáforas, que aunque son tomadas de otras partes, son tan necesarias que sin ellas no se podría pasar, por no haber otro vocablo. Así dicen: «las yemas de las vides».

El otro tropo o figura por la cual se reciben vocablos en algo ajena significación es la Sinécdoque, que quiere decir entendimiento, porque se entiende por ella toda la cosa por alguna parte, o alguna cosa por alguna parte, o alguna parte por toda la cosa. Y hácese por muchas maneras. La primera cuando se pone un número por otro: «todo el dinero gasto» por «todos los dineros». «El mal cristiano no teme a Dios». «Engañámosle» por «engañéle». Y otras muchas maneras que hay, aunque poner un número por otro más se usa entre los latinos. La otra manera es cuando se pone el todo por la parte. «Cayósele la casa», dícese aunque se cayese sola una parte de ella. «Comí una manzana», aunque sólo haya comido un pedazo de ella. También diríamos por la misma manera: «díos mi casa para que morásedes», aunque no le haya dado sino una parte de ella. En estas maneras y semejantes se pone el todo por la parte.

Metonimia, que quiere decir transmutación, es cuando se muda el vocablo de una parte a otra por alguna afinidad que tiene. Hácese cuando se pone el inventor por la cosa inventada, como es poniendo Baco por el vino, porque fue inventor del vino; Ceres por pan, Cupido por amor, Neptuno por agua, Venus por lujuria, Mars por la guerra, Musas por las letras; porque todos estos fueron, según los gentiles, inventores de estas cosas y los llamaron dioses de ellas. Es también metonimia cuando se pone la cosa que contiene en sí algo por lo que es contenido. «Es ciudad muy religiosa y de buenas costumbres», tómase por los ciudadanos que en ella se contienen. «Jerusalén, que matas los profetas», tómase por los moradores de ella. «Toda la cuba me bebí», tómase por el vino. También es metonimia cuando se toma el señor de la cosa por la misma cosa. «Destruis a este hombre, comeísle por los pies», por decir destruísle y comeísle su hacienda. O el autor por la obra que hizo. «Lee a San Mateo», «lee a San Jerónimo», pónense por sus obras. O algún capitán por los que le son sujetos: «Andrea Doria venció a Barbarroja», o «Anibal a los romanos».

Antonomasia es cuando ponemos algún nombre común por el propio, y esto por alguna excelencia que se haya en el propio más que en los de su especie. Como diciendo el Apóstol entendemos San Pablo, el Poeta entendemos Virgilio, etc. O ponemos el epíteto por el nombre propio. Epíteto es el nombre adjetivo que añadimos al propio por causa de alabanza o denuesto, según la virtud o vicio que en él tenemos notado.

Decimos comúnmente «Pedro el ladrón, o adúltero, o justo, o misericordioso»; así podremos decir después «ya viene el ladrón, o el justo», etc., y entendemos por Pedro. Y si esto se hace por muchas palabras podráse decir perífrasis, que es circunloquio, cuando decimos cosa por rodeo que se pudiera decir en una palabra. «El destruidor de Cartago» por Escipión. «El escritor de la guerra troyana» por Homero. «El príncipe de la elocuencia latina por Tulio». «El salvador del mundo» por Cristo. «El doctor de las gentes» por San Pablo, etc.

Onomatopeya es fingimiento de algún nombre. Usamos de ella cuando viene alguna cosa que no tiene propio nombre, o si lo tiene, no parece ser idóneo para significar el propio son de la cosa. Ennio, poeta, llamó «taratantara» al son de las trompetas. Nosotros decimos ladrido al de los perros, ronquido al son que hace el que duerme; a las ovejas, que balan; a los leones, que braman; a los gatos, que mayan; a lo que el hombre hace cuando se queja, gemido; estruendo o ruido lo que se hace con los pies, etc.

Catacresis, es uso impropio cuando prestada tomamos la significación de alguna palabra para decir algo que por palabra propia no se podría decir, porque no hay vocablo para ello. Como si al que mató a su padre llamamos homicida, que quiere decir el que mató a un hombre cualquiera, porque no tenemos vocablo propio para matador de padre como los latinos, que dicen parricida. Decimos piscina a un ayuntamiento de agua, aunque no tenga peces, que es lo que propiamente el vocablo quiere decir.

Metalépsis es transrumpción, porque se toma de atrás. Es cuando el vocablo significa algo más que puede por las cosas que detrás de él quedan y vienen de grado en grado hasta él. «Yo iré después de tres agostos a mi tierra», que es después de tres veranos, y por consiguiente después de tres años. «Comerás el sudor de tus manos», por el sudor se entiende el trabajo, y por el trabajo lo que por él se gana, etc.

Por alguna de estas siete maneras se sufre usar vocablos que no son naturalmente propios para donde se aplican. De las cuales figuras se pudieran aun decir otras cosas buenas, pero ni en estas ni en algunas otras que he tocado y tocaré, no me quiero detener mucho, porque es obra por si lo de las figuras y bien provechosa si lo pudiere tomar de propósito, si no, bastará por ahora lo poco que de ellas se dijere.

En las palabras cada una por sí, se nota que tampoco tenga vicio de añadimiento de letras al principio ni al medio ni al fin, ni de quitamiento o mudamiento fuera de lo que se usa. Estos vicios entre los labradores son comunes, que dicen es «namorado» por enamorado, «combreis» por comeréis, «morir se quiere Alexandro de dolor del corazone», por corazón. Juan de Mena dijo «belígero Mares» por Mars, «veluntad» por voluntad, «vinieron y lleveron» por vinieron y llevaron.

Cuanto a la otra parte que se debe considerar en el ayuntamiento de las palabras, después de compuesta la oración, es la orden, ayuntamiento, número y dignidad. De la orden, demás de lo dicho, es bien mirar que por guardar la gramática de la lengua latina o la propiedad de otra lengua, no se pervierta la orden, como Juan de Mena que dijo: «A la moderna volviéndome rueda»; en latín sufriríase, en romance había de estar para buena orden: «volviéndome a la rueda moderna». En verso parece que tiene excusa, pero Don Enrique de Villena no la tendría tal, que usaba en sus cartas: «una vuestra recibí letra» y otras cosas que guardaban más la orden latina que la castellana, y aunque la gramática fuese buena es de mirar que concierten las palabras unas con otras y rueden bien. Para esto no se puede dar otra regla en pocas palabras más de que se tomen cuenta al oído, y si parecieren flojas y desatadas, trocarlas o poner otras equivalentes en su lugar. Así como los que escriben en copla miden los pies hasta cierto número, porque de otra manera disonaría; así en la prosa, pues tiene su cierto número, se deben mirar a lo menos al buen oído. Y no es de maravillar que se diga que la prosa tiene cierto número de pies o de sílabas, porque es averiguado que lo tiene y aun por ventura tan estrecho como la copla, sino que no tenemos reglas escritas para saberlo distinguir. En latín, que las hay, se puede esto mejor ver; aunque allá, que las hay, y acá, si las hubiese, es menester tanta diligencia y escrúpulo para guardarlas que no me parece que se puede dar mejor regla sino que cada uno se aconseje por su oído, y juzgará mejor si lo tuviere hecho a la lección de buenos autores y conversación de hombres curiosos en hablar. Esto dicho, se podía referir también el ayuntamiento, en el cual aun se debe mirar que no haya muchas vocales o consonantes juntas que hagan mal sonido y sean duras de pronunciar, según es lo que las viejas y los niños suelen decir por burlar: «Cabrón pardo pace en prado». «Pardiós, pardas barbas ha», y otras cosas semejantes, mayormente si errando han de decir algún gazafatón: «Clarazo está el cielo, clarazo y bueno». Lo mismo es en el número, al cual se refiere mirar que no sean muchas palabras de un final, que llamamos consonantes, porque en la prosa es odioso y más si pasa de uno o dos, que si es menos puédese perdonar por descuido. También toca al número mirar que no sea muy larga la sentencia demasiado, que ni el que lo dice tiene huelgo para acabarla, ni los que oyen paciencia para estar tanto tiempo suspensos.

De la dignidad, que sean las palabras y sentencias conformes según merece la materia. Las graves a la materia grave, y las no tan pesadas a las hablas y cosas comunes, y no por el contrario. No diciendo cosas sucias ni gazafatones. Pero esto de decir cuáles palabras y sentencias convenga a cuál materia, largo sería y creo también que no haría falta a uno de mediano juicio.

CAPITULO XXXI

De las figuras

Para ayudar algo pondré aquí algunas de las figuras o maneras de decir que los retóricos tienen señaladas, que ponen mucha gracia y espíritu donde se usan, y serán pocas y las más principales y provechosas, porque a decir de todas era menester mucho espacio. De las que hasta aquí he tratado no curaré más de señalarlas y dónde se dijo de ellas. Los nombres de las figuras son diversos, y muchas veces a una misma la nombran por diversos vocablos, según que a los que escribieron les pareció que comprendían mejor el efecto y virtud de la misma figura. Ponerlos aquí todos y su significación sería cosa sin provecho. Tampoco se les pondrá nombres de nuevo en castellano porque, por compendiosos que fuesen, no comprenderían la virtud de las figuras que nombrasen, así que quedáronse con sus nombres latinos y griegos y serán los más comunes.

Aunque ya había de estar dicho, quiero poner aquí qué cosa es figura. Figura es manera de decir buena y pulida, inventada fuera del común uso de hablar. Y sea la primera repetición. Repetición es por la cual una misma palabra se repite al principio. «Cuando estuvieres delante del Juez Soberano, ¿dónde estarán tus riquezas?, ¿dónde tus deleites?, ¿dónde la muchedumbre de tus criados?», etc. Y Juan de Mena: «...aquél con quien Júpiter tuvo tal celo/aquél con fortunas bien afortunado/aquél en quien cabe virtud y reinado». Y si esta palabra se repite en el fin llámase conversión. «Dios hizo al hombre, redimió al hombre, reconcilió al hombre y por él se hizo hombre». Y si una misma palabra se repite en el principio y en el fin, llámase complexión. Digo una misma al principio que siempre se repite la primera y una misma al fin que se repite en las otras partes la que en la primera fue final, aunque no sea la misma que la primera. Ejemplo. «¿Qué eras antes que fueses criado?, nada. ¿Qué eras antes que te redimiese?, nada. ¿Qué serías si te quitase su gracia?, nada». Aquí se repite el «qué» al principio y el «nada» al fin.

Diráse con duplicación cuando decimos una palabra o sentencia dos o más veces con algún espíritu y fervor. «¡Padre me osas llamar!, ¡Padre!». «¿Qué dices mal hombre?, mal hombre ¿qué dices?» «Traidor, delante de mi osar venir. Delante de mi osar venir, traidor».

Interpretación es cuando doblamos una sentencia por diversas palabras. «Huyó, fuése, escondióse». «No has vergüenza de mentir, no te confundes en no decir la verdad», etc. Estas figuras ponen vehemencia a la oración y úsase de ellas cuando se reprende, exhorta y contradice. Y sería cosa fría si se pusiesen en una oración simple y que no quiere vehemencia.

Exclamación es cuando en las palabras mostramos movimiento por dolor o indignación contra alguna persona u otra cosa. Llámase exclamación porque siempre en ella se alza la voz. En la cual se pone al principio esta dicción «oh» y muchas veces se deja, y aunque se pusiese, si faltase el movimiento no sería exclamación. «¡Oh, mezquino de mi!» «¡Oh, malos tiempos!» «¡Oh, ruines costumbres!» «¡Oh, Santa María Señora!» «¡Oh, Dios mío y mi Señor!» Sin la «Oh» se pueden poner los mismos y otros: «¡Mezquino de mi!» «¡Malos tiempos!» «¡Dios mío y mi Señor!», etc. La exclamación mueve mucho si se pone en lugar conveniente, porque comenzar luego por exclamaciones o ponerlas en cosas de poca sustancia, más es de locos. Pónense mayormente después que se ha persuadido o tratado algo a la larga de mucha cualidad, ya mudados los ánimos de los oidores. Como después que el Apóstol hubo dicho muchas cosas de la flaqueza de la carne, sale con exclamación diciendo: «¡Desdichado de mí!, ¿quién me librará de este cuerpo mortal?» Cuando esta exclamación se pone después de haber contado o probado alguna cosa, llámase Epifonema. Como si después de tratado lo que Cristo padeció, dijese: «tan grande era el tormento que por el pecado se debía».

Interrogación o interrogante es la pregunta que se hace, y hay dos maneras de preguntar. Una simple, cuando se hace a efecto de saber lo que se pregunta: «¿De dónde venís?», «¿qué buscáis?», etc. La otra se hace no por saber algo que no se sabe, más para poner fuerza y vehemencia a la oración, casi afirmando lo que se pregunta, y presupuesto que no hay a qué responder: «¿Paréceos que es esto bien hecho?», «¿tenéis a esto qué responder?», «¿esto no es grande ingratitud?», «¿hasta cuándo os tengo de sufrir?», etc. En esta segunda manera hay figura; en la primera, cuando se hace por preguntar lo que se quiere saber, no la hay.

Artículo es cuando se ponen sin que sean juntadas con alguna conjunción muchas partes. Conjunciones serán en romance «y», «también», «con». Ejemplo: «Hacienda, parientes, amigos perdiste». Porque para hablar comúnmente habíase de decir: «Hacienda y amigos y parientes perdiste», etc. Cuando a cada una de estas partes se pone un verbo, llámase a esta figura miembro. «La hacienda enajenaste, la fama destruiste, los parientes perdiste», etc. Aquí a cada miembro o parte de la oración se pone su verbo, y no se tiene esta manera de decir por figura cuando las partes no son más de dos. Y también pierden su gracia si son muchas en número, en lo cual se debe mirar que vaya por grados, poniendo lo más grave al fin; porque al no hacerse así será congeries, de la cual dijimos hablando de las maneras de amplificar.

Subjeción es por la cual nos oponemos a nosotros mismos lo que los contrarios nos podrían oponer y así, como si nos lo hubieran opuesto, respondemos a ello, o llamamos los contrarios que respondan. Ejemplo: «Dirá ahora alguno, bien sé que se podría decir esto». «Paréceme que estáis diciendo entre vosotros», etc. Y luego, tras algún dicho de estos o semejantes, prueba o contradice lo que quiere. Entre todo es de más fuerza cuando llamamos a los contrarios y respondemos nosotros mismos. Ejemplo: «Quiero yo ahora hablar con vosotros, judíos. ¿Con qué cosas os esforzáis para permanecer tanto tiempo en vuestra locura? ¿En los dichos de los profetas?, ya os está mostrado que todos ellos hacen en nuestro favor. ¿En Moisés?, de ningún otro entendió todo lo que escribió sino de Jesucristo. ¿En las figuras?, todas se entienden de Cristo». De esta figura se trató entre los argumentos.

Corrección es cuando se muda lo que está dicho en otra cosa de más fuerza. De esta figura se trató entre las maneras de amplificar.

Dubitación es cuando damos a entender que no sabemos qué decir, qué hacer ni cómo; y hace mucho para mover los afectos. Ejemplo: «¿Hablaré o callaré?» «¿Adónde lo buscaré?» «¿A quién preguntaré?» «¿Por dónde comenzaré a decir lo mucho que tengo, del principio o del fin?», etc.

Ocupación es cuando de pasada decimos aquello que dimos a entender no quererlo decir. Ejemplo: «Quiero callar cuantas maldades haya hecho, cuantos hurtos, cuantas muertes de hombres.» «No quiero decir cuan breve, cuan incierta, a cuántos males está sujeta esta ruin vida». Servirá esta figura para amplificar cuando se hace por comparación; porque si por si es mucho lo que decimos que no queremos decir por venir más presto a lo que es de sustancia, crece mucho aquello en comparación de lo cual lo dejamos por poco.

Preciso es cuando, dejando la oración comenzada, nos pasamos a hablar otra cosa y queda lo que faltó al juicio de los oidores. Ejemplo: «Yo haré... ahora bien, pasemos adelante». «Yo le trataré como... entendamos en lo que es menester», etc. O se hace con indignación, como es aquello de Terencio: «¡Yo a aquélla... que aquél... que a mi... que no... Déjame ahora!». Más vehemencia tiene esto que si dijera: «Yo a aquélla tengo que querer bien que admitió a aquél que me echó a mi fuera, que no me quiso. ¡Déjame ahora!» Esto postrero dijo amenazando y calló las amenazas. Otras veces se hace por reverencia o vergüenza. Ejemplo: «Andan comiendo y bebiendo y retozando y lo demás que es vergüenza decir».

Ironía es cuando decimos lo que queremos por palabras que significan lo contrario y ayudámoslo con el gesto y pronunciación; y hácese por hacer burla, o por reprender, o por contradecir. Por hacer burla es cuando al que es muy viejo llamamos niño; al pequeño, gigante; al que es muy desgraciado decimos que es donoso. Por reprender es cuando, después de haberle a alguno encarecido las crueldades que hace, le decimos: «¿ésta es vuestra misericordia?» Y cuando reprendemos a uno porque juega decímosle: «anda, íos a jugar». O al mozo perezoso que se ha tardado donde le enviaron, cuando viene decímosle: «¡En hora buena vengáis, señor!», etc.

Contención es cuando hay contrariedad en las palabras o en las sentencias, que da vehemencia a la oración. «A la virtud menospreciámosla cuando está presente, y buscámosla cuando está ausente». Aquí está la contención o contrariedad en las palabras ausente-presente. O «la virtud cuando está presente menospreciámosla, y cuando nos está quitada delante los ojos la querríamos». Aquí está la contención en las sentencias. «En la paz estás con mucho esfuerzo y en la guerra con cobardía», aquí también en las palabras. «En casa eres un león, y en el campo no eres para dar migas a un gato», aquí en las sentencias. Es también contención cuando se ponen palabras contrarias. «Por fama y por infamia, por honra y por deshonra hemos de ir al Cielo». Esto postrero quienquiera lo hará, aunque no sea muy docto. Lo primero más buen juicio requiere.

Prosopopeya o confirmación es ficción de alguna persona que hable lo que es verosímil que hablaría si estuviese presente, y no solamente fingimos hablar los ausentes, pero aun los muertos y los brutos y cosas sin ánima; y muchas veces a los ángeles y a los santos, y a Dios, y a la Patria, y a las leyes, etc. Claros son los ejemplos, de ellos son estos: «Es cierto, si estuviera presente vuestro padre, que hablaría de esta manera». «Si resucitaran ahora los antiguos y vieran estas costumbres, dieran voces y dijeran»... «Dice la Sabiduría». «El señor me crió en el principio de los animales y cosas sin ánima». Bastan por ejemplos las fábulas y apólogos que están escritos. De esta misma figura será lo que dijimos en la subjeción: «Dirá alguno»... y luego hablamos lo que creemos que hablaría aquél.

Apóstrofe es cuando entre lo que hablamos nos volvemos a hablar con alguna persona presente o ausente, y esto cuando se hace siempre es con mucha vehemencia. Ejemplo: «¡Oh lujuria, a cuantos destruyes!», etc.

Otras muchas figuras se pudieran poner aquí que hicieran a efecto de la elocuencia, pero basten estas por ahora con las otras que en la amplificación y en otras partes se han puesto; porque, como dije, haberse de poner todas fuera obra por sí, y no es mi intención al presente entender en ella. Y sobre todo se debe notar que cuando la materia que se trata es de cosas graves y de sustancia y requiere vehemencia, se debe usar de las figuras que para ello son más propias; y cuando la materia es simple y de cosas bajas, usar de palabras comunes y de poca vehemencia; y sobre todo es la discreción, así para esto como para todo lo demás. En esta parte de la elocuencia me pudiera detener mucho, pero hélo dejado por ser breve, y también considerando que para alcanzar la elocuencia es lo más seguro conversar y leer a hombres doctos y notar en ellos lo bueno y procurar imitarlo, para lo cual todavía aprovecharán estas pocas reglas aquí puestas.

CAPITULO XXXII

De la memoria

Hay dos maneras de memoria, natural y artificial. Natural es la que está en el ánimo, que todos tienen, unos mejor y otros peor. Artificial es por la cual la natural se confirma con razones y reglas, ayudándola con lugares e imágenes. Lugares son casas, ventanas, puertas, etc.; e imágenes son las que se ponen en los lugares para que por su semejanza nos acordemos de alguna cosa, como león, caballo, piedra, libro, etc. Los lugares son como papel donde escribimos, las imágenes, las letras que significan las palabras y oraciones. Esta memoria artificial algunos la prueban, porque dicen que el arte imita a la naturaleza y que si uno tiene de suyo buena memoria, con el arte se le hace mejor, y el que no la tiene buena adóbasele. Y bien mirado, no hay quien en la memoria se aproveche de algún arte, aunque para aprovecharse de él es cierto que requiere buen ingenio y especial propósito de trabajar. Con lo cual, yo tengo por averiguado que podrá el arte obrar tanto que se hagan con la memoria cosas que a quien no sabe el arte le parezca monstruosas, como señala algunas Pedro de Rávena en un arte que hizo de memoria. Pues presupuesto que la memoria artificial sea provechosa, es menester que ponga la manera de hallar los lugares e imágenes y cómo se apliquen para que, repetidas, cada una dé fácilmente lo que en ellas se depositó. Y otras particularidades que ponerlas sería muy largo, porque es obra por sí no pequeña, y no entiendo detenerme en ello, pues poner aquí lo que de estos lugares e imágenes pone Tulio y otros que han escrito retórica tengo por cierto que no aprovecharía, porque es poco y faltan particularidades que sin ellas no se daría buena entrada.

Quien quisiese aprovechar por esta vía debía procurar, si no sabe latín, quien le romancease el arte de memoria de Pedro de Rávena u otro, y ponga en él diligencia. Pero es bien que sepa los inconvenientes que en ello hay, de los cuales yo he experimentado algunos y otros he leido, especialmente en Erasmo a quien se puede dar crédito. Y dice que si alguno tiene mucho cuidado y ansia de mirar a los lugares e imágenes, que impide mucho el juicio y embota el ingenio y apoca la fuerza de la memoria natural, que es de suyo suficientísima y capaz para recibir y retener muchas cosas, especialmente si hay juicio, cuidado, ejercicio y orden. Y más presto se deprenderá lo que se quiere tener en la memoria que se hallarán los lugares e imágenes para ponerlo, como los que para hacer un edificio tardan más en buscar los materiales y trazar la obra que en hacerla. Y después, para acordarse de ello son menester dos memorias, una para los lugares e imágenes, otra para las palabras y cosas que por ellas se significan. Así que, considerado lo uno y lo otro, se puede tomar lo que mejor pareciere. Lo que yo más temo de la memoria artificial, por lo que probé por experiencia, es que el juicio no está tan libre para caer en los puntos sustanciales que de cualquier materia se pueden colegir, y si este inconveniente sienten todos como yo, paréceme que contrapese mucho. Lo que aquí se puede poner para aprovechar la memoria es que lo que se le lleve u oyere, de lo cual nos queremos acordar, se ponga por buena orden, como la que hemos dicho u otra apacible; y poner un especial cuidado a lo especialmente bueno, no huyendo el trabajo de repetirlo. Y aprovéchase así más el ingenio, haciendo hincapié de veras en lo bueno, más que no con lo que se deprende a bulto, sin escogimiento, para referirlo como papagayo. Y haciendo esto se aprovechará de la memoria artificial aunque no quiera, porque cualquiera especial cuidado de estos es arte, pero casi natural y que, demás de no hacer daño para cosa alguna, trae muchos provechos. Puédese tener una cierta orden de títulos de la diversidad de las materias para depositar en ellos lo que de su especie se leyere, de manera que sobre cualquier materia que hombre quiera saber lo que ha leido, lo halle fácilmente junto. Es esto cosa muy buena, para la forma que se debe tener, o a lo menos que yo tengo, adelante la pondré a la larga. Cuando se ofrece que se han de referir muchos o algunos nombres propios por orden que, o por ser muchos y duros de pronunciación o por falta de memoria, se teme errar; o es un paso largo que de necesidad se ha de decir a la letra, no tiene Erasmo por mengua, aunque sea en púlpito y delante de quienquiera que sea, leerlo por el mismo libro donde está, o por un papel en que lo traía escrito. No creo que ahora se aceptaría este consejo, aunque supiesen estudiar ocho días sobre ello o dejarlo del todo, pero cierto no sería malo, y aun se daría más crédito a lo que dijesen. También, si se puede excusar de decir el autor, libro y capítulo y hoja del testimonio que se alega, mucho trabajo quita a la memoria. Y por la mayor parte no tiene efecto alguno salvo cuando se pudiese dudar de aquel testimonio, en otra manera basta decir cómo lo hacen los doctores antiguos: «según lo dice el Apóstol a los Corintios», «como lo pone San Lucas en su Evangelio», etc. Y aun siendo necesidad de poner el libro y capítulo y número de hojas, los que escriben bien lo ponen a la margen, porque poniéndose en el texto enfría mucho el hilo del proceder. Esto de añadir los números es muy familiar a los juristas, que ponen título y ley y párrafo, creo que tienen más causa que los otros. Y bien mirado, hacer esta diligencia a cada paso, no siendo para ocurrir a duda, dejados los juristas aparte si tienen mejor excusa, especie es de ostentación de memoria, porque parezca que todo lo tiene bien visto.

Las cosas que dañan la memoria, entre otras, son: el comer y beber más de lo necesario, los cuidados demasiado diversos y sin provecho que ofuscan la lección de diversos autores y de diversas materias. Muchas veces hay falta de memoria por el desconcierto de los humores en el cerebro, para lo cual los médicos dan su remedio. Estorba a la memoria cuando se tiene vergüenza de los oidores por su autoridad o novedad. También la ansia o demasiado cuidado. Esto remedia mucho la costumbre de hablar delante de personas de autoridad y referir cosas de coro, y aunque la vergüenza tenga especie de virtud, no deja de ser vicio cuando es demasiada, y para muchos ha sido causa de apocarse y perder el fruto que de su buen natural podrían sacar. No digo de la vergüenza que es contraria al atrevimiento y osadía inconsiderada, sino del temor que ata el ánimo para no poder hacer lo que debe, de donde viene callar cuando es menester hablar y después confusión y arrepentimiento. En algunos es afecto o pasión natural, pero no deja por eso de ser malo pues impide lo que es bueno; y por tal se debe procurar deshechar, y mientras más natural fuere tanto ha de haber más cuidado de disimularlo, teniendo confianza cuanta fuera menester, con que no sea de manera que traiga descuido. Al que peca de temeroso mucho le pueden ayudar los que le oyen, poniéndole esperanza que lo hará bien y diciéndole que así lo suele hacer, y los que lo contrario hacen dañan mucho.

CAPITULO XXXIII

De la pronunciación

Pronunciación es el regimiento y meneos de la voz y del gesto que hacemos cuando hablamos. Todas las partes de la retórica son muy necesarias para el bien hablar, de manera que alguna de ellas que alguno falte no puede dejar de cojear. Y aunque una hará más falta que otra, la pronunciación para quien ha de representar lo que tiene compuesto mucha falta haría si no fuese perfecta. Ninguna de ellas admite menos arte que ésta, porque el mal natural y costumbre no se remedia sin mucha dificultad, aunque todavía tiene algún remedio. Pondránse algunas de las reglas que se cree que pueden aprovechar poco más o menos, porque así en esto como en todo lo demás perfecciona el arte y uso lo que la naturaleza le comenzó. En la pronunciación y manera de los meneos naturalmente, sin aprovecharnos de arte, tenemos una voz, gesto y movimiento del cuerpo cuando estamos contentos, de otra manera cuando estamos enojados. Y así hay diversidad cuando nos maravillamos, o menospreciamos, o reñimos, o halagamos, y así de las otras afecciones. En las cuales lo más seguro es seguir cada uno su natural, teniendo siempre cuidado que si en él hay vicio por imitar a otros o por mala costumbre, lo procure enmendar pidiendo consejo a algún amigo que diga las tachas, escogiéndole tal que le dé entero crédito. Porque muchas veces lo que nos aplace y de que estamos contentos, desagrada a los que oyen; y como ninguno se conoce bien a sí mismo, antes pecará por carta de más, aficionándose a sus propias cosas, que por el contrario. Cuando oímos a alguno hablar es muy gran provecho notarle los buenos meneos y semblante. Y lo que nos pareciere bien, procurarlo imitar; y lo que no fuere tal, huir de ello, considerando siempre la diversidad de las personas, tiempo y lugares y de la materia que se trata con todas sus circunstancias. Porque uno conviene a un sacerdote seglar que estaría mal a un fraile, a uno que es obispo o prelado se le podría permitir lo que no sería bien que hiciese un sacerdote común. Uno es para los viejos, que en los mozos no tendría razón; y así en las disposiciones de estar alegre o enojado. Unos tienen la voz delgada aunque recia, otros de mediano cuerpo y flaca, otros ronca, algunos tartamudean o cecean. Estas cosas parece que tienen remedio, aunque unas más que otras. La flaqueza de la voz muchas veces viene de demasiada abstinencia, y, tomando el mantenimiento convenible y ejercitándola, se remedia algo y puede ser que mucho. La ronquera y atapamiento del pecho muchas cosas lo causan, que sabrán los médicos y ellos darán sus remedios. Es bien excusar las cosas que se sabe o presume que harán daño, y mayormente el beber sustancioso y a menudo suele ser causa de ello. En el tartamudear y cecear aun aprovecharía más la diligencia y ejercicio. Como parece en Demóstenes que teniendo la lengua muy estropajosa, tanto que la primera letra del arte que estudiaba no podía pronunciar y por decir retórica decía «letólica», enmendó este vicio poniendo chinas debajo la lengua y procurando hablar mucho con ellas. No tenía huelgo para pronunciar una mediana oración sin descansar, vino con el cuidado que puso a decir con facilidad de un golpe muchos versos. La flaqueza de la voz ayudó usando a dar voces a la ribera del mar cuando más ruido hacía. El gesto mudaba según el parecer de un su amigo a quien él tenía por espejo. Solía menear los hombros desproporcionadamente cuando oraba, tuvo este arte para enmendarlo: poníase a orar en un púlpito muy angosto y encima de sí poníase una lanza con su hierro que casi le tocaba para que, si encendido en hablar se descuidase a menear los hombros, picándole, el hierro avisase. Así, con estas diligencias y otras, siendo naturalmente inhábil para orador, vino a ser el más perfecto de todos. En los vicios naturales los médicos darán mejores remedios. En los que se tienen por ruin costumbre, cada uno que los siente en sí se puede ayudar por su buena diligencia. Como es echar la voz delgada y regalada, según hacen los que están enfermos y algunas mujeres; o echar la voz por las narices, o hablar muy despacio que enhastíe, o muy apriesa que no se entienda a sí mismo, o comiéndose la mitad de las palabras, mayormente las finales. Algunos suspiran tras cada palabra, o poco menos. Otros entremeten palabras frívolas o fuera de propósito, como que tocan alguna cosa y la dejan para otro tiempo, o entremeten paréntesis, creo que por buscar entretanto qué decir adelante. «Así que vino a hablarle, y como vino a hablarle, díjole que quería los dineros; y como se lo dijo, parece ser que respondió...», etc. Y otras cosas semejantes y sin provecho. O escupen, o tosen, o se limpian, o tragan la saliva con otras mil prolijidades que dan pena a los que oyen y esperan a donde va a parar. Esto no será mucho que lo hagan algunos por pensar en tanto como mentirán mejor, otros después de una plabra o de dos a dos páranse un poco callando o escupiendo. En algunos de los que yo he visto, he sospechado que lo hacen por gravedad; como quiera que sea es enojo para los que oyen, y finalmente es vicio. Otros hablan gran rato y en púlpito a un tono, como quien está siempre tocando una cuerda, que basta para que se duerman los que oyen aunque estén en pie; y algunos sin menear ojo ni parte del cuerpo; y como quiera que el predicar ha de ser muy semejante al hablar familiar, y aun se debe procurar, pero algo más ha de tener.

Por malo se tacha, entre otras cosas, cuando después de haber hablado una pausa en un tono, acaban en tercera abajo; o alzarse como pregoneros y de presto tornar abajo y estarse rezando como oración de ciegos. Estos vicios y otros muchos que por ruin costumbre se toman, se pueden enmendar si hay gana de aprovechar y holgando de deprender de quienquiera que sea, mayormente teniendo un amigo de quien haya buena opinión y se le dé tanta autoridad que, sin temor de ofender, él tome atrevimiento de decir lo que le parece; lo cual, creído que sea así, débese poner luego por obra la enmienda. Y para creerlo mejor es bien que los vicios que nos dicen que tenemos los pongamos en una persona de quien estemos satisfechos y nos sea en algo semejante, porque en él veremos clara la fealdad. De esta manera yo he oído un hombre de mi condición y natural y en toda su manera de hablar y meneos me parece bien, dícenme una cosa que hago que me está mal, no creo que es malo o no lo tengo por tan malo como me dicen que es; imagino aquel vicio en la persona de quien estoy contento, como si le viese yo hacer aquello de lo que me tachan, paréceme en él cosa abominable; pues entonces debe creer que tanto o mucho más es en mí, y así pondré cuidado de desecharlo. Y no se debe tener por cosa muy dificultosa, por muy acostumbrado que esté, si hay voluntad basta conocer el vicio y tener voluntad de desecharlo; y ponerlo por obra muchos llegan, pero pocos hacen algo; porque querrían en dos días trocar una costumbre antiquísima y luego cánsanse y desesperan de salir con ello, como se deba tener muy gran confianza para que el trabajo no se sienta y se de por bien empleado.

El bajar o alzar la voz, según lo piden las cosas que se dicen, es muy necesario así para alcanzar crédito como para mover los afectos, para lo cual bastaría por regla a quien tiene discreción que se muestre de fuera el movimiento de la voz, según el movimiento del ánimo que está dentro de donde proceden las palabras. Como aun vemos en los perros, caballos y otros animales sin razón, que de una manera muestran aquella su voz cuando están enojados y de otra cuando están contentos y les han hecho algún beneficio. De manera que es tan natural esto de mover la voz según el ánimo, que dejarlo de hacer parece que no se dice lo que queda dentro; y haciéndose con menos o más movimiento que lo que la cosa que se trata requiere, da sospecha de fingimiento. Así que no se ha de hacer igual movimiento en cualquier cosa que quiera especial valor, sino que sea con diferencia de más o menos. Apenas en esto se puede dar regla cierta; pero todavía quiere alteración especial cuando reprendemos, o hacemos exclamaciones, o preguntamos; y más cuando sobre la pregunta queremos reprender, y cuando después de altercado decimos algo que parece concluir. Y estas exclamaciones no desproporcionadas ni muchas en número, multiplicadas casi sin gana o sin sentir el movimiento en si mismo, porque faltando, se siente no proceder de ánimo y hacerse por cumplir; y cuando esta diferencia se hace, guardadas las circunstancias, es de mucho valor. Débese huir que no se sienta especial afección de imitar estas cosas, mayormente buscando ocasiones para hacer exclamaciones y otros movimientos; y sobre todo es de temer imitar aquello a que sentimos contrario nuestro natural y costumbre y mientras más, más. Y también quienquiera debe aborrecer, y mucho más los hombres graves, o los que conviene que sean graves una imitación que más especialmente es de los truhanes, como es, si hacen mención de viejo que riñe o mujer que llora, reñir como viejo y llorar como mujer, o en general hacer los movimientos que hacía la persona de quien se hace mención. En lo que se debe esmerar es que sean tan vivas y naturales las palabras por las cuales representa alguna persona y con alguna afección u otro animal o cosa especial propiedad, que por sóla la fuerza de las palabras parece que se ve presente con los mismos movimientos. Y esta es muy cumplida elocuencia, guardada la gravedad, lo demás es de truhanes, de los que representan comedias y farsas. Y que algunas veces se pudiese sufrir, hay mucho peligro de más o menos de lo que podría cuadrar en la persona que lo representa, aunque a algunos parece que les excusa gracia especial que en este caso tienen, pero todavía no aciertan siempre, y una vez que lo borren pierden más que ganan en muchas que acertaron. Y que acierten siempre no lo tienen por bueno, en especial que hay muchas veces vocablos apropiados muy naturalmente para representar estas afecciones que bastan, como es llorar, gemir y en los niños hacer pucheritos, mesarse, gritar, plañir, reír, gruñir, balar, atronar, murmullo, torbellino, etc.; con los cuales, puestos en su tiempo, se dan a entender suficientemente estos movimientos, sin detrimento de la propia composición. Finalmente, cuanto toca al sonido de voz, debe ser en mediano tono, no de gañidos como quien pregona, ni tan bajo que no se entienda. A algunos engañó quererse aprovechar del arte, que como oyeron ser de retórica que el principio debe ser con mansa voz, no con alteración ni afectos; comienzan su sermón tan bajo que apenas entienden ellos lo que se dicen, después tórnanlo a decir un poco más alto, subiendo de grado hasta venir al tono en que han de proceder. Bien creo que muchos lo hacen que no les vino del daño que les hizo la retórica, porque nunca la oyeron y ellos huyen bien de ella como de cosa pestilencial, pero tómanlo del uso que ven tener a otros que son tenidos por doctos, y por la mayor parte, siempre imitan lo peor. A quien le parece bueno mire el efecto de ello, que yo no sé qué provecho se puede sacar de hablar sin que le entiendan. Cuanto toca al distinguir las palabras y sentencias unas de otras, débese tener cuidado que el respirar sea donde quede la sentencia perfecta, o a lo menos con la menos imperfección que pudiere.

Del movimiento de las manos y de los pies y de los otros movimientos exteriores del gesto pudiera decir mucho, pero paréceme cosa que no ha de aprovechar, sino que cada uno siga su natural, teniendo siempre cuidado de corregir al parecer de un amigo discreto lo que tuviere menos proporcionado y honesto, procurando imitar cuanto buenamente pudiera lo que en otros le contentare, considerando que muchas veces lo que en unos es gracioso en otros es desgraciado. En uno los vicios son agradables más que en otro serían grandes primores. Las causas por qué sea esto es imposible poderlas decir, a lo menos yo no se declarar por palabras algunas que siento. Así que el que ha de hablar bien debe no solo conocer el arte y ejercitarle, pero conocerse a sí mismo, y para todo es menester la discreción. Y con esto concluyo las partes de la Retórica.

FIN DE LA RETORICA

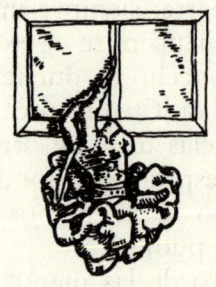

DISCURSO
SOBRE LA POESIA CASTELLANA

por Gonzalo Argote de Molina

NOTA A LA EDICION

Existen varias ediciones del *Discurso de la Poesía castellana* de don Gonzalo Argote de Molina.
Reproducimos aquí la última y definitiva, llevada a cabo por Eleuterio F. Tiscornia. Editada por Victoriano Suárez, Madrid, 1926. Está hecha sobre la «editio princeps»: Sevilla, Hernando Díaz, 1575. Adornada con todo tipo de notas eruditas, la edición de Tiscornia tiene un único defecto: ser inencontrable en librerías. Tengo que agradecer a mi buen amigo Luis Alberto de Cuenca la delicadeza de haberme prestado un ejemplar de ella.

TEXTO DEL DISCURSO
Y ANOTACIONES

1 Avn que tenia acordado de poner las animaduersiones siguientes en la poesia Castellana en el libro que don Iuan Manuel escriuio en coplas y rimas de aquel tiempo, el qual
5 plaziendo a Dios sacare despues a luz, con todo me parescio tractar lo mesmo aqui, tomando occasion destos versos, que tienen alguna gracia por su antiguedad, y por la autoridad del principe que los hizo.

10   COPLA CASTELLANA REDONDILLA

      Si por el vicio y folgura
      la buena fama perdemos,
      la vida muy poco dura,
      denostados fincaremos.

15   Deste lugar se puede aueriguar quan antiguo es el vso de las coplas redondillas Castellanas, cuyos pies parescen conformes al ver-

so Trocayco que vsan los poetas Lyricos, Griegos y Latinos.

Y quanto mas antigua sea que el verso Español, vemoslo por la poesia de los Griegos, los quales las vsaron guardando el mesmo numero de sillabas que en nuestro Castellano tienen, como haze el poeta Anacreon en muchas de sus Odas, como en la segunda, quarta y quinta, y en otras, y como tan bien leemos en algunos versos de Marciano Capella en sus bodas Mercuriales, y en algunos Hymnos de Prudencio. Los poetas Christianos mas modernos dieron a este verso la consonancia que ya en la lengua vulgar tenia, como hizo sancto Thomas al Hymno del Sacramento.

Leemos algunas coplillas Ytalianas antiguas en este verso, pero el es proprio y natural de España, en cuya lengua se halla mas antiguo que en alguna otra de las vulgares, y assi en ella solamente tiene toda la gracia, lindeza y agudez, ques mas propria del ingenio Español que de otro alguno.

Los poetas Franceses vsan desta composicion con algo mejor garbo que los Ytalianos, especialmente algunos modernos, y entre ellos el mas excelente Ronsardo, el qual hizo algunas Odas y canciones en este verso, pero aun no con aquella viuez que los muy vulgares nuestros.

En el qual genero de verso al principio se celebrauan en Castilla las hazañas y proezas antiguas de los reyes, y los trances y successos assi de la paz, como de la guerra, y

Discurso sobre la poesía castellana

los hechos notables de los Condes, Caualleros y Infançones, como son testimonio los romances antiguos Castellanos, assi como el del rey
55 Ramiro, cuyo principio es:

> Ya se assienta el rey Ramiro,
> ya se assienta a sus yantares,
> los tres de sus adalides
> se le pararon delante:
> 60 mantenga vos Dios el rey;
> adalides, bien vengades.

Y algunos en Vascuence como el romance que Esteuan de Gariuay y Çamalloa trae en su historia que con gran diligencia compuso,
65 donde se muestra su mucha lection y noticia de las cosas de España, que dize assi:

> Mila vrte ygarota
> vra vede videan
> Guipuzcoarroe sartu dira:
> 70 Gazteluco echean
> Nafarroquin batu dira:
> Beotibaren pelean.

Es romance de vna batalla que Gil Lopez de Oña, señor de la casa de Larrea, dio a los
75 Nauarros y a don Ponce de Morentana su capitan, cauallero Frances, Año de mil y trezientos y veynte y dos, cuya significacion en Castellano es, que aun passados los mil años, va el agua su camino, y que los Gui-
80 puzcoanos auian entrado en la casa de Gaztelu, y auian rompido en batalla a los Nauarros en Beotibar. En los quales romances hasta oy

dia se perpetua la memoria de los passados, y son vna buena parte de las
85 antiguas historias Castellanas, de quien el rey don Alonso se aprouecho en su historia, y en ellos se conserva la antiguedad y propriedad de nuestra lengua.

La qual manera de cantar las historias publi-
90 cas y la memoria de los siglos passados, pudiera dezir que la heredamos de los Godos, de los quales fue costumbre, como escriue Ablauio y Iuan Vpsalense, celebrar sus hazañas en cantares, si no entendiera que
95 esta fue costumbre de todas las gentes, y tales deuian ser las Rapsodias de los Griegos, los Areytos de los Yndios, las Zambras de los Moros, y los Cantares de los Etiopes, los quales oy dia vemos que se juntan los dias de
100 fiesta con sus atabalejos y vihuelas roncas a cantar las alabanças de sus passados, los quales todos paresce que no tuuieron otro mysterio que este, pero esto terna mas oportuno lugar en otro tractado que el presente.

105 Boluiendo al proposito, los Castellanos y Cathalanes guardaron en esta composición cierto numero de pies ligados con cierta ley de consonantes, por la qual ligadura se llamo COPLA, compostura cierto graciosa, dulce, y
110 de agradable facilidad, y capaz de todo el ornato que qualquier verso muy graue puede tener, si se les persuadiesse esto a los poetas deste tiempo q̄ cada dia le van oluidādo, por la grauedad y artificio de las rimas Ytalianas,
115 a pesar del bueno de Castillejo, que desto graciosamente se quexa en sus coplas, el qual

tiene en su fauor y de su parte el exemplo deste Principe don Iuan Manuel, y de otros caualleros muy principales Castellanos, que se pagaron mucho de esta composicion, como fueron el rey don Alonso el sabio, el rey don Iuan el segundo, el marqués de Santillana, don Enrique de Villena y otros, de los quales leemos coplas y canciones de muy gracioso donayre. A lo menos los ingenios deuotos a las cosas de su nacion y a la dulçura de nuestras coplas Castellanas (de los quales florescen muchos en esta ciudad), son en cargo a la buena memoria del Reuerendissimo don Balthasar del Rio, Obispo de Escalas, que mientras duraren sus justas literarias no dexaran las coplas Castellanas su prez y reputación por los honrados premios que instituyo a los que en este genero de habilidad mas se auentajassen. Lo qual ha sido occasion de que esta ciudad sea tan fertil de felices ingenios de poetas que han ganado muchas vezes premios en estos nobles actos de poesia, como el buen cauallero Pero Mexia, grande ornamento de su patria, que entre otras partes de buenas letras que tenia, como dan testimonio sus obras tan conoscidas, aun en las naciones y lenguas estrangeras, no se desdeño deste apazible exercicio. Y el ingenioso Iranço y el terso Cetina, que de lo que escriuieron tenemos buena muestra de lo que pudieran mas hazer, y lastima de lo que se perdio con su muerte, lo qual colmadamente se compensaua con el raro ingenio y felicissima gracia del buen Licenciado Ta-

mariz, si sus estudios mas graues y occupaciones tan sanctas y importantes le dieran licencia a dexar nos algunas graciosas prendas de este genero de habilidad, en que el
155 solia deleytarse en las horas del extraordinario passatiempo. Perdimos con su muerte vn raro exemplo de virtud y discrecion y vna grande facilidad de ingenio para todo lo que queria, con vna riqueza de muchas facultades
160 y artes que lo hazian mas excelente, de todo lo qual lo menos era su agradable poesia Latina y vulgar, que pudiera ser principal caudal de otros subjectos. Quedonos en lugar desto la pena de su apressurada muerte,
165 con vn viuo desseo y perpetua memoria de su virtuoso nombre que nunca se acabara mientras vuiere cortesia y gusto de buenas letras. No hago memoria de otros muy muchos valientes justadores que aora viuen, que
170 no solamente en esta liça podian romper lança, sino en todo trance de poesia, ganar mucho nombre, porque sus justas alabāças merescen no resumirse en tan breue tractado.

VERSOS GRANDES

175 No vos engañedes, nin creades que en donado
faze home por otro su daño de grado.

Vsauase en los tiempos deste principe en España este genero de verso largo, que es de

doze, o de treze, y aun de catorze sillabas,
180 porque hasta esto se estiende su licencia.
Creo lo tomaron nuestros poetas de la poesia
Francesa, donde ha sido de antiguo muy
vsado, y oy dia los Franceses lo vsan, haziendo consonancia de dos en dos, o de tres en
185 tres, o de quatro en quatro pies, como los
Españoles lo vsaron, como se paresce en este
exemplo de vna historia antigua en verso del
conde Fernan Gonçales que yo tengo en mi
Museo, cuyo Discurso dize assi:

190   Entonces era Castiella vn pequeño rencon;
      era de Castellanos Montedoca mojon
      y de la otra parte Fitero fondon.
      Moros tenien Carraço en aquella sazon.
      Era toda Castiella solo vn alcaldia;
195   maguer era poca y de poca valia,
      nunca de homes buenos ella fue vazia:
      de quales ellos fueron, paresce oy en dia.
      Varones Castellanos, fuera su cuydado
      llegar su señor, a mas alto estado
200   de vn alcaldia pobre fizieron la condado,
      tornaron la dempues cabeça de reynado.
      Ouo nombre Ferrando el conde primero,
      nunca ouo en el mundo a tal cauallero;
      fue este para Moros mortal omizero;
205   dezien le por las lides: el buytre carnicero.

En algunos romances antiguos Ytalianos y
en poetas heroycos se hallan estos versos,
pero con la ley de consonantes que guardan
las Octauas rimas, pudo ser que todos
210 lo tomassen de la poesia Barbara de los
Arabes, los quales le vsan como vemos en
este exemplo que Bartholome Georgie Viz

peregrino, en el libro que escriue de las
costumbres y religion de los Turcos trae,
215 que dize assi:

> Birechen bes ora eisledum derdumi
> yaradandan istemiscen jardumi
> terach eiledum zahmanumi gurdumi
> neileim jeniemezum giun glumi.

220 Que traduzidos en Castellano dizen assi:

> De una de mis cueytas he fecho cincuenta
> al criador acorro en esta sobreuienta
> demandando le ayuda en tan grand tormenta
> del regalo de mi patria non fago ya cuenta
> 225 que fare que non puedo vencer me en esta afruenta.

Son versos Turquescos amorosos dedicados
a la diosa de los amores que los Turcos en
su lengua llaman Asich, y desta quantidad
son algunos cantares lastimeros que oymos a
230 los Moriscos del reyno de Granada sobre la
perdida de su tierra a manera de Endechas,
como son:

> Alhambra hanina gualcoçor taphqui
> alamayarali, ia Muley Vuabdeli
> 235 ati ni faraci, guadarga ti albayda
> vix nansi nicatar, guanahod Alhambra
> ati ni faraci, guadarga ti didi
> vix nansi nicatar, guanahod aulidi
> aulidi fi Guadix, Vamarati fijol alfata
> 240 ha ha ti di noni, ya seti o Malfata
> aulidi fi Guadix, guano fijol alfata
> ha ha ti di noui, ya seti o Malfata.

Es cancion lastimosa que Muley Vuabdeli

Discurso sobre la poesía castellana

vltimo rey Moro de Granada haze sobre la
245 perdida de la real casa del Alhambra quando
los Catholicos reyes don Fernando y doña
Ysabel conquistaron aquel reyno, la qual en
Castellano dize assi:

    Alhambra amorosa, lloran tus castillos
250   o Muley Vuabdeli, que se ven perdidos
    dad me mi cauallo, y mi blanca adarga
    para pelear, y ganar la Alhambra;
    dad me mi cauallo y mi adarga azul
    para pelear, y librar mis hijos.
255   Guadix tiene mis hijos, Gibraltar mi mujer;
    señora Malfata, heziste me perder
    en Guadix mis hijos, y yo en Gibraltar
    señora Malfata, heziste me errar.

Quien quisiere saber la cuenta y razon deste
260 verso lea la Grāmatica Española del Maestro
Antonio de Lebrixa dōde en particular se
tracta. Los ingenios de aora como son algo
colericos, no sufren la lerdez y espacio de
esta compostura por parescer muy flegmatica
265 y de poco donayre y arte, aunque en los
antiguos autores da algun contento, y deue
ser por la antiguedad y estrañeza de la lengua
mas que por el artificio.

VERSO YTALIANO

270   Non auentures muncho tu riqueza
    por consejo del home que ha pobreza.

Este genero de verso es en la quantidad y numero conforme al Ytaliano usado en los Sonetos y Tercetos, de donde paresce esta composicion no auerla aprendido los Españoles de los poetas de Ytalia, pues en aquel tiempo, que ha quasi trezientos años, era vsado de los Castellanos como aqui paresce, no siendo aun en aquella edad nascidos el Dante, ni Petrarcha, que despues illustraron este genero de verso y le dieron la suauidad y ornato que aora tiene. En estos mesmos tiempos leemos aver florescido muchos poetas notables Españoles, Proençales, que en el escriuieron, cuya lengua de aquel tiempo se conformaua con la Castellana muy antigua, y assi los versos y poesia fue semejante, como fue Mossen Iordi, cauallero cortesano del rey don Iayme que gano a Valencia, y se hallo con el en el passaje de Vltramar, año de mil y dozientos y cincuenta, poco mas, a quien no solamente imito el Petrarcha en muchas cosas, pero aun se hallan algunos muy honrados hurtos entre sus obras, como dize Per Anton Beuther Valenciano, en el prologo de la chronica que hizo de España.

Dize Mossen Iordi:

    E non he pau, y non tinch quim guarreig;
    vol sobrel cel, y non moui de terra;
    e non estrench res, y tot lo non abras
    hoy he de mi, y vull altri gran be
    si no amor dons aço que sera.

Dize Petrarcha:

Discurso sobre la poesía castellana

    Pace non trouo, e non ho da far guerra.
305 E volo sopral cielo, ghiaccio en terra,
    E nulla stringo, e tuttol mondo abbraccio,
    E ho in odio me stesso, e amo altrui
    Si amor non he, che dunque e quel que io sento.

Tambien florecio en aquel tiempo otro caua-
310 llero llamado Mossen Febrer que hizo vnos sonetos descriuiendo vna gran tormenta que desbarato la armada del dicho rey don Iayme en la expedicion que hazia a la tierra sancta, de mas del muy famoso Ossias March, tan
315 celebrado entre los poetas Cathalanes y de la Proença.
Llaman endecasillabo a este verso, porque tiene onze sillabas, si no quando fenesce en acento agudo, que entonces es de diez, como
320 en este exemplo de Boscan.

    Aquella reyna que en la mar nascio.

O quando acabare en diction que tiene el acento en la antepenúltima, que entonces tiene doze sillabas, como en este lugar de
325 Garci Lasso.

    El rio le daua dello gran noticia.

Y como son todos los versos que llaman Esdrujulos, que son semejantes a los que los Griegos y Latinos llaman Choriambicos, As-
330 clepiadeos, el qual Esdrujulo es muy vsado en las Bucolicas del Sanazaro. Los otros comunes son de la medida de los Endecasillabos de Catulo.
Las leyes de consonancia con que se combina

este genero de pies en los Sonetos, rimas y canciones, es cosa muy sabida y reserua se para otro tractado. Es verso graue, lleno, capaz de todo ornamento y figura, y finalmente, entre todos generos de versos le podemos llamar Heroyco. El qual a cabo de algunos siglos que andaua desterrado de su naturaleza ha buelto a España, donde ha sido bien rescebido y tractado como natural; y aun se puede dezir que en nuestra lengua, por la elegancia y dulçura della, es mas liso y sonoro que alguna vez paresce en la Ytaliana. No fueron los primeros que lo restituyeron a España el Boscan y Garci Lasso (como algunos creen) porque ya en tiempo del rey don Iuan el segundo era vsado, como vemos en el libro de los Sonetos y canciones del marques de Santillana, que yo tengo; aunque fueron los primeros que mejor lo tractaron, particularmente el Garci Lasso, que en la dulçura y lindeza de conceptos, y en el arte y elegancia no deue nada al Petrarcha, ni a los de mas excelentes poetas de Ytalia.

VERSOS MAYORES

>Si Dios te guisare de auer segurança,
>pugna cumplida ganar buena andança.

Llaman versos mayores a este genero de poesia que fue muy vsada en la memoria de nuestros padres, por lo mucho que en aquellos tiempos agradaron las obras de Iuan de Mena, las quales, aunque aora tengan tan poca reputacion cerca de hombres doctos, pero quien considerare la poca noticia que en España auia entonces de todo genero de letras, y que nuestro Andaluz abrio el camino y alento a los no cultiuados ingenios de aquella edad con sus buenos trabajos, hallara que con muy justa causa España ha dado el nombre y autoridad a sus obras, que han tenido, y es razon que siempre tengan, a cerca de los ingenios bien agradescidos. Este genero de poesia, aunque ha declinado en España despues que esta tan rescebida la que llamamos Ytaliana, pero no ay duda sino que este verso tiene mucha gracia y buen orden, y capaz de cualquier cosa que en el se tractare, y es antiguo y proprio Castellano, y no se porque merescio ser tan oluidado siendo de numero tan suave y facil.

ELOQUENCIA ESPAÑOLA EN ARTE

por Bartolomé Jiménez Patón

NOTA A LA EDICION

Existen dos ediciones de la *Elocuencia española* de D. Bartolomé Jiménez Patón. La primera de ellas hecha en Toledo, 1604.

En la segunda edición la Elocuencia española está incluída en un tratado más copioso que lleva por título *Mercurius Trimegistus sive de Triplici elocuentia sacra, Española, Romana*. (Bitiae, 1621).

Reproducimos aquí la primera edición con ligeras variaciones ortográficas y corrección de erratas. No hemos modificado ortografía ni puntuación por no creerlo necesario para la intelección del texto.

APROUACION

Por Mandado de V.A. he visto este libro intitulado Eloquencia Española (compuesto por el Maestro Bartholome Ximenez Paton) y assi por no tener cosa que ofenda, como por ser curioso, y util: en que su auctor a mostrado su buen ingenio, y erudicion, se le puede dar al autor la licencia y priuilegio que suplica. En Valladolid a treinta de Mayo, de mil y seyscientos y quatro años.

*El secretario Tomas
Gracian Dantisco.*

SUMA DEL PRIUILEGIO

El Maestro Bartholome Ximenez Paton vecino de Villanueva de los Infantes tiene licencia y priuilegio por tiempo de diez años para poder imprimir este libro de Eloquencia Española. Co-

mo mas largo consta de su original. Cuya fecha es en Valladolid a veynte y cinco dias de el mes de Iunio de míl y seyscientos y quatro años. Firmado de su Magestad de el Rey nuestro señor, y de su Secretario Iuan de Amezqueta. Y despachado en el officio de Christoual Nuñez de Leon Escrivano de camara.
Yo el Rey.

A DON FERNANDO
de Ballesteros y Saauedra.

O y trocaran sus officios la naturaleza y el arte: puniendo yo este en manos de V.M. que tambien puede con su Eloquencia natural perficionarla, y con su mucha nobleza a ella, y a su auctor serles calidad, y defensa como confio. Guarde Dios a V.M. para el bien que deseo.

El Maestro Bartholome
Ximenez Paton.

DE DON FRANCIS
co Idiaquez Canonigo de la Sancta
Iglesia de Toledo.

Si el savio Stagirita
con envidia de Isocrates Rhetorico
escrive lo que imita
para el Arte Poetico, y historico:

vuestro diuino ingenio
sin ella venze al mismo autor Cylenio.
De el Español idioma
soys el primero: que nos da preceptos:
pues de Athenas, y Roma
tan distinctos se ven nuestros dialetos:
por tan heroyca haçaña
sereys Prothorhetorico de España.
Qual suele clara fuente
en dilatado arroyo discurriendo
(el agua diligente
por vna, y otra margen repartiendo)
dar con varios colores
vida a la yerua, esmaltes a las flores.
Asi de vuestra pura
fuente de la Eloquencia mas perfecta:
la lengua, la escriptura,
el Orador, Historico, y Poeta
reciuiran estilo:
que eran milagros Barbaros de el Nilo.
O gran nieto de Atlante
dira por vos España agradecida:
facundia semejante
no fue jamas en nuestro Polo oyda,
ni reducida al arte
esta, de persuadir diuina parte.
Si de Theodor Bizancio
si Athenas de Tucidides se precia,
si de Tisia, y Latancio
Sicilia, y Grecia, de Hermolao Venecia
de vos Tartesia, O nueuo
de Mnemosine hijo, Español Febo.
Oy os consagra Euterpe
el caduco por honor de el suelo

patrio, el timbre, y la Sierpe
como al planeta del segundo Cielo
y para las talares
a las en templos de la fama altares.
Desde donde las vellas
luzes del gran Triangulo noturnas,
al Aries dan Estrellas
adonde el Pez Austral toca en las vrnas
del humido Aquario
lleuara vuestro nombre el tiempo vario.

DE EL LICENCIA
do Francisco Sanchez de Villanueua
a el Protector.

El que con elecion docta y prudente
te escogio por amparo,
de su libro (Fernando ilustre, y claro)
conocido a sin duda cuerdamente,
que no ay seguro sauio
si mueve vn Zoylo el maldiciente lavio.
Bien conocio que no podra el veneno
inficionar la obra,
que con tu nombre nueua fama cobra
que aun que va de grandezas el don lleno,
no le valieran tanto,
sino añadiera el protector espanto.
Tu ingenio conocio, ya su Eloquencia
juzgo ser deuda justa,
el libro que a preceptos nos la ajusta:
que es vna ciencia, el centro de otra ciencia:

salio a buscalle fuera,
y en ti reposa como en propia Esphera.
Rompio las aguas de imposibles mares
de Ximenez la naue,
la inuidia descubrio su ingenio graue
donde estan de Eloquencia los Altares:
su valor comunica,
haziendo a España de si misma rica.
Mas cuydadoso de que tal riqueza
con seguridad baya,
hasta hallar en los buenos juyzios playa
sin temer de la inuidia la fiereza,
por que tu la amansaras,
su gran tesoro dedico a tus aras.
Tu nombre claro, y la grandeza inmensa
del que puede espantalla
la enuidia mira, y despechada calla,
y juzgando el silencio por ofensa,
no auiendo donde escupa
la lengua tuerze, y su ponçoña chupa.
La Española Eloquencia desgraciada
solo en que le faltase,
quien con arte, y doctrina la tratasse
con tal dueño, y Maestro que da onrrada,
goçando sin mas penas,
de aqueste Ciceron, de aquel Mecenas.
Con justa causa le preuiene lauro
España a su cabeça
pues sube por su ingenio a tal grandeza
que ya resida desde el Tajo al Dauro,
por la inuencion de este arte
Mercurio agora, como siempre Marte.
Abundando esta lengua de mil flores
(si bien las penetrares)

figuras vellas, y gallardas frases,
agudeza, y Rhetoricos primores,
lastima es que no vbiese
quien de Diomedes la Minerua fuesse.
A ti Ximenez tanto España debe
que aunque el pagarte importa,
por mucho que te pague, queda corta,
y como a el justo premio no se atreue:
a tu fama diuturna
lebantara piramides por vrna.
Y a ti Fernando en el sagrado templo:
que a los Heroes dedica,
con Eloquencia tal viendose rica
(a ti offrecida como a viuo exemplo)
siendo al amparo grata
en estatuas de bronze te retrata.

DE DOÑA INES DE FIGUEROA

De Eloquencia y arte estraña
Nueua luz al mundo asoma
Tal que enseña y desengaña
Que como a su Tulio Roma
Tiene ya su Tulio España,
Tulio soys sabio Maestro
Que al primero en arte alcança
Pues si fue su ingenio diestro
De Roma nueua esperanza
A sido de España el buestro.

DE ALONSO DE SALAS BARBADILLO

Trasladas de el Latino la Eloquencia
Ximenez docto al Español diuino:
Y de las cultas frases del Latino
As reducido al arte la excelencia.
  El sagrado farol de tu prudencia
Enseña a los mortales vn camino
Tan facil, quanto raro, y peregrino
Para llegar al puerto de la ciencia.
  Y pues el justo intento que te llama
es mostrar a las lenguas que mas sauen
El alto estilo que de hablar offreces.
  A las diuinas lenguas de la fama
Enseña las tambien porque te alauen:
Y sabrante alabar como mereces.

DE PHELIPE DE NIS GODINEZ

Qvando te llamo in aduertidamente
(Por dar el nombre que a tu fama debo)
Demosthenes segundo, Tulio nueuo
Con lo pasado agrauio lo presente.
  Agora si que vence dignamente
La Toga venerable, agora prueuo:
Que den las armas el laurel de Febo
A tu lengua expedita, y eloquente.
  Si fuera tal mostrara con la suya
quanto dixo Pythagoras callando
con mas aprouacion, y confiança.

Ya no con la de Plauto, con la tuya
Hablan las nueue hermanas publicando
En tu misma Eloquencia tu alabança.

DE EL LICENCIADO DAMIAN
GUERRERO

Oy vuestro claro ingenio nos offrece
el fertil fructo que en sus venas caue:
Sin temor que jamas el tiempo acaue,
Ni oluido la memoria que mereze.
  Oy con el nuestra lengua se engrandeze
Que no por ser materna mas se saue,
Y tanto (con raçon) es bien se alabe
Quanto mas de su estilo se carece.
  Oy quita el nombre vuestra heroica pluma
A los que dieron lustre a la Eloquencia
Su propiedad mostrando, y modos ciertos.
  Oy entre todos a ganado en suma
Con su doctrina graue, y eminencia
amigos viuos, si enemigos muertos.

DE EL LICENCIADO IUAN ANTONIO
DE HERRERA

Ya a la lengua antiquisima Romana
Nuestra vulgar (no de ella decendiente)
En el ser admitida de la gente
en riqueza, y ornato se la gana.

Elocuencia española en arte

Que saue vuestra pluma mas que humana
Perficionarla tan curiosamente
Que la vençe de el modo, que a la fuente
Suele el Rio exceder que de ella mana.
Vuestro negocio hazeis en llamar arte
(Docto Maestro) al libro, que no dudo
A su cargo lo tenga la memoria.
Pues logrando opinion en toda parte
habilitais la lengua de el mas rudo
porque explique eloquente vuestra gloria.

DE EL LICENCIADO ALONSO ABAD DE CONTRERAS

Qval suele el gentil pimpollo
Entre breñas escondido
leuantar su cuello ergido
Mas que encaramado escollo
De zarçales defendido
   Asi vos aqui apartado
Aueys tal aumento dado
A la Española Eloquencia
Con propia inuencion, y ciencia,
Con que aueys la patria onrado.

DE D. LUYS DE MENDOZA, HIJO DEL CONDE DE LA CORUÑA

De las Indias el camino
Abrio Colon con su ciencia
Y vuestro ingenio diuino
Nos abre el de la Eloquencia
Del modo que nos conuino.
Tieneos esta obligacion
España en grandezas sola
Que sus nueuas Indias son
Vuestra Eloquencia Española
De quien vos soys el Colon.

DE EL MAESTRO IOSEPH DE VALDIUIESSO

El Canto encantador de la Sirena
Que enamorado dulcemente encanta:
La Lira que en las obras, que leuanta
El mar, dio a Arion quien le saco a la arena:
El plectro que al Thebano muro ordena
De grua siruiendo al Cysne que en el canta:
La suauidad de la sutil garganta
Que a Euridice libro de la cadena.
La erudicion del que en lugar de Claua
Con la lengua vencio por el oydo
Del rebelde Frances la resistencia
Cifra en aquesta marauilla octaua
Vn Mercurio al del Cielo preferido
Para enseñar a España su Eloquencia.

ELOGIO DE DON MARCOS
DE ARELLANO,
a el timbre y blason de Don Fernando
de Ballesteros y Saauedra

Eterniça los hechos la memoria
Y el tiempo gastador las arruina
Este despinta la immortal historia
Aquella en dura piedra los afina
Y la mas diamantina
Ofrece sus entrañas
Rompiendo la dureça
Que la imprimio la mano poderosa,
Y torna las haçañas
En su naturaleza
De abraçarse con ellas deseosa
Porque le es dulce cosa.
Conseruar en sus pechos
Altas victorias, y famosos hechos.
Tus nobles armas noble Don Fernando
En la perpetuidad sin fin impressas
Proeças, sangre, y honrra estan brotando
Fidelidad y altissimas empressas
Y con ellas confiessas
Ser possible la muerte
Para apartar el alma
Del mortifero yugo desangrado
Sin que trueque la suerte
Que ofrecio dulçe palma
A el braço sobre el yelmo leuantado
Bien pudo ser cortado
Mas no rendir a Marte
El glorioso blason de su estandarte.

De Aguero tu castillo solemniza
En las montañas altas leuantado
Sitio y antiguedad con que eterniça:
La vena que su sangre a derramado
Este felize estado
Tuuo Fernandez Sancho
Y en señal de su zelo
Y de sus hechos, Don Alonso el Nono
En vn tendido y ancho
Campo color de Cielo
Le planto las ballestas que pregono
Priuilegio y abono
De mayor ballestero
Con que dio a su renombre ser primero.

De otro lado le cerca el campo de Oro
En vez de Laurel verde de Palma y Iedra
Y en su perpetuidad guarda el decoro
De aquel segundo marte Saauedra,
El qual de Pontebedra
Hasta las Alpujaras
Destroçando enemigos
Mostro balor y fuerças de su pecho
Donde prados y jaras
En señal de testigos
Vistieron de su roxa sangre el lecho
O soberano hecho
De nobleça dechado
Tegido en Oro en sangre transformado.

Que dire del valor de los Muñoçes
En Yelmo Cruz y armiños señalado
Sin que me falte aliento, pluma y voces.
Velocidad, luz metodo limado

El braço cercenado
Y cassa leuantada
De Escocia y de sus Reyes
Publique pues es suya su victoria
Que mi pluma cansada
Forçada de mil Leyes
Ya no puede cifrar tan larga historia
Y para tanta gloria
No basta breue summa
Por mas que el corto ingenio lo resuma.
No fueron fabricadas en el viento
Ni en Iardin de florestas Españolas.
Las cinco torres altas cuyo asiento
Baten de roxa sangre varias olas
Zeladas, Picas, Golas,
Escudos Braçaletes
Espaldar fuerte y doble
Las piedras fveron sin menor deshonrra
Y los duros almetes
llenos de sangre noble
Tienen el campo y le llenan de honrra
Y el de Torres se honrra
Con auer derramado
Sangre que torres aya leuantado.

Fuerças diuinas pides fuerte escudo
Y las que te sustentan son de Atlante
Mayor blason la patria dar no pudo
Ni tu pesso levar otro gigante
Apacible semblante
Capacidad del pecho
Y acerada caueça
En ti Fernando halla la fortuna
Pues de tan alto hecho

sustentas la nobleça
Desde que el mundo te goço en la cuna
Y qual firme columna
La fama te pondra en su arduo templo
Porque alli quedes por eterno exemplo.

Toma cancion las alas mas velozes
Pues la fama te da plumas hoces
Y por braços ligeros
Torres, Muñoz, Saauedra y Ballesteros.

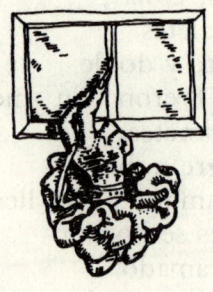

ELOGIO DE
Don Francisco Enriquez.
Hijo del Marqués de Villanueva del Río

Mostro Ciceron, en el desseo que tuuo de illustrar su lengua ser le tan afficionado como ella le fue agradecida, pues no solo se contento con darle nombre de padre de la eloquencia, sino que tambien le hizo noble, y asi con raçon en su orador se alaba de que hizo hablar en su bulgar Latin los Phylosophos Griegos, diciendo que todo el cuydado que puso en sauer la lengua Griega, fue para enrriquecer la suya, en el qual se me representa nuestro autor pues no solo a querido sacar otras obras de mucha consideracion, sino que de aquella pratica nos a dado la verdadera teorica en tan breue compendio y con tan facil y industriosso metodo: que a mostrado bien ser mucha la agudeza de su ingenio y grande la riqueza de nuestra lengua de exornaciones Rhetoricas pues descubre en nada ser inferior a la Latina y Griega de las quales parece auer sido estudioso solo por poder mas bien declarar la propiedad de la Española, profesando ser hijo agradecido: aunque (por el nueuo ser que con este arte le da) digera mejor padre pues Romano dudo de darle tal nombre a su orador: y no por otras causas. A cuya imitacion con exemplos de los mas ingeniosos autores asi antiguos como modernos a compuesto este libro y por camino no trillado ni aun de algunos otros andado a puesto en vsso comun de nuestra nacion, en su lengua Bulgar lo que sentendia que era solo de las dos por principales conocidas. Mucho le deue España por el bien que le a hecho, y mucho su patria pues la a de hazer famosa y no a sido poca ventura suya que auiendo nacido en ella vn Ciceron, aya tenido que darle vn Decio, Bruto que le fauorezca y vn Herenio que la acredite.

A EL LECTOR

La cosa que mas acredita al hombre y le haze ganar nombre de prudente y sauio es sauer bien el lenguage en que cada vno naze. Asi quando ya naturaleza le a enseñado lo que basta para formar bien las vozes y pronunciar con buen accento y orthographia: es bien deprendamos la propriedad de nuestra lengua materna. Depues desto asienta bien la Eloquencia y el cuydado y diligencia del decir bien (que es comun en todas las lenguas) ponerlo cada vno en la suya. Porque el ornato le hara estimar y la falta sera a todos manifiesta, por poder ser todos juezes en condemnarle o librarle. Consta de lo que le sucedio a Theophrasto en Athenas, que vna vieja le llamo extrangero por auer errado vn vocablo: de lo qual quedo el muy corrido. Luego segun esto no sera el mio trabajo desagradecido pues se endereça a seruir a nuestros Españoles con este arte y preceptos de Rhetorica o Eloquencia Española. Que aunque no era menester que nuestra lengua vuiera llegado do a tan alta monarchia como oy esta para ayudarla a subir era necesario: mas ya que al presente se bee en tanta gloria sirua este trabajo para conseruarla en su puesto descubriendo el grande ornato que los escriptos de los nuestros tienen que es tanto que pienso la Hebrea, Griega, y Latina no la exceden en tropos, figuras, modos frases, y elegancia. Y porque no me imputen que soy testigo apasionado alabando cossa tan propia nuestra como no es la dignidad, y excelencia de la lengua Española: no quiero prouar mi intento con lo que otros muchos antes que yo an dicho por ser tan hijos suyos y de animo tan Español como el mio ni con decir que es tan general que en las Indias todas que se ban ganando se enseña por arte como la Latina en tiempo que los Romanos conquistaron el mundo en las tierras que sugetaban mandando que todas las cosas de audiencia se despachasen en Latin para obligarles a todos a sauerlo y porque se conociesen los quales eran subditos: mas vna cosa podremos decir con verdad que nunca en las tierras que no subjetaron tal lengua se deprendio. Asi que auer deprendido los Moros de Castilla y las Indias a sus Reyes subjetos esta lengua no lo tengo por grandeza, o blason mas que otras naciones donde los Españoles no tienen ningun señorio de propria voluntad forçados de conocer su elegancia, cortesia y suauidad la procuren sauer esto es de mucha estima. En Roma ay estudios de lengua Española como de Latina, Griega y Hebrea, y los nobles procuran dar a sus hijos ayos Españoles a fin de que les enseñen la lengua. Y esto no es de agora que parece esta esta lengua en el estado, colmo, o cumbre de su perfecion como la Latina en los tiempos de Ciceron: mas cincuenta y mas años a que en Francia se enseñaua por arte en estudios publicos. Como consta de vn preuilegio concedido a Bartholome Crauio, para que en entre otros libros que en escuelas se leyan pudiese imprimir vna arte para enseñar la lengua Española a los Franceses, cuya summa como esta porque testimonio en Latin abreuiada la pondre aqui.

Concessum est Bartholomeo Grauio Casareo priuilegio, vt imprimat Omnes libros permissos doceri intriuialibus scholis, interquos suns etim ha declamationes nominum, & verborum Hispanorum vt latius patet in literis illia C. M. indulgis anno. 1555. Y el mismo impresor encareciendo lo importante que la tal arte fuese, dize assi en el principio del prefacio. *Iene te fay de precace amy Lecteur, pour toyremvs trer combiem il e dores nauat sera vtile, voire necesaire encepais de seauor la lengue Castillane.* Y mas abajo añade con otras raçones estas. *Pour toyredre attentif docile, & venebole a aprender la dicto lengue.*

Y el author de la dicha arte dando sus preceptos biene a dezir, que no la tiene por inferior a la lengua Latina y Griega por estas palabras. *At in que la lengua Espaignole ne semble estre en cette part inferieure de la Grecque ou Latine disons quel que sose denome patron y micques.* Pues si los estranjeros tanto nos la estiman y honran con quanta mas raçon estaremos obligados nosotros a preciarnos de esto. Asi para mostrarme hijo agradecido no quise contentarme con los trabajos que en esta lengua tengo escriptos sino de nueuo ponerme a este por entender que con ninguno podia en este particular seruir tanto a mi patria, y mas auiendome sido pedido esto con alguna importunacion, por muchas cartas y no me a de hazer mudar de intento el saber que antes de aora hizo vn arte de Rhetorica en Romance vn padre de la orden de San Hyeronimo, porque claro nos consta esta algo a lo viejo y traducida del todo del Latin, (y quando digo a lo viejo no parezca a nadie modo estraño de hablar pues Ciceron me disculpa auiendo hecho Rhetorica nueua y vieja) ni me detiene otra mas moderna hecha por Luys de Guzman porque es mas larga que deuiera y con menos doctrina que conuiene. Ni la de Rodrigo de Espinosa que della constara su defecto. Ni la Logica de mi antepasado Pedro Simon Abril, que mas merecia nombre de Philosophia moral que de Logica ni Rhetorica. Assi que con animo de seguir la doctrina que en mi Compendio Latino tengo dada emprendo este trabajo el qual pienso illustrar con los exemplos de nuestros Españoles que es bien todos los onrremos pues ellos an honrrado tan grandemente su lengua conque satisfare (con la ayuda de Dios).

Titule esta obra Eloquencia Española. Porque como Rhetorico quiere dezir lo que Eloquente, asi Rhetorica lo que Eloquencia. Española porque esta lengua lo es originariamente de España. Confiesso que dejandome lleuar por el parecer de muchos auia errado en tener nuestra lengua por Latin corrompido mas e visto estos dias con mucha atencion el agudo y doctissimo discurso que sobre esto haze el Doctor Gregorio Lopez Madera, del Consejo de su Magestad, y Alcalde de su casa y corte, maduro y vniuersal ingenio en toda suerte de letras, en los del Monte Sancto de Granada. Cap. 18 y 19. Me e sujetado a su verdad y, podre dezir lo que Horacio, que Dios a alumbrado mis sentidos. Dize pues que qualquiera nacion y prouincia que se poblo en tiempo de Noe, tubo su lengua distincta. Y los Españoles antiguos tuuieron la suya propria distincta de la Latina, que nunca la latina fue la bulgar de España, que como todas las demas naciones procuran conseruar su lengua. Aun que es verdad que desde su origen fue muy semejante a la Latina esta es su conclusion y dejadas muchas raçones y autoridades que alli se podrian ver (porque no es bien trasladamos por nuestro lo que el a trabajado) solo referire vna autoridad que es la que se deue a aquel pergamino que se hallo en el Monte Sancto, que consta auerse escripto mil y quinientos y mas años a y tiene el lenguaje tan puro, casto, y rodado como el que oy se vsa. La raçon es que la propriedad de vna lengua no solo se conoce en que tiene vocablos proprios sino en que tiene Dialecto y Phrases proprias pues que la nuestra tenga lo vno y lo otro por su discurso se haze manifiesto por el de nuestra doctrina y por el que queramos hazer en algunos modos de hablar. Porque dezir juras a Dios macho no tienes, es vizcayno. Y o arregar el lino es Morisco. Y o siruo a Dios es Español dialecto y los vocablos todos son Españoles. Demas de esto por la pronunciacion como oyendo estas naciones lo experimentamos. Y esto en que consiste la sustancia de las lenguas llamaron los Griegos Ydioma lo qual se diuide en Dialecto y phrasis. Y assi lo diffine Calepino diciendo. *Dialectos*. Es la propiedad de alguna lengua, y lo que la tal tiene por particular como son terminaciones en nombre y verbos articulos y generos y otros atributos y accidentes inseparables en si y distinctos de las otras lenguas. Y asi entre los Griegos decimos auer cinco maneras de lengua con differentes Dialectos que son la lengua Attica Ionica. Dorica. Aeolica y Comun. Y en España ay otros cinco, que son la Valenciana, Asturiana, Gallega, Portuguesa. Las quales todas se an deriuado de esta nuestra, quinta o principal y primera, Originaria Española differente de la Cantabria. Lo que es pegarse vocablos estrangeros a todas las lenguas a sido comun por la vecindad y communicacion que entre las tales naciones a auido, y asi los tuuieron los Griegos y los Latinos y aun algunas construciones y modos de hablar se han prestado vnas naciones a otras como se ue en las locuciones que el Latino del Griego toma que llaman Helenismos, que segun esta nueua Gramatica enseña son muchas mas que hasta aora. Y el mismo Latin en cossas de la Escriptura tiene no solo terminos sino locuciones del Hebreo que llamamos Hebraysmos, principalmente en las comparaciones como los comete tras. *Boñum* dandole *Quam*. Como si vuiera hecho comparacion. Y *Alua sicut nix*. Quiriendo dezir mas que la nieue. Y no por esso decimos que la vna lengua es la otra, luego por la misma raçon no deuemos dezir que la Española es Latina corrompida pues tiene vocablos proprios y Dialectos vocablos de que otra nacion son. Amo, por el señor del criado, cubrir. Cascabel. Y otros infinitos que aun muchos tomo la lengua Latina prestados y los reduxo a su declinar o conjugar y no solo esto mas como vso Helenismos del Griego y del Hebreo vsa Hispanismos del Español. Porque dezir Ouidio. *Facit ad intentum meum.* Que Latino a usado tal modo de hablar pues es cierto que el Latino dize. *Pertinet at tinent vel specta.* Mas el Español dize, no haze a mi intento. Y lo vsurpo el Latino. Salustio dixo. *Qui ui maturassent procuria socüs signum dare.* A hazer señal por la curia conque aquel, pro nunca en Latin se pone por, por, que a esso corresponde per con acusativo y puso pro. Por el por Español. Mas acabemos con lo que de nuestra lengua dize Ciceron, que le parece peregrina mas copiosa. En lo demas remitome al Doctor Madera que lo trata como hijo bien agradecido a su patria con mucha agudeza, certeza, y erudicion. Que con esto y con lo que el dize puede quedar asentada esta verdad que si en algun tiempo perdio de su perfecion la lengua Española ya la a cobrado y buelto a su antiguo ser como se prueua en la que oy se vsa, y en la del pergamino del Monte Sancto que es toda vna. Asientase tambien otra verdad que es auer sido muy de antiguo gente docta la de España, porque dejando a los Senecas, Lucano Marcial. Quintiliano, Siluio Italico, Ponponio, y otros que dio a la corte Romana sin los emperadores (que fueron muchos y de los mayores sauios que a Roma gouernaron) y no haciendo mencion de las antiguas escuelas que en Huescar de Aragon Sertorio doto: muy de atras le venia el nombre de ser docta España, y doctos sus Españoles pues Horacio haciendo profecia de lo que auia de durar dize. *Me peritus discet Iber.* En mi (dize) estudiara y se holgara el docto Español. Y pues el estrangero le da tal nombre mil y seys cientos años a cierto es que auia muchos años que los conocian por tales. Y mas es de notar que no dize. *Doctus.* Sino *Peritus.* Que segun los que tratan la propriedad de estas dos diciones docto es el que solo entiende y tiene percebida la raçon de la cosa. Mas perito el que entiende la razon y tiene experiencia y es muy versado en la ciencia o facultad que profesa. De suerte que aun no los llama medianamente doctos sino consumados en erudicion. Y esto no lo fueran (si como al principio diximos) su lengua no estuuiera en mucha perfecion, como es cierto lo estuuo siempre en el Reyno de Toledo a cuyo lenguage se da jurisdicion para calificar el que es verdadero Español. Cuya Gramatica es muy artificiosa y no pendiente ni semejante a la Latina sino originaria y vna de las setenta y dos. Y porque la natural sabemos (que es primero en todas las lenguas) esta reducida a arte para enseñarla a otras naciones conviniente cosa sera (a parecer de muchos) el trabajo presente.

    No traduxe a la letra la Latina porque (como e dicho) tiene su methodo proprio causada del Dialecto. Y assi muchos exemplos lo fueran en la Latina que en Español fueran disparates que de no considerar esto los hazen notables en sus traduciones los que españolizan, como *Dare Verba.* Dar palabras. *Facere verba.* Hazer palabras.

Ducere spiritum. Y otros muchos al modo, y consta de Palea y, del derecho canonico.

Acerca de la nouedad de doctrina que aqui se hallara no puedo dexar de dar alguna satisfacion porque no se presuma de mi lo que aduierte San Celestino escriuiendo a los Obispos Constantinapolitanos. Es cosa cierta (dize) que tales nouedades de sentencias proceden del deseo de vana gloria, quando algunos quieren que los tengan por agudos o que despuntan de tales. Y Casiodoro en sus leciones diuinas. Ay algunos (dize) que tienen por cosa digna de alabanza si dizen algo contra los antiguos, y si descubren alguna cosa nueua por la qual los tengan por doctos, profundos, y vniuersales. Saue Dios (a quien de mi verdad tengo por testigo por ser quien entiende los coraçones) saue digo que no a sido ni es mi intencion culpada en nada de lo que aqui estos sanctos (con iusta causa) reprehenden que lo que me a mouido solo a sido la raçon del *Iuris consulto In rebus* (dize) *nouis constituendis euisdem vtilitas esse debet.* Que es dezir en el dar preceptos de cosas nueuas a de ser euidente el prouecho: el que esta obra tenga de su discurso constara: y juntamente quedara conocido que nuestra lengua es en todo igual a las que son tenidas por mejores, quedando determinado que es tan antigua como las otras setenta y vna. Que es vna de las cosas de mayor honrra para nuestra nacion a quien me quiero mostrar agradecido en este trabajo.

LIBRO DE ELOQVENCIA
ESPAÑOLA EN ARTE

*Capitulo primero de la diffinicion
de la Rhetorica y de sus partes.*

La Rhetorica es vn arte que enseña adornar la oracion lo que se habla, y dize, sus partes son dos, elocucion, y acion. En esto a auido varias opiniones y los que menos dixeron, cinco, aunque agora de los modernos no a faltado quien dixese ser quatro, mas lo cierto es ser dos: porque la inuencion y disposicion son partes de la Dialectica y no de la Rhetorica. Consta de Ciceron, que dize que la inuencion y disposicion son del hombre prudente y la eloquencia del orador, y Rhetor en griego significa lo que eloquencia. La qual no incluye en si la inuencion ni disposicion. Por que la inuencion es la traça del argumento el argumento como quiera que sea es Dialectica, luego no Rhetorica. Dira algvno nadie puede ser eloquente que no tenga inuencion y disposicion luego son partes de la Eloquencia. A lo qual respondo que prueban bien ser necesarias, mas no todo lo que es necesario para vna cosa es parte della, como la açuela es necesaria para hazer el banco, y no es parte de el el cepillo en la puerta, la lima en la llaue. Porque a no ser ansi ya fuera la Gramatica parte de la Dialectica, y ambas de las demas ciencias pues son necesarias para deprenderlas. Assi que no reprueuo yo el hallarse muchos artes y ciencias juntas en vno, antes lo alabo para el vsar dellas mas no aprueuo, (sino me parece mal) la confusion de enseñarlas todas juntas y dando preceptos de vnas darlos de otras juntamente como lo an hecho hasta aqui nuestros Rhetoricos, que por engrandecer su arte an rompido lindes agenos, y puesto hoz en miesse no suya. Aristoteles de Rhetorica escriuio mas no hallaran que en ella tratase de las causas sino en los ocho Phisicos, de las quales ellos tratan en su primer libro, y sin esso se entran en leyes y en otras cosas bien agenas de su arte deuiendo darle a cada cosa su asiento y lugar proprio con orden conuiniente.

Si queremos entender a Aristoteles, la inuencion y disposicion dize que es del que da demonstraciones que es el Dialectico y a el fin de cada vno de estas artes consta su mucha diferencia. Porque el fin de la Dialectica es hazer discursos de raçon, el de la Rhetorica es adornar la oracion. Y segun Platon la disercion es el discurrir. Lo qual tambien enseña bien claro Ciceron en los officios, y asi quando Marco Antonio, dize que auia conocido muchos disertos, mas no algun eloquente, ase de entender alli por disertos inuentores y que disponen las cosas, porque el hombre de su naturaleza es participante de la raçon y por la misma causa es Logico, y quando a Atico dize. Tu Celer es mas diserto que sabio. Nadie se persuada que alli por sabio entiende el inuentor, y por diserto eloquente porque muy differente es como consta del mismo Ciceron, que en otra parte se comenta, diciendo. No es otra cossa la eloquencia que vn saber hablar con copia y adorno. Solo lo que nos podian prouar es que en buen orden la Dialectica o Logica (que ambos nombres tiene) se auia de enseñar primero que la Rhetorica, lo qual confessamos ser asi porque es modo de saber, y aun es de este parecer Aristoteles, porque dize es instrumento de las demas artes. Aquella distinction que refieren de Zenon, que dezia differenciarse en que la Dialectica es como la mano cogida, y la Rhetorica la mano tendida es cosa de risa, como si la misma mano fuese otra por estar cerrada o abierta, o como si vn mantel tendido en la mesa fuesse otro que el mismo cogido en el arca. Asi pues no ay disputa ni argumento que es en lo que consiste la inuencion y disposicion que no sea verdadera Logica.

Ase de notar tambien que entre orador y Rhetorico ay grande differencia, aunque a vezes se toma vno por otro principalmente en el vulgo Rhetorico es aquel que solo adorna la oracion con tropos, hermosea con figuras, y compone con numeros y con aptitud y decoro representa la oracion que a hecho. Orador es aquel que es vniuersal y docto en qualquiera ciencia, esta misma differencia ay entre el que es solamente Theologo y el predicador de la palabra diuina. El Theologo solo profesa Theologia. Mas el predicador no sera perfecto si despues de ser sabio en la Theologia no tiene noticia de las Mathematicas, y es en Rhetorica de buen lenguaje y acion. Canones y leyes sabe, de la musica entiende, de la historia no ignora, de medicina, tiene principios en cosmographya y Geographia, es muy perspectiuo, y con esto se halla en el gran Fe, charidad, prudencia, bondad y sanctidad. A estos tales llaman entre doctos officiales, y al que algo le falta no le dan nombre de tal. De estas mismas partes a de estar adornado el poeta, que si no es en la acion corporal en todo corre parejas con el orador, aun en la acion del espiritu, llamo acion de espiritu las palabras acomodadas al effecto que quieren causar, que es lo que dize Horacio en su arte Poetica. Asi que segun esto la Rhetorica vna parte es de la oratoria como la Gramatica y las demas Facultades, y en nuestros tiempos el predicador es el orador, y asi en el son necesarios los requisitos que pone Ciceron en su perfecto orador.

La memoria que es la que hazian quinta parte de la Rhetorica, no lo es de ella ni de otra facultad. Porque si de alguna auia de ser fuera de las leyes, mas siendo potencia del alma, como el entendimiento y voluntad para que emos de dezir que es parte de la Rhetorica, demas de que el Logico y el Rhetorico pueden serlo sin decorar sus discursos y oraciones, luego no es parte, consta porque Ysocrates (segun opinion de muchos) escriuio muchas y muy elegantes oraciones las quales no tomo de memoria ni recito en publico, y nuestros poetas y los pasados todas sus poesias son Rhetoricas oraciones, y no las toman de memoria luego no es parte.

Diranme a esto segun esta doctrina ni la acion es parte de la Rhetorica. A lo qual respondo, que si es, porque la acion es como que eloquencia del cuerpo. Y como dize Ciceron tal qual fue el pensamiento deue ser la pronunciacion: y asi la hazemos parte de la Eloquencia, sin lo que diremos en su propio lugar. Tambiem porque mas commodamente se diuidiesse la Rhetorica en dos partes las quales el padre de la Eloquencia Romana, dixo eran elocucion y acion, y porque la elocucion sin la acion es como vna espada embaynada, las galas en el cofre, los oros en la caja, el dinero en la arca: que todo es de ningun prouecho no vsandose dello. Y finalmente es acto la acion de la potencia de la elocucion, y esto es en lo que mas se auentaja vn orador a otro.

Capitulo segundo de la Eloquencia.

La Elocucion es vn adorno de lo que se dize. Sus partes son dos. Tropo y figura. El principio de la eloquencia Romana, Ciceron dize que son quatro las cosas principales que se an de guardar en la elocucion es a saber que se habla en Castellano puro con claridad, con adorno y a proposito de lo que se habla. Lo primero es que sea Castellano puro. Digo yo Castellano puro lo que el dixo Latin, porque su Eloquencia era Latina y la nuestra es Castellana, y es dezir que vaya corregida y enmendada de solicismos y barbarismos, lo qual es officio de la Gramatica porque le toca el juzgar de oracion congrua, o no congrua, lo qual no solo se a de considerar en la lengua Hebrea, Griega, o Latina (como algunas ignorantes an pensado) mas tambien en qualquier otra. Porque cada vna tiene sus Phrases, sus preceptos, reglas, y construcion de verbos de que los doctos en aquella lengua suelen vsar y que deue seguir qualquier que quisiere en la tal lengua hablar castamente y con acierto.

Contra esta primera virtud que es fundamento de todas las demas, ay tres vicios que son Barbarismo. Barbara raçon, el Barbarismo se comete en vna dicion sola en pronuncialla mal o en escrebilla, o quando no esta en el vso.

Por mala pronnunciacion se comete en aquel las coplas de Villalua quando dize.

> *Cesen ya sus lenguas fieras*
> *Pues por oirnos a nos*
> *Mas de quatro clerigos*
> *An dejado las visperas.*

Aunque alguna de esta licencia se an tomado buenos poetas Castellanos y Latinos, produciendo las breues por la figura que dizen Ectasis o, Diastole, o abreuiando la larga Porsistole consta de Iuan de Mena en sus trecientas pues aconsonanta a zodiaco, con sobaco, y flaco, y al chaos con dos y Dios, y quien de los modernos mas se a aprouechado de esta licencia y otras como dignissimamente Licenciado para esta y para qualquier cosa, es Lope de Vega del Carpio en su Angelica y Dragontea, y mas que en otras partes en Isidro. Mas tambien se note que pocas o ningunas vezes se vsa de esta licencia en vocablos naturales de la tierra, sino en los que se toman de otra lengua como los Latinos, lo hazian en los Griegos, y nosotros en ellos y en los Latinos. Assi lo aduierte Antonio en la repeticion que hizo del acento en diciones corrompidas y estrangeras y Ioan de Mena se disculpa copla. 33.

En la escriptura ay Barbarismo, por quitar, o añadir letras, o trocarlas. Como se quenta de vn Barbaro que viendo Phantasma escripto, dixo esto esta malo que no a de dezir sino Pantasma. En dictiones que no estan en el vso se peca de muchas maneras o vsando las dejadas, o no vsadas sino de gente ignorante como son aquellas de que se hizo copia en vn romançe desterrandolas. O trayendo otras muy nueuas de lo qual diremos en el capitulo que se sigue, o de otras naciones, aun que en las de otras naciones si el vso las tiene reciuidas y las gasta no huyremos de ellas, y para que aunque vsadas las conozcamos daremos vna regla y es que casi todos los nombres Españoles que comiençan en Al, son peregrinos, como Alcalde, Alguacil, Almohada, Alcuza, Alfiler, y otros muchos, los quales son Moriscos, y los que comienzan o acauan en.Za, Ze, Zo, como Zaquizami, Zamarro, Zapato, Zedazo, Zepillar, Mozo, Moza, Maza, Macizo. Y los que comienzan en, gua, gue, gui, como Guadamecies, Guardar, Guardian, guarnicion, Guarida, Guijarro, Guia, Guerra. Y quien quisiere ver otros muchos que se nos quedaron pegados de los Moros Andaluzes vea el dictionario que dellos hizo el Racionero Francisco Lopez Tamarid natural de Granada, y prebendado en su Iglesia.

Solecismo es quando no se guardan reglas de Gramatica como suelen corromper la nuestra los Moriscos diziendo ven aca. V. merced, hecistes buen trigo los bueyes y tambien peccan de esto Vizcaynos.

Barbara raçon que dizen Barbara lexis, es algo parecida a el Barbarismo, solo ay diferencia que aquello se halla en dicion sola, y esto no sino en oracion entera.

Es quando vsamos de diciones peregrinas, como mezclando Latin en Español, y el Español con Latin. Porque el lenguaje puro propio y cortesano procura huyr este vicio, y a los que caen en el llama Ciceron inculcantes verba greca (porque se auian los Latinos con los Griegos como los Españoles nos auemos con los Latinos en la lengua). Y dize que a los tales aborreze. Y a este proposito dize nuestro Español Calahorrano insigne Maestro de Eloquencia Fabio Quintiliano, que las palabras parezcan del todo naturales de la tierra y no por intrusion asentadas, o por mala vecindad naturalizadas del qual vicio quisiera yo que carecieran algunos de nuestros predicadores de quien se deriua a otros muchos porque en oyrles a ellos vsar de tales locuciones se persuaden ser aquella la mayor Elegancia. Enfadose tambien de esto nuestro docto y deboto Fray Luys de Granada en su Rhetorica Ecclesiastica diziendo que caen en este vicio quando por declarar autoridades Hebreas, o Latinas las dexan Gerigonçadas. Auiendole citado en el compendio Latino no sera raçon dexar de referir aqui la doctrina a este proposito que da el cortesano Lucas Gracian Dantisco en su Galateo Español el qual dize assi. Las affectaciones y demasias se deuen euitar en los trages y ceremonias y mucho mas en las palabras, mayormente se deue cada qual guardar de entremeter palabras Latinas y extraordinarias, en el qual yerro caen algunos que con vn poco de gramatica que estudiaron meten vocablos Latinos en quanto hablan fuera de

Elocuencia española en arte 251

proposito que en la propiedad de nuestro romançe discordan y suenan mal tanto que hazen donayre y toman algunas vezes pasatiempo de ello. Obseruo V. Merced bien el Eclipse pasado que me pareze que tuuo mora. Pregunto vno en vna conuersacion a otro. El qual como por via de donayre le respondio en el mismo lenguaje. No le obserue la mora, porque de este ministerio suelen quedar adahaladas de dolor de cabeza. Esto es del Galatheo, y otras cosas muy donosas se podran ver en el reprehendidas a este proposito. Tales terminos como estos vsa muy de ordinario vn cura no de mil leguas de do yo escriuo esto pues dize. *Retrocede puer cillo ambula a la pedisequa. Y nunciale que venga pronta la piñata.* De otro clerigo poco menos se puede referir, pues de todos los medicos de el mundo nos libre Dios que bien les dixo el Brocense que su lenguaje no era Castellano ni Latin sino mandinga por peccar tanto en la barbara lexis o raçon barbara. De vno de estos tales dixo el Iurado de Cordoua, este por hablar por circunloquios, circunloquean y aun se les puede dezir, circunloquistas Trilingues como consta del exemplo del Cura que tiene Castellano Latin y Italiano, y del que se pone en el Galatheo de el Español, que en Flandes estudio en la Vniuersidad de Lobayna, y por exemplo y gusto no es de pasar por alto lo de el estudiante que dixo a el ama, Seruicio ministra me aca essos materiales que el diente mordedor de la natura me supedita los ambulatiuos, para dezir ama, o criada dadme aca esse brasero que tengo muy frios los pies. Dezir pues llegados a hablar y entender Latin, que saben mas que vna mula sino que les viene a suceder lo que nuestro Bedel Fernando de Truchado refiere en su entretenimiento de damas y galanes del estudiante Iuan Galantin, con su Cura. Por este pestilencial abuso casi se introdujera vna bastarda lengua en las escuelas de Salamanca, que llamauan Iunciana, y no se que mas o menos tiene este modo de hablar que es el que llaman, entre la gente de la vida mala Gerigonça, del qual lenguaje se podran ver algunos romanzes que ni lo son ni Latines. De que ay vn librillo con su diccionario que dizen de lengua Germana, y todo es barbara lexis, raçon barbara o falta de ella y de su discurso al qual vizio llaman los Griegos Soroysmo o Koynismo.

La segunda virtud es hablar con claridad y los del vizio aqui notado van contra esta virtud y todos los que procuran hablar de modo que no les entiendan y lo que en el Latin, reprobamos de palabras de dos sentidos o sentencias en nuestros Poetas Castellanos esta reciuido por ornato como diremos en su lugar. Mas suelese obscurecer lo que se dize o por muy largo, o muy breue de los quales vicios diremos en las figuras viciosas a este proposito, y contra este vizio de obscurecer la oracion. San Augustin, en el libro de Doctrina Christiana dize. Que aprouecha elegancia en el hablar si soy obscuro para el oyente, de suerte que no lo entiende porque pareze tratar de doctrinas eleuadas con terminos exquisitos por venderse por grandes letrados y que dan los auditorios ayunos de doctrina blasfemando de ellos por ello lo qual es contra lo que la Iglesia tiene mandado por vn canon del Papa Nicolao, en que canoniza su locura diciendo que los que por mostrarse Letrados, predican de suerte que no los entiendan sus oyentes lo hazen por ostentacion, y soberuia mundana. No era assi aquel padre de predicadores doctos de las gentes Pablo, pues dize. Que se acomodaua a todos por conuertirlos a todos. Y asi tambien manda el Concilio Tridentino que se haga, y a los que no lo hazen assi les llama el vniuersal y bien leydo en toda lecion Fray Ioan de Pineda en su Agricultura Christiana predicadores de las alpujarras enjertos en Toledanos con romanze nueuo de Mandinga, o Moscouia que echan vn estomaticon de Alchermes, y vn emplasto de medulas con que mas empalagan a los cuerdos que si los embutiesen de chycharrones. Palabras son de Pineda. Como testigo de vista puedo afirmar que predicando cierto predicador de los de este jaez ciertos caualleros mozos mas amigos de chocarrerias que de doctrina deuota en sauiendo quando y donde predicaua hazian lleuar sillas con cuydado diciendo que no auia comedia mas barata que oyr aquel predicador, ni truhan Velasquillo mas de valde. Asi que este vicio no solo por ser contra preceptos de Rhetorica, mas por ser contra religion debe ser huydo, y no menos en nuestros cortesanos de capa y espada por que se hazen odyosos y haziendolo por ser singulares cobran nombre de tales en opinion de necios.

    La tercera virtud era dezir con ornato compuesta elegancia y elegante integridad contra esta virtud es el descuydo en el dezir por que ya faltaria lo que da la Rhetorica que es arte de Eloquencia bien adornada, esto se entiende con grauedad de sentencias, magestad de palabras abundancia de cosas. Mas no a de ser el ornato de suerte que de en vicio sino que tenga su medio, que es lo que nuestro Ciceron Castellano en puridad y propiedad del lenguaje Fray Luys de Granada, aconseja que el ornato sea sancto, eficaz no affectado ni mugeril, que ay algunos tan amugerados en sus affectos y habla que offenden, ni se vaya a todo en lindezas de bocablos sin curar del prouecho de lo que se dize. No deue faltar de la memoria aquella repetida sentencia (y que deue ser guardada) de nuestro discreto Rhetorico y Poeta Horacio, en su arte que como la titulo Poetica, la pudiera titular Rhetorica, la qual dize que el que mezcla lo sabroso del bien dezir, con lo prouechoso de lo que se dize se lleua la Palma y con raçon a los Cortesanos que no huyen este vicio de hablar demasiado sin prouecho, por el nombre de agudos y discretos que querian ganar, llamamos vacios bachilleres de secano impertinentes, y a los predicadores que algunos dizen de floreo que ponen su felicidad en dar gusto y no aprouechan les da nombres de charlatanes y a estos con los otros esta vedado por canones que no se les dexe predicar.

La quarta virtud es hablar a proposito la qual es tan importante que faltando queda el que habla canonizado por necio, de todos quatro costados y mas si se descuyda algun numero de vezes, y para que mas bien conste esto en la Floresta Española le eran los dichos fuera de proposito, que de risa, donayre y burla an causado con quien los dize. Para no caer en este vicio se a de mirar lo principal. Que es lo que se trata para no salir de la materia. Quien lo trata, ante quien, donde, y quando, porque en qualquiera de estas circunstancias que falte le ternan por despropositado sin consideracion ni aduertencia. Dios tenga de su mano a nuestros predicadores que tambien tienen sus ciertos descuydos en esto o sobra de cuydados y caen en esta falta. Lo principal por no conocer su poco caudal y talento para tan alto officio como es el de la predicacion. Lo segundo por falta de lection en lo que estudian (si estudian) que sea a proposito, que no lo que an estudiado lo an de dezir aunque pese a todo el mundo. Otros por no auer estudiado dizen lo que saben, y no saben en todas ocasiones cumpliendo con vn sermon en muchos Euangelios. A algunos que me an querido escuchar les e dicho lo que siento con este simile decime estara bien la medalla que es costumbre ponerse en la gorra ponerla en la suela del çapato, pues asi es vn pensamiento agudo no dicho a proposito. Y esto baste de estas condiciones de la buena elocucion, la qual consiste en palabras solas o juntas assi diremos de las solas.

Capitulo, III. De las palabras solas.

De la suerte que la claridad de lo que se dize consiste en las palabras, proprias assi mismo el ornato en las tropicas y figuradas y en algunas aconsonantadas o en sonido graves, hermosas, suaues, subidas y apacibles, y a vezes en humildes, llanas comunes y muy vsadas porque las palabras se an de acomodar a la materia, si la materia es humilde y las palabras graues o al contrario, es al reues de todo buen precepto sino que a materia humilde palabras tales y, a materia graue graues palabras. Y porque como dixo Ciceron parece que le dio naturaleza a el oydo el juzgar del sonido de las palabras en cierta manera las emos de registrar en el y advertia a los bien sonantes a el proposito de lo que se trata, bien cuidadosamente aduirtio tambien esto nuestro Horacio en su arte. Y para esto vale mucho la costumbre del bien hablar, y asi es bueno hazer ensayos en los quales exercicios el orador suele vsar de vna de tres maneras de palabras, o de todas porque o la palabra es no vsada o nueua o tropica translaticia.

Las no vsadas son las muy antiguas como, Maguer, Vegada, Aquende, Sando, Otea, de las quales muchas están escluydas por no buenas como en el vizio barbarismo diximos. Entre los Latinos los que mas vsaron de semejantes palabras fueron los comicos y con ser heroyco Virgilio y Horacio con que las reprehende mucho en la Epistola a Cesar vsa algunas vezes de ellas, y aun en nuestro Castellano en algunas ocasiones tienen por mas significatiua, efficaz y graue una palabra antigua que otra moderna y de auer sonado tambien en ocasiones algunas de estas palabras se alargaron a yr introduciendo otros algunos otras hasta que auenido a termino que se an hecho muchos romances en el lenguaje antiguo y aun comedias de las quales no a sido posible menos que dejen, de auerse quedado en vso algunas de las ya dejadas. Donde verifico lo que ley siendo muchacho en vn librillo de el robo de Gybraltar por los Moros que dezia. Assi sea

España en el lenguaje como en el vestir, que vestidos que auia dejado por antiguos ya los buelue a usar como nueuos, assi se haze en los bocablos y es la causa aquello que dize Horacio, que no ay cossa de gusto ni disgusto que no se mude, y en particular los vocablos los quales estan en la prouacion del vso que es quien los engendra o corrompe.

Palabras nueuas son las que haze alguno o bien sacandolas de otra lengua o por otra raçon, hazense por semejanza como diziendo, padrea, o madrea, para decir que parece a su padre o madre por nombre participio se suele esto dezir, es aliñanado lo que otros dizen liñanea para dezir que tiene el proceder de Liñan, otras palabras se hazen por Onomathopeia. Lo qual algunos inconsideradamente hazian Tropo pues es modo de poner nombre a la cosa segun la propiedad de su affecto, y se vso entre Griegos y Latinos, y se vsa entre nuestros Españoles como Siluo, Bramido, Brama, Bomba, Bonbarda, Azuda, Zurrido, y otros muchos al modo o se haze por inflexion como de negro negregura, de valdres saca Pidena valdresar, para dezir tener en poco, y otra infinidad de ellos vsa assi nueuos que haze como de los ya escluydos, lo qual me admira de vn hombre tan docto si no es que queda disculpado con lo que dize en el prologo que quiere escreuir para todos, y esto no solo es en las materias mas aun en las palabras. Tambien Fray Antonio Zamora en su Saguntina anduuo muy licencioso, lo que enmienda en su Monarchia Mixtica. Por adiuncion como Lupercio Leonardo dixo Ranicidio. Lope de Vega controvertido. Rufo filicida. Palmireno Palabri muger. Y sobre todos son buenos los terminos de Fray Luys de Leon.

Es de notar que quando la palabra assi de nueuas como de las viejas por no estar recivida en el vso suene algo dura (como es verdad que de algunas dixo Ciceron esta palabra suena dura hasta que la ablande el vso,) pues en estas tales y aun en los Tropos quando no corren con la virtud que el Tropo requiere, y en los proueruios o refranes emos de vsar de vn aperciuimiento o premunicion, a quien llamamos precapcion, y esta se haze diziendo. Digamos assi, a vso de labradores. Como dezian los antiguos. Seame licito nombrallo por este termino, y otras precapciones que podremos aduertir en los Latinos a este proposito.

El Tropo o palabra translaticia se halla en vna palabra sencilla mudandose de la propria significacion en la agena con virtud, esta diffinicion es sacada de Ciceron, que la de Quintiliano no la aprueuo porque dize que se halla Tropo en oracion entera y es contra lo que enseña Ciceron fuente de todo lo bueno que esta facultad de la Eloquencia tiene y es la raçon que siguio a los mas eminentes de los Griegos el qual dixo, los Griegos piensan que adornan la oracion lo que dizen o hablan, si vsan de mudanzas o trueques de palabras, a las quales mudanzas o trueques llaman Tropos. Y fauoreze esta nuestra doctrina San Augustin. Los Tropos hasta aqui los hazian onze falsamente, no son sino quatro, de los quales diremos dando a cada cossa el lugar que es suyo.

Capitulo IIII. De el Tropo Methaphora.

La Methafora o translacion es vna salida de su proprio significado por semejanza que ay de la cossa que se saca a la que se aplica como correr siendo proprio del animal con pies decimos corren las aguas. Pies siendo de Animal dezimos de el banco, silla y otras cossas aplicandole el nombre a la parte inferior que sustenta lo demas de la cossa luz siendo propia de el Sol, dezimos luz del ingenio y otros muchisimos exemplos, porque este Tropo esta tan tendido como dize Ciceron que no ay cossa de naturaleza que tenga propio nombre, el qual por Methaphora no se puede sacar y saque a significar en otra con quien tenga semejanza. Hasta aora todos hazian distinto Tropo la cathacresis no deuiendo hazerlo por que llanamente es Methaphora como consta del mismo Ciceron en el libro terzero de su Orador: donde dize que si la Methaphora fuere dura se dira Cathacresis, y tal es la de Virgilio que llama caualllo (en el segundo de los Eneydos) a aquella machina que hizieron los Griegos para destruyr los Troyanos. En Castellano parecera que vsamos de este Tropo y es poco menos vsado que el recto que llamamos Methaphora porque lo es aunque bastardo. En este Tropo estan todas las locuciones que dezimos apodos de los quales podran ver exemplos bastantes en la Floresta Española y en lo que se refiere de dichos de truhanes, como viendo vno a un cardenal pequeñito este (dixo) no es cardenal sino buruxon, llamar a los estriuos de las murallas bestiones, y finalmente otros muchos que no corra muy acomodamente el simile es cathacresis que como e aduertido no es otra cossa sino Methaphora dura o bastarda que por esso los Latinos la llamaron abusion. Hazese también quando ponemos vn epiteto por otro no con mucha similitud aunque con alguna apariencia cercana como diziendo liberal para dezir presto y diligente, la fuerça es breue por dezir poca, la calentura es grande por ardiente, y esto es en algo parecido a el vn modo de Methalepsis. Mas dare aqui vna distinction con que bajo de diuersas consideraciones sean ambos Tropos y es que quando se considera en raçon de similitud es la cathacresis, y en razon de cercania es Methalepsis de la qual diremos en su lugar.

Ciceron dize de la Methaphora que fue inuentada o para ornato de la oracion o por necesidad y falta de bocablo: o por mayor decencia. El mismo pone los vicios en que se puede pecar en ella y son en tres maneras, o por torpeza como diciendo que Cesar estrupo la republica, que Roma quedo con la muerte de Camilo castrada: o por desemejança como dezir montes de guerra campos de paz y de esto peco aquello de Virgilio, llamar hambre a la de el dinero deuiendo dezir sed, porque la hambre se mata comiendo, y la sequia hydropica se aumenta beuiendo, y tal es la auaricia como dixo Horacio y Ciceron asi lo traduxo en Castellano el Doctor Gregorio Fernandez Belasco, y le ymito el que muchos an llamado Homero Castellano Don Alonso de Ercilla: o por inconstancia y esto suele suceder en las alegorias que son methaphoras continuadas, no continuandolas bien como diziendole a vno de perro que maulla de gato y que ladra deuiendo dezir Perro ladra, Gato maulla. De esto peco Horacio en vna de las Odas de el Podon que hablando con vn mal Poeta, a quien haze Perro gozque ladrador y haziendose a el Mastin dize si aguço los cuernos, siendo los cuernos de Toro y no de Perro. De no auer caydo en este vicio sino que supo muy bien continuar las Methaphoras alauan mucho a Ledesma el Segouiano en su libro de Villancicos alegoricos el qual podra ver el curioso. En Methaphora estan los nombres que dizen de la Virgen sanctissima Maria de los quales se a hecho vna letania, y otra del nombre dulcisimo de Iesus, y otra del Sanctissimo Sacramento, y los hymnos estan llenos de este Tropo porque es tan general como emos dicho. Mas raçon sera que ya demos principio a poner exemplos de nuestros Poetas Españoles, y sea el primero del que sin hazer agrauio a los demas podemos tener por principe de ellos por la perfecion que a la poesia con sus versos le a dado a los quales me remito, este es el conocido de todos por tal Lope de Vega Carpio, el qual en su Arcadia hablando con vnas lagrimas en vna cancion dize:

Pvras estrellas que en la alta parte
Del mas sereno Cielo de amor fuistes
Entre el marfil y el Euano engastadas
Y sin rendir vuestra hermosura al arte,
La mas bella pintura ennoblecistes
Que uio la edad presente o las pasadas,
Cuyas luzes sagradas
Que adorna y viste el graue honesto velo
No es el tiempo a eclipsarlas suficiente
No permitas que intente,

La tierra humilde guerra contra el Cielo
Y pongan otra vez a Olimpo en Flegra
Sus hijos atreuidos
De vuestro hermoso llanto enriquecidos
Que entristeze la luz que al Cielo alegra
Cesad estrellas puras .
Que no son nuestras almas piedras duras.

La Methaphora esta en que llama a los ojos Estrellas, Cielo a la cara en que estan, Marfil a el color blanco de las palpebras, euano a lo negro, pintura a la dama, obra natural aquello de la edad, es Methonimia y buelue la Methaphora llamando a el cuerpo velo, luzes a lo Diaphano de los ojos eclipsar es obscurecer tierra se llama asi, Gigantes sus desseos. Y finalmente toda la cancion y aun todo el Poeta, y todos los Poetas estan llenos de exemplos y tambien prosistas. Aduierta el curioso que quando para decille a vno que es liberal dezimos que es Alexandre, a el cruel Neron, a el sauio Platon, a el auariento Midas, a el fauorecedor de letras Mezenas, a el fuerte Hercules, y otros muchos modos. Es Methaphora y no Antonomasia, como algunos por no considerarlo dixeron porque la Methaphora consiste en semejanza a estos les damos tal nombre por la que que con ellos tienen, luego eslo.

Capitulo V. De la Sinedoche.

La Sinedoche es quando el significado se muda del todo a la parte o de la parte a el todo de lo general a lo particular o al contrario. En Latin se dize conceptio, o intelection hazese de estas quatro maneras y no de ocho como los antiguos an dicho. La primera quando el todo se toma por la parte, como quando Virgilio dize antes que comiesen las dehesas de Troya y beuiesen el Rio Xanto, para dezir antes que comiesen alguna yerba y beuiesen algun agua. El segundo es, la parte por el todo como el techo por la casa, la popa por la Naue, la punta por la espada. El tercero quando lo general por lo particular como el aue en comun toman Virgilio y Horacio por el Aguila, Prudencio en los himnos por el Gallo el qual modo se an de reduzir todas las locuciones que se hazen por vocacion que la vocacion no es otra cosa que tercer modo de sinedoche que es quando por magestad, o autoridad dize el Rey, nos el Rey, o otro en dignidad, nos el Arçobispo, nos el Obispo, o el escriptor como dixo Marcial y Ciceron, y como vsan oy algunos de nuestros escriptores. Lo mismo digo de la Antonomasia que es tercer modo de la sinedoche diciendo el Propheta por Dauid, el Philosopho por Aristoteles, el Apostol por San Pablo, el Euangelista por San Ioan, el Poeta por Virgilio, el orador por Ciceron, el destruydor de Cartago por Cypion. Porque que otra cossa es sino el tomar la diction general por cosa particular y siendo asi, por que a de hazer distincto Tropo? El quarto modo es quando se toma el singular por el plural como diziendo el Ingles tomo a Cadiz, por dezir los Ingleses. El enemigo dio asalto, por los enemigos. El Español vencio, por los Españoles. El Turco huyo, por los Turcos. A este modo se reduce el dezir es vn salteador y hazese vn San

Francisco, porque para dezir hazese bueno que es palabra general dizen San Francisco que es palabra particular, y quando decimos la grama por dezir qualquier yerba, aquel modo de antecedentes, y consequentes es falsa reducion ponello en este lugar porque no lo tiene sino en la Metonimia este Tropo esta muy exemplificado en nuestros escriptores y en particular en los Poetas heroycos como son Don Alonso de Ercilla, Gabriel Laso, Soto Baraona, Iuan Rufo, el Maestro Baldeuieso, y otros, mas nunca estan todos los modos juntos sino de por si, y por auer hallado vn Soneto donde pareze hallarse todos los modos de Sinedoche aunque de autor incierto lo porne.

> *El Español altiuo que dessea*
> *Aumentar la Fe del Soberano*
> *Desnude ya el estoque Toledano*
> *Que perderse su España es cosa fea*
> *El que en el techo patrio se recrea*
> *Ponga el herrado Pino ya en su mano*
> *Paseando las Popas a pie llano*
> *El pielago seguro de marea.*
> *Que no a de faltar el Pan y Vino*
> *Pues la tierra produze en abundancia.*
> *Y el Apostol encarga esta defensa*
> *Porque es negocio y caso de importancia*
> *Y seruicio que se haze al Uno y Trino*
> *Y a nos el Rey Philipo en contraoffensa.*

Notese bien este soneto que en el estan todos los modos tan claros que no e menester señalarlos.

Reduzese aqui tambien el numero finito por el infinito, lo cierto por lo incierto y al contrario. Y asi para dezir muchos yerros, engaños, males, homicidios. Dixo Luys de Baraona de Soto en su Angelica. Cantico 5.

Mil yerros, mil engaños refiriendo
Mil males, mil embustes, y mil vicios
Mil homicidios y otros maleficios.

Cap. VI. De la Methonimia.

La Methonimia es vn mudar el significado de las causas a los effectos y de los effectos a las causas, de las cosas que tienen cercania a las cercanas y al contrario lo qual se haze en las maneras siguientes. Lo primero es quando por las causas entendemos los effectos y esto es en qualquier genero de causa pero en particular la efficiente, y assi por Bacho entenderemos el vino, por Ceres el Trigo, por Marte la guerra, por Venus el amor, por Aeolo el viento Platon por sus obras, lo mismo Aristoteles. Sancto Thomas, Hyeronimo, Ambrosio, Augustino, Virgilio, Horacio, Terencio, Ciceron, y asi dezir es muy leydo en Lactancio es dezir en sus obras. También la causa material como el hierro por las armas, el oro o plata por el dinero que de estos metales se haze, el leño o madero por el nauio, como en esta redondilla se incluyen las dos maneras de causas dichas.

Ouidio dize que alcanza
Marte, a Uenus por su premio

> *Si en su fatiga y apremio*
> *Hierra con Oro la lanza!*

Reducese a este primer modo el de la causa instrumental quando se toma por el officio a que sirue como dezir que vno es buena espada para dezir que es muy diestro, decimos buena pluma tiene aquél, o es buena pluma para dezir que es buen escrivano, buen pintor y assi dixo Lope de Vega en su Angelica.

> *Era el retablo de un pincel valiente.*

Para dezir de vn perfecto pintor y el termino valiente tomo de el Italiano que lo vsa por bueno, excelente y perfecto. Viene de Valeo, de su modo diremos adelante en la Methalepsis.

El segundo modo es quando por los effectos entendemos las causas como llamando amarilla a la muerte. Triste a la vejez, flaca a la hambre o amarilla. Y asi le llamo Rodrigo de Cota en la Bucolica que hizo de Reuulgo copla XXV.

> *Ya conozes la amarilla*
> *Que siempre anda galgueando*
> *Muerta flaca suspirando*
> *Que a todos pone mancilla.*

La explicación sobre ella pone Fernando de el Pulgar, aqui se an de referir los Epithetos improprios como son los que vsa Horacio locura amable, flojedad diligente, cordura necia, necedad discreta, y otros el qual modo de hablar vso a imitacion de los Griegos, y tambien vsan nuestros Castellanos como dixo la endecha.

Infernales glorias
Gloriosos infiernos
Penas descansadas
Cansados contentos.

Y no entienda alguno que esta aqui en la forma que quando se pondra por exemplo de la Anthitetos, que aqui no esta la fuerza del Tropo sino en ser impropio Epitheto, y alli estara en jugar de dos palabras contrarias como diremos.

El tercer modo es quando se toma la cossa que algo contiene por lo contenido como España fuerte para decir fuertes Españoles, Grecia sabia sauios Griegos, Toledo Ciudad rica es dezir los Toledanos ricos, siglo, edad o tiempo, Roma por Romanos, dixo Virgilio y rio agradable a el Cielo, para dezir a los celestiales. Por este modo decimos, comiose la olla, que es dezir lo que tenia dentro, beuiose la cuba, tenaja, pellejo, o jarro. Aqui tambien perteneze quando se recibe el señor y poseedor de la cossa por la cosa poseida como diziendo Pedro a acabado con Ioan, lo a gastado o comido es dezir su hazienda, el Rio destruyo a Fernando es dezir se lleuo sus heredades la piedra oye lo a acauado con el como si dixeran le quito los fructos. Assi dixo Virgilio, ya arde Vcalegon quiriendo dezir su casa, y quando dezimos el señor Don Ioan vencio la de Lepanto, es dezir sus exercitos. El Rey Don Phelypo allano a Portugal, es dezir su gente. El Marques de Sancta Cruz gano la Terzera y vencio los Franzeses es dezir sus compañias. Y assi dixo Iuan de Mena cop. 180.

Del quinto Alfonso nos sera membraza
Que de las Nauas vencio de Tolosa,
Una batalla tan muy hazañosa
Do fue mas el hecho que no la esperanza.

Gano es dezir ganaron sus exercitos (y en el numero yerra Ioan de Mena que no fue sino Nono) y de este lugar es lo que dixo Tito Liuio de Anibal que auia muerto sesenta mil Romanos en la de Canas quiso dezir sus soldados.

El quarto modo es quando por los adiunctos significamos cosas a ellos juntas como decirle a el malvado que es la maldad misma, a el bellaco que es la misma vellaqueria, a el bueno que es la bondad, a el caritatiuo que es la charidad, a el discreto la discrecion, a la hermosa hermosura que assi dixo Terencio do esta la maldad, quiriendo dezir do esta aquel mal criado y de este lugar es quando dixo Doña Blanca.

Segun desgraciada soy
Hija soy de la desgracia.

La escriptura llama a Dauid hijo del bosque a el Ante Christo hijo de perdicion. A la Virgen sanctissima, madre de misericordia y solemos dezir este es el padre de las maldades, la madre de la desuerguenza, que no haze la auaricia, es dezir los auarientos, mucho puede la justicia es dezir los Iuezes. Ouidio dixo que de ligero se cree el amor, y fue querer dezir los enamorados se creen de ligero y otros a el modo. Ase de reduzir a este modo quando la señal se toma por lo señalado como la Tyara por el Papa, la mitra por el Obispo, la corona por el Rey, el cayado por el Pastor, la capilia por el frayle, el vonete por el clerigo, los Romanos tomauan la Toga por la paz, las armas por la guerra. Nosotros tenemos por compañia la bandera, de suerte que dezir veynte vanderas es dezir veynte compañias, la tabla por el meson, el ramo por la tauerna, y assi se entiende quando dezimos que la muerte no perdona dende el ceptro al abarca, que es dezir que mata a Monarchas poderosos, Principes y Reyes, y los humildes gañanes que son los que calçan abarcas, el brocado y el sayal se dize por los estados de ricos y pobres, y assi dixo vna satira contra el Amor.

Insolente mal criado
Perseguidor general
Desde el que viste sayal
Hasta el que pisa brocado.

Aqui se han de reduzir los antecedentes y subsequentes vnos tomados por otros que no a la sinedoche porque llanamente la Methonimia o Hypalage (como la llamaron los Retoricos) no es otra cosa sino vna transmutacion de los significados por vecindad de vnas cosas a otras como sucede en los exemplos dados. Y en los antecedetes y consiguientes. La sinedoche no es sino vna concepcion de cosas generales por particulares o al contrario demas desto que es causa efficiente, sino vn antecedente de su effecto y el effecto sino vn consequente de su causa? Luego es verdadera Methonimia. Digo mas que no ay Methonimia donde no se hallen estos antecedentes y subsequentes vnos tomados por otros y assi no ay necessidad avn de hazer modo distincto en la Methonimia y de ninguna suerte es sinedoche. Quando a las miesses en yerua, o granadas o en la parba o el grano en la camara decimos pan o panes no siendolo hasta estar molido, masado, y cocido, aquello es tomar la causa final por la material y tomar el subsequente por el antecedente.

El quinto modo de Methonimia es el Tropo que muchos an hecho distincto la Methalepsis y es quando el significado se trueca por cercania mas no tanta como en los modos pasados. Asi que como la Cathacresis es Methaphora dura la Methalepsis es Methonimia algo mas licenciosa y es quando dezimos elegante vestido para decir bien hecho no diciendo elegante sino de el hablar, gentil capa, sombrero, o ropilla, no diciendose gentil sino del hombre. Y en este Tropo dixo Lope de Vega en su Angelica, valiente pinzel para dezir perfecto. Los Latinos Virgilio dixo fevo por dezir valeroso, amargo por dezir importuno. Islas agudas, y noche aguda, para dezir Islas veloces, noche veloz porque hazen a los caminantes yr aprisa, antiguo alcornoque, para dezirle grande y de mucha sombra como se vera en la de Latin.

Ay otra suerte de Methalepsis, y es quando discurriendo de vna en otra circunstancia damos en lo significado. Como quando dixo Virgilio, que escondio los bientos en vnas escuras cuebas, para dezir hondas despues de algunas espigas, para dezir años entendiendo por las espigas las mieses, por las mieses las cosechas, por las cosechas los estios, por los estios los años. De este modo de Methalepsis es quando dezimos la edad de los caballos por los verdes, y entiendese cada verde vn año y mas el tiempo que se estuuo por establar o encabestrar, y ansi también se haze otra Methalepsis diziendo dos o mas años a que se encabestro, y quando dezimos tantos años haze estas yeruas, y tantas Nauidades han passado, o tantos san Iuanes, o tantas Quaresmas, o tantos Mayos, o tantas vezes se caera la pampana de aqui a que suceda esto, o dezir este caera con la pampana para dezir morira en fin del otoño. De este modo de hablar es quando dezimos fulano tiene mal nombre para dezir que tiene mala fama, y bueno para buena; o tiene mala voz no queremos dezir que canta mal, sino que tiene fama de malo y ruin, ynfame, dizese tambien tiene mal sonido anda vn zun, zun suenase no se que todo es Methalepsis especie de Methonimia. Del trastrueque de Epithetos no hallo que vsen los Castellanos para los Latinos en su lugar lo dezimos. Exemplos de todos estos modos de Methonimia hallaranse muchos en la descripcion de la noche que hizo Pedro Liñan de Riaza, y en vna satira que anda en el cancionero general contra el amor, y en todas las deffiniciones que han hecho del amor y de los zelos. En lo que contra el y contra el mundo se dize en la Selua de auenturas de Luzman, y en las inuectivas de Christoual de Castillejo, y en las Comedias de Torres Naharro.

Cap. VII. De la Antiphrasis.

La Anthiphrasis es quando la palabra se reciue en contrario significado. Sanchez nego totalmente no auer Antiphrasis y contra todos los Grammaticos, dize en sus Paradoxos que es engaño pensar que la ay, y auiendolo dicho con toda afirmacion, dize luego si alguna a de auer a de ser especie de Ironia, o la que dezimos Lypthote, la qual es quando dezimos no malo para dezir bueno. Y ansi dixo Virgilio, no menosprecio vuestros dones queriendo dezir estimolos. Y el Doctor Gonzalo de Yllescas en la primera parte de la Pontifical, libro I. hablando de Pedro Mexia autor de la historia de los Emperadores, dize que es no mal escriptor y adelante se declara mas diziendo. El caballero Pedro Mexia que escribio, muy bien con erudicion y ingenio. De suerte que diziendo esto ya confiesa auer Anthiphrasis y es doctrina de Peroto y de Quintiliano el auer Antiphrasis mas ni es la Lipthote ni otra parte de Ironia porque la Ironia como diremos no es Tropo sino figura de sentencias y la Anthiphrasis es Tropo que se comete en vna diction simple, y dexados los exemplos Latinos que no hazen a nuestro proposito en nuestro bulgar porne dos sin los quales ay otros muchos que no se pueden negar porque dezir a el Pollo sin pelo pelon es sin propiedad pues pelon quiere dezir cossa de mucho pelo, y llamamos con este termino a el pollo sin pelo luego es por Antiphrasis y esto sin ser parte de la Ironia porque la Ironia incluie en si burla e irrision, y de este termino vsamos muy de veras sin ninguna burla luego es differente que la

Ironia. Fray Hyeronimo Roman en sus Republicas de El mundo, claro confiesa ser nuestra doctrina verdadera y la exemplifica en algunas diciones principalmente en esta voz, Gallus quando se recibe por el sacerdote capado de la diosa Cybeles dize, dicese de el Gallo por Antiphrasis, el mismo Sanchez sobre Iuan de Mena copla. 215. en el verso que dize.

Guarda fiel de la Tarpeia torre.

Comenta diziendo Tarpeia torre dize por el Capitolio que estaua edificado en el monte Tarpeio, dize fiel porque Tarpeia hija de Spurio Tarquino no fue fiel pues vendio por traycion la dicha torre a los Sabinos, y en las mismas dicciones Latinas en algunas dellas no puede huyr la Antiphrasis sino con difficultad.

Es especie y modo de este tropo la Euphonismos la qual diffine Demetrio Phalereo diziendo que es buen sonido de palabras de buen aguero porque es vna locucion que las cosas malas y aborrecibles y los malos hechos cubre y declara con palabras que suenen bien. Desto ay muchos exemplos en las diuinas letras donde se toma bendecir por mal decir y sagrada hambre dezian por no llamarla maldita Plauto para dezir fue captiuo, dixo captiuo, y aun en Castellano usamos desta Euphonismos en este significado de captiuo por fue captiuo. La razon de introducirse esta locucion es que como los antiguos eran tan grandes agoreros, y tenian mucha quenta y fee con los agueros particularmente con los de las palabras de los hombres a quien llamauan omina, que assi dize Ciceron en lo de diuinatione los Pytagoricos no solo tuuieron quenta con las palabras de los Dioses sino de los hombres que llaman omina las quales nuestros antepassados pensauan tener fuerça, y assi querian que en qualquier cosa que hiziese no se dixese palabra antes mal sonante por tenerla por azarosa sino bien sonante felice fausta bien afortunada que tales juzgauan las honestas y de buen sonido, principalmente en las cosas publicas y sacrifficios como consta de nuestro Horacio, el qual pide, Od. 1. Lib. 4. que le fauorezcan con buenos deseos y buenas palabras confirmalo Tybulo diciendo por vida de quien hablemos bien pues se celebran fiestas de nascimiento. Y Ouidio dixo dia de fiesta es donde no solo ay necesidad de buenos desseos mas aun de buenas palabras. Que por esto dixo Horacio. Dad de mano a palabras de mal nombre, y otra letra dize de mal aguero. De aqui se quedo vna buena costumbre en las madres que dizen a sus hijos calla hijo no digas la mala palabra, quien nombra al malo. Y de aqui vino en cortesia Castellana echar en los terminos de hablar ensanchas, llamando a el Rey Monarcha, a el señor principe, a el cauallero señor, al hydalgo cauallero, a el villano hydalgo, a el de pequeño cuerpo mediano, al moreno trigueño, al negro moreno, a el ventero o mesonero huesped, a el officio arte, al gordo fresco, a las necedades descuydos, y aun a el ciego priuado de la vista y otros que pone Horacio en sus satiras, y dize no ser lisonja sino gran virtud. Lo que pone por vicio y lo es quando lo que es manifiestamente vicio del alma deprauado baptizan con nombre de virtud lo tal no es Euphonismos sino adulacion lisonja o Ironia como es a el temerario llamarle valiente, a el prodigo liberal, a el desuergonçado parlero, discreto cortesano, al mal contentadizo profundo. Esto no lo alauo sino lo reprueuo, mas los primeros exemplos si porque es cortesia y vrbanidad Española bien recibida, y como he dicho de antiguo baptiçada con nombre de virtud como lo es qualquier Euphonismos. De la qual aconseja Iuan Rufo a su hijo que vse en la carta que le escriuio donde dize.

Y ya que no por ygual
Trates a los desiguales
No les quites sino dales
En su tanto a cada qual.

Tambien son Locuciones por Euphonismos las que vsamos en nombrar las partes vergonzosas y sus vsos, y las de necessidades de naturaleza de quien dize Ciceron en los officios que todos los que son cuerdos y discretos no las nombran con sus nombres sino que las palian, y disfraçan imitando a la misma naturaleza que las puso en partes que anduuiessen ocultas y en cubiertas y assi el vso dellas se administra a solas y con escusa apartandose de ser vistos y en el nombrarlas se vsa de Euphonismos. De la qual tambien se vsa quando dezimos del que esta muy enfermo que se quiere morir siendo bien al contrario que no quiere, mas porque dicho como a la verdad passa sonaria mal. Vsase de este termino que suena bien. Y como los Latinos dixeron por cosa descomulgada, cosa sagrada por esta Locucion diremos que por ella en Español se dizen cosas que de suyo son malas con este termino buenas como dezir. Pedro deue vna buena deuda, le han dado vna buena cuchillada. Y tomando bueno por grande sera como aqui se puede tomar y como lo vsan los Latinos Metalepsis, mas tomando bueno por malo es Euphonismos especie de la Antiphrasis, la qual como emos enseñado la ay y su vocablo se lo dize serlo explicado pues Anti, preposicion Griega es contra y phrasis locutio asi Antiphrasis es palabra por el contrario con lo qual emos dicho lo que ay que dezir y lo que basta de los Tropos dejandonos de tratar aqui de otros a quien falsamente dieron tal nombre como parezera en el lugar que de las tales locuciones hablaremos y en fin bueluo a dezir lo que e dicho, que asi en las palabras sencillas como son las que emos tratado nueuas no vsadas trasladadas, como en las juntas. De cuyo ornato diremos dende el capitulo siguiente se a de guardar el precepto de Horacio como tambien lo encarga Quintiliano que es acomodarlas a lo que tiene por bueno el vso, que aun lo refirio Don Luys Zapata en su Carlos famoso cap. 1. diziendo.

Que el vso es el que tiene a su aluedrio
Sobre el hablar dominio y señorio.

Con esto passamos a las figuras de las palabras.

Capitulo VIII.
De las figuras que se hazen por aumento.

La figura que en Griego se dize schema es cierta conformidad de lo que se dize apartada de el comun lenguaje y ordinario modo de hablar, por la qual conformidad la razon bien concertada se muda en otro cierto modo con cierto ornato y virtud. Las figuras vnas son de sentencias y otras de palabras. Las figuras de las palabras son en tres maneras, o por aumento o por diminucion, o por trastrueque, y assi diremos de las primeras.

La repeticion que en Griego dizen Anaphora es quando vn mismo vocablo se repite en los principios de los miembros de la oracion muchas vezes como se vee en la Noche de Pedro Liñan de Riaza, donde haze vna repeticion larguisima que dura en muchas coplas començando cada copla en esta palabra. *Que de.*

Que de llaues no son llaues
Que de torres no son torres
Que presto paras y corres
Que tarde oluidas y sabes.
Que de parientes cohechas
Que de señoras que estrechas
Que de terceras que vistes
Que de contrarios resistes
Que de verdades sospechas.

Y passa adelante con otras muchas coplas y en otra de las de mas arriba auia hecho otra repeticion en esta palabra *Alli,* es muy vsada en Romances, y en otras suertes de poesias y tambien es repeticion la del Petrarcha en la cancion que hizo a la Virgen, la qual con otras sus obras traduxo Enrrique Garçes, y comiença en el principio de cada estancia de diez que contiene en esta palabra. *O Virgen,* y Fray Diego de Salablanca en principio de seys estancias de vna cancion repite. *Madre de Dios.*

Conuersion en Griego Anastrophe es quando se repite la palabra misma en los fines de los miembros como en esta letrilla se hallan dos conuersiones interpoladas vna en esta palabra. *Bien puede ser,* otra. *No puede ser.*

Que se case vn don Pelote
Con vna dama sin dote
Bien puede ser
Mas que no de algunos dias
Por vn pan las damerias
No puede ser.
Que pida a vn galan Minguilla
Cinco puntos de seruilla
Bien puede ser.
Mas que calçando diez Menga
Quiera que justo le venga
No puede ser.
Que la biuda en el sermon
De mil suspiros sin son
Bien puede ser.
Mas que no los de a mi quenta
Porque sepan do se assienta
No puede ser.
Que ande la vella casada
Bien vestida y mal zelada
Bien puede ser.

*Mas que el bueno del marido
No sepa quien da el vestido
No puede ser.*

Es exemplo tambien de esta figura la letrilla que cierra el sentido de cada quarteta con esta palabra abrenucio. Sonlo todos los Romances que acaban sus coplas en vn final que dizen estriuo, y todas las coplas assi octauas como Liras, rendondillas o quintillas, que glossan muchas vezes vn mismo verso que dizen Pie, sonlo todos los villancicos en retruecano. Conplexion se dize en Griego Epanastrophe, y es la que abraça y comprehende a la repeticion y conuersion, digo que comiença muchas vezes en vn principio y acaba muchas vezes en vn fin como se podra ver en el exemplo que pusimos de la conuersion que tambien ay dos complexiones en començar muchas vezes en esta palabra *que*, y *mas*, y assi passaremos adelante con el exemplo que dize.

*Que se precie vn don pelon
Que se comio vn perdigon
Bien puede ser.
Mas que la viznaga honrrada
No diga que fue ensalada
No puede ser.
Que anochezca vn hombre viejo
Y que amanezca bermejo
Bien puede ser.
Mas que a creer nos estreche
Que es milagro y no escabeche
No puede ser.*

> *Que la de color quebrado*
> *Coma varro colorado*
> *Bien puede ser.*
> *Mas que no creamos todos*
> *Que tales varros son lodos*
> *No puede ser.*
> *Que sea medico mas graue*
> *Quien mas aphorismos sabe*
> *Bien puede ser.*
> *Mas que no sea mas experto*
> *El que a mas ouiere muerto*
> *No puede ser.*

Y finalmente toda esta letrilla hasta la vltima copla esta llena de estas tres exornaciones o figuras repeticion y conuersion y de ambas se haze la complexion ponese en el Romancero general parte.3. Tambien se halla exemplo de las mismas figuras en aquella letra que comiença. *De amor con intercadencias,* y acaba la conuersion, *abrenucio,* en el Romancero general parte.9. vealo el curioso.

Con duplicacion es quando se doblan las palabras hazese en muchas maneras quando el mismo vocablo que se pone a el principio de la clausula se pone tambien al fin como. El Doctor fray Miguel Cejudo en vna carta amorosa.

> *Ciego en escriuir insisto*
> *Que para dezir su fuego*
> *Bien puede escriuir vn ciego.*

Romanc. part.8.

> *Padres los que teneys hijas*
> *Que de hijas feas soys padres.*

Lope de Vega en su Angelica cant. 19.

Sientase el Rey y el pescador se sienta
Mira el peligro y el consuelo mira.

Quando la misma palabra se repite en la misma significacion, se dize Epizeuxis o Palilogia, como don Alonso de Ercilla en su Araucana cant. 29.

Cuarte Rengo que baja guarda guarda.

Don Luys Zapata cant. 3.

Con gran dolor y gran pesar de todos
La chusma guarda el blanco a fuera, fuera.

Quando el vocablo en que acaba vna clausula se repite immediatamente en lo que se sigue, como el vocablo hijas en el primer exemplo que pusimos se dize Anadiplosis, como Lope de Vega en su Angelica, cant. 13.

Hazerle guerra al sol si el sol le ofende
del oluido de amor amor nacia
Que tambien tiene amor Philosophia.

Aunque tambien en esta y en la passada se puede poner vn vocablo en medio como *Auiale muerto vn hijo suyo, hijo vnico heredero.* Quando despues de muchas palabras interpuestas repetimos las primeras por mas claridad como conuertido lo de Virgilio, Egl. 8. dira.

Tal amor le persiga a Daphne ingrata
Qual suele a la cansada vecerruela

Que buscando el nouillo desbarata
Por altos montes y por el se asuela
Iunto a las aguas o a la verde mata
Ni de la tarda noche se rezela
Tal amor a esta Daphne le persiga
Y en mi no halle voluntad amiga.

Quando para mas declaracion de vna cosa despues de dicha la repitimos con los mismos vocablos se dize Epanodos. Y assi es lo de Virgilio. lib. 2. Aene.

Dexe el lugar por euitar mas daños
Lleuando a Pelias y Iphito a mi lado
Iphito graue ya por largos años
Pelias del duro Ulises mal llagado.

Y aquello de Lope de Vega cant. 16.

Alli con tiernas lagrimas y ruegos
Ya casi ciegos de llorar los ojos
Aunque para sus ojos casi ciegos
No fuera menester tantos enojos.

Quando para acabar la sentencia se repiten los vocablos mismos sin guardar orden de lugar se dize. Ploce, o Aposis, como diziendo. *No tuuistes razon de no acudir a las cosas de mi padre pues sabeys que le debeys a mi padre mucho.* En Romances Castellanos la ponen con algun affectacion como diziendo.

Como el Cisne quando muere
Si es verdad que el Cisne canta.

Quando la misma palabra se repite dentro de la misma clausula en differente significacion se dize Antistatis como. *A la mi fe la madre mia, que los sueños sueños son.* La primera quiere dezir lo que soño, la segunda la falsedad e ylusion y el mal logrado. Chica dixo en vnas octauas que hizo a el descendimiento de la Cruz.

Con esto discurrio por el costado
Que costado le es aquella carrera.

La Poesia Castellana esta llena de esta exornacion con mucho adorno principalmente vn Romance que comiença a la xineta y vestido, y otro que le responde, y otro que juega del vocablo escudos Reales y otros muchos, y aun en prosa anda la descripcion de vn mostro muy donosa y ridicula, en el libro de Carnestolendas.

Quando para passar adelante repetimos lo que dexamos atras y lo continuamos como estaua arriba, y como se pone en exemplo de el argumento Sorites se dize Gradacion, o Scala: en Griego Clymax, y assi dixo vna redondilla Castellana cuyo autor ygnoro.

No ay amores sin seruicio
Seruicio sin esperança
Esperança sin mudança
Ni mudança sin indicio.

Y en este soneto que es de don Diego de Mendoça.

Ojala yo espirara antes que os viera
O ya que os vi de passo os contemplara
O ya que os contemple no os desseara
O ya que os dessee que os mereciera.
O pues no os mereci que no naciera
O al mismo punto que naci espirara
O ya que no espire que no aspirara
Mi coraçon a cosa que no espera.
Si espera algun remedio es de la muerte
Muerte sola podra darme la vida
La vida es para mi triste y pesada.
Pesada carga trabajosa y fuerte
Fuerte trago de vn alma despedida
Despedida de verse remediada.

En este exemplo esta dos vezes la gradacion, y vna repeticion en siete principios.

Estandarte es la cruz que ella diuisa
Diuisa de mi bien y gloria parte
Parte por tanto bien con grande prisa.
Prisa le da mi Dios querer hallarte
Hallarte fuego y luz de do la llama
Llama al humilde que al humilde ama.

Pareciome aunque los Latinos no se han acordado de hazer mencion de otra exornacion o figura ponerla aqui, la qual es Echo o aparente ymagen quando del final de la vltima palabra formamos otra con sentido, como se vee en este soneto que hizo a las exequias de la Reyna doña Ysabel el doctissimo Fray Luys de Leon.

Mucho a la magestad sagrada agrada
que entienda a quien esta el cuydado dado

Que es el Reyno de aca prestado estado
Y todo al fin de la jornada nada.
La silla Real por affamada amada
El mas sublime y mas pintado hado
Esta en sepulchro encarcelado elado
Su gloria al fin por desechada echada.
Si el que ver lo que aca se adquiere quiere
Y quanto la mayor ventura tura
Mire que a Reyna tal so tierra tierra
Y si el que oy ojos tuuiere viere
Pondra o mundo en tu locura cura
Que el que fia de bien de tierra yerra.

Esta exornacion no piensen algunos que es solo de los Españoles que tambien lo fue de los Latinos, como parece en las Methamorphoses de Ouidio y de los Griegos como lo nota con exemplos Angelo Policiano, lo qual por no auerlo aduertido no salio en la Latina si Dios da lugar a ello saldra en otra edicion con otras cosas importantes en Castellano, no solo en versos mas en prosa ay muchos exemplos en versos, ay en muchas comedias y la mas moderna es la que titulan Trato de la aldea, Flores de Lys de Francia, en las victorias del arbol sacro tambien ay exemplos y en algunos otros Heroycos.

La traduction en Griego Poliptoton tambien se puede poner entre las de immutacion o trastrueque, mas tambien tiene aqui lugar por ser especie de complicacion tanto que algunos la llamaron Ploce, es quando se ponen las palabras duplicadas o triplicadas o mas, mas no formalmente en la misma terminacion sino por genero o numero variadas como Lope de Vega en su Angelica can. 22.

O niñas niño amor niños antojos.

Aduierto aqui que en Castellano aunque la diction no se varie por no tener las variaciones de casos que los Latinos se da traduction en razon de las differentes preposiciones que a la diction se juntaren como sucede en vn soneto que dize.

Si para Dios con Dios nos disponemos
Hombres de Dios sin Dios que ymaginamos
Si Dios es el camino y a Dios vamos
Como a Dios sin Dios hallar podemos.

Y finalmente todo el soneto hasta el fin esta en esta figura. Y para que mas bien se conozca esta variacion quise poner aqui esta nota y regla de arte de lengua Española. Las terminaciones de los nombres son varias y aunque tienen seys casos no differen en la inflexion mas conocense y se distinguen por los articulos y numeros el caso y numero de el nombre y por las preposiciones tiene todos los generos como la Latina y Griega.

Los nombres Españoles o acaban en vocal o en consonante: los que en vocal forman el plural añadiendo a el singular vna S como hombre hombres, agua aguas. Los que en consonante forman casi siempre el plural añadiendo esta silaba.es.como muger, mugeres, varon, varones, algunos nombres ay acabados en dipthongos que forman el plural añadiendo esta sillaba es. como Rey Reyes, ley leyes, buey bueyes. En quanto los generos todos los nombres Españoles acabados en.a. son femeninos como tabla, paja, mesa, los que acaban en o son, o masculinos, o neutros, los que en.e. son, o masculinos, o femeninos, como el guante, la calle. Pues auiendo variacion en genero, numero, o caso en razon de la adiuncta preposicion se da la figura traduction de quien hemos dicho.

Tambien se puede hazer traduccion variando las dicciones por sus patronimicos para lo qual daremos la regla Española que en ello se a de guardar (que en esto no es inferior a la Latina y Griega) todos los nombres propios acabados en ez. son Patronimicos assi como Hernandez, viene de Hernando Lopez, de Lope Martinez, de Martin Ximenez, de Ximeno Aluarez, de Aluaro Enrriquez, de Enrrique Perez, de Pedro, de Diego, se dezia Diez, ya se dize Diaz, de Rodrigo, que alterado se dixo Ruy. Como Ruy Diaz se dize Ruyz, y otros se acaban assi. Ortiz, Madriz, Oñiz, de los quales vera quien quisiere en vn Romance que hizo don Luys de Gongora, que dize.

Escuchadme vn rato atento.

Y aquí tambien se reduzen los conjugados de que vso el Licenciado Alonso Sanchez Arias en la cancion citada.

Qual los de Roma Romulo con Remo.

Lo que ay mas que dezir destos nombres a la larga lo tratamos en nuestro Apolo.

Sinonimia dizen algunos que es quando se amontonan muchas palabras que significan vna misma cosa: mas esta diffinicion es falsa y a de dezir que casi significan vna misma cosa aumentando, o disminuyendo, o a lo menos explicando. Fauorece esta mi doctrina la de Fray Luys de Granada siendo en todo deste parecer, fauorecela Ciceron, el qual no quiere que aya palabra ociosa, sino que obre en la oracion, fauorecela Aristoteles que dize que se dara nugacion, lo qual es ridiculo fuera de que los mismos exemplos assi Latinos como Castellanos declaran ser verdad dixo don Alonso de Ercilla en su Araucana.

Esta illustra habilita y perfecciona
Y quilata el valor de la persona.

Zamora en su Saguntina pone muchas octauas enteras en Sinonimia assi de nombres como de verbos vn Romance que comiença.

Ei Sol con ardientes rayos.

Parte. 1. en el fin de casi todas las quartetas tiene estas Sinonimias diziendo.

Limpia, pule, pinta, y dora,
Nacen, manan, salen, brota,
Hiere, hiende, rompe, cortan,
Moza, vella, blanca, y roxa,
Fria, flaca, fea, y floxa,
Trueco, cambio, venta, y compra.

Y otros Romances que a imitacion deste se han hecho despues de este.

Dixe que se daria nugacion y que es ridicula y es assi mas quando la nugacion es de industria hecha para hazer reyr es exornacion y cosa de gusto donayre y passatiempo de la qual entre los Latinos vso a menudo Plauto y aun Marcial, en Español anda vn Romance que aun esta dos vezes en el Romancero, que dize.

Viue Dios señor Hernando.

Y otra vez en nombre de don Iuan en lugar de Hernando y todo el es nugacion ridicula hecha con tal intento, y otros Romances ay, assimismo es galana la de las endechas de Lope de Vega en su Arcadia donde dize.

Pastora enemiga
Ya de tus engaños
Vengo a estar de suerte
Que al fin de mis años
Me llama la muerte.
En esta partida
De tu amor incierto.
Ya no quiero vida
En estado muerto.

Mas no es esta nugacion que aqui se da sino viciosa como adelante diremos y hazese esta Sinonimia no solo amontonando palabras mas aun sentencias como en este Soneto.

Ponçoña que se bebe por los ojos
Dura prision sabrosa al pensamiento
Laço de oro cruel, dulze tormento
Confusion de locuras y de antojos.

Prado de flores con dos mil abrojos
  Daño en que siempre esta el entendimiento
  Manjar que tiene el coraçon hambriento
  Minero de placer lleno de enojos.
Esperanças inciertas y engañosas
  Thesoro que entre sueños se aparece
  Bien que no tiene en si mas que la sombra.
Puerto que aunque se muestra no parece
  Luz llena de tinieblas espantosas
  Effectos son de aquel que amor se nombra.

Estas son las figuras de palabras que se hazen por aumento y adornan la oracion. Aora diremos de las que la afean no para imitarlas sino para euitarlas y huyrlas pues segun el Philosopho el mal a de ser conocido para huyrle. Sea la primera la Pleonasmos, de la qual hizo mencion en su Agricultura Pineda y es quando la oracion se carga de palabras superfluas que estuuieran mejor por dezir aunque añade algunas vezes encarecimiento de lo que se dize como. Yo lo vi con estos ojos, lo oy con estos oydos, y lo anduue con estos pies, lo toque con estas manos, viuo vida, ando vn andadura, duermo vna dormidura. Estos vltimos exemplos son mas viciosos que los primeros.

Perisologia es vn aumento de palabras sin que tengan fuerça en la oracion como diziendo, yuan por do podian, por donde no podian, no yuan, que solemos dezir. *Grandes verdades, grandes necedades.* Por culpado en este vicio tengo guardado vn soneto a cuyo autor se le haze honrra en no saber quien es aunque el sin duda penso que auia dicho algo, no diziendo nada como se ve en estos

Elocuencia española en arte

quatro versos que no dizen mas todos juntos que el vno solo.

Serenos ojos ay llenos de enojos
Ojos serenos ay de enojos llenos.
Serenos ojos, si y de enojos llenos
Llenos de enojos si y serenos ojos.

A coplas semejantes llamo Zisneros y con mucha razon aforradas de lo mismo. De suerte que nuestro soneto esta de quatro dobleces. Desta hechura de coplas son las de vn conocido que no piensa que es de los de ay luego en hazer poesia y dixo vn dia despues de muy pensado.

El alma ciño de gozo
El alma de gozo ciño
Quando ve o vn moço niño
Quando veo vn niño moço.

Engañanse los que piensan que va aqui el ornato de la conduplicacion y no es sino la fealdad de los costurones y remiendos del mismo paño mal echados.

Macrologia es quando la sentencia se dize por mas palabras que era necessario como. *Los embaxadores no auiendo alcançado la paz se boluieron atras hazia el lugar de adonde auian salido.*

Thautologia es vna viciosa repeticion de vna misma diccion diziendo. *Yo mismo mismissimo vengo. Tu proprio el mismo lo hiziste.*

Cachophaton es quando de mala pronunciacion de vna palabra o de juntar mal dos diciones al pronunciarlas resulta vn mal sonido torpe sucio y deshonesto qual se haze diziendo. *Nunca gana. No tienen.* Q. *Los Griegos.* Desto peco aquel verso que dize, *Que ande la bella casada,* y muchos heroycos que juntan *Marcano,* aqui no es de oluidar vn quento que succedio a personas que yo conozco vno que se dezia Gallo, y otro Galera, fue el vno a buscar al otro y dixo. *Esta aca Galera, diganle que lo busca Gallo,* y tambien es deste vicio quando dizen. *Vn asno como vuessa merced sabe tan bestia es como vos: hombre.* En este vicio dan los juegos inuerniços de hablar a prisa con dos dicciones que juntas hazen vna deshonesta.

Tapinosis es quando la dignidad y grandeza de la cosa se desminuye por la palabra, como diziendo a vno que es salteador. *Es mal hombre.* A un gran letrado *Bachiller,* al Rey *es bonito como vn oro.* A este modo de hablar van encaminados los diminutiuos, en los quales los Españoles exceden a los Griegos y Latinos porque tienen cinco terminaciones o seys como son, ico, illo, ito, velo, icito, ejo, y alguna vez, irrito, como sanctico, sanctillo, santuelo, sanctito, sanctejo, y femeninos como vonita, bonilla, bonica, mochachuela, tamanirrito.

Cachosintheton, es vna viciosa composicion de las partes, como diziendo, *Elegante hablastemente.* Esta dixo el Pinciano que era hyperbaton, y no lo miro bien, en esto peco Alonso de Lobera en su Democrito diziendo.

Mas la esperança que haze el mal que passe.

Deuiendo dezir.

Mas la esperança que haze que el mal passe.

Iuan de Mena en sus trezientas tiene muchos de estos vicios. Amphibolia, o Amphibologia es quando la palabra haze dos sentidos como son aquellas que notamos en la conduplicacion Antistatis, y esto en Latin es vicioso mas en Castellano es ornato. Aqui se a de reduzir quando no por el significado propio sino por el de solo el sonido significamos algo, y assi dixo Lope de Vega en su Angelica can. 1.

Tisbe de Grecia y la nariz de Roma.

Donde tomo a Roma no en su propriedad sino en su sonido como para dezille a vno de logrero dezimos que es de Logroño, y para dezirle tuerto de Tortosa, para dezirle escaso de Durango, al cornudo de Zerbera. De Roma quiso dezirle roma de nariz. Tambien ay en Romance Amphibolia viciosa como es dezir, De salud seguro, saluo de penas, porque saluo y seguro significan cosa agena y apartada, y ansi no se han de juntar sino a males que es la Amphibolia que causa Iuan de Mena quando vsa de jamas por siempre debiendo vsarlo por nunca de la buena Amphibolia ay tambien exemplos en vna carta de la segunda parte de Diana por Alonso Perez lib. 1. comiença, *Bella pastora Diana, &c.* Polysindethon que otros ponen entre las figuras de exornacion, mas a mi no me parece que merece tal lugar principalmente en Español que en Latin es necessidad del verso, mas en Español no se vsa sino entre escriuanos necios o hombres impertinentes que escriuen cartas que comiençan con conjuncion y acaban con conjuncion, y todo lo llenan de conjunciones como diziendo y bueno, y justo, y sancto, y honrrado y noble, &c. Lo que mas quisieren ser impertinentes. Finalmente se huyra toda locucion viciosa que en qualquiera destos vicios suele pecar si en la consecucion de los vocablos se tiene gran quenta con la letra en que acaba el vocablo y en la que comiença el que se sigue immediatamente tras el no le quiten la suauidad a la pronunciacion como quando comiença el siguiente en la vocal en que acaba el que va adelante particularmente si son ambas. A. A. como mucha ansia o quando se encuentran A y O. como *Mucha obra,* o.o.y.A.o.v. *Todo abrasa mucho vmor.*o.v.como A.o.como, *Tu andas su ombro,* e.i. como *Bien seyr,* o quando se juntan muchas vocales como yo he ydo, o en las consonantes como quando se encuentran dos s. s. o dos. *r.r.* o vnas con otras como, *Las seys por robar mas rico,* y otras muchas consecuciones asperas, las quales se han de juzgar por el oydo y huyr en las composiciones cuydadosas quales son, las de los versos, que hablando ordinariamente prosa no se puede yr con tanto cuydado. Ase de huyr el concurso de la misma letra como *Soys Sanson sobrados seso,* o de las mismas syllabas como *Vala la landre,* o de las mismas terminaciones de vocablos, como *El nombre assombre al hombre,* Final y vltimadamente se han de huyr los que llaman frenos en Latin, que son las repeticiones de syllabas asperas y difficultosa pronunciacion como, *Tratos, traydores, tratas, trabajando, presto, prendo, la priesa, presurosa,* y otras cosas que offenden al oydo con su aspereza, al qual dixo Ciceron que le dio naturaleza el poder juzgar del sonido de las palabras y oracion que dellas se compone.

Capitulo IX.
De las figuras que se hazen por falta

La dissolucion o articulo es contraria de la Polysindethon, y ansi la gracia que la vna quita a la oracion la añade la otra y es quando se dizen muchas cosas desatadas sin conjuncion como Baraona dixo, *sabio, solo, solicito, secreto*. Y no solo se haze en juntar palabras sencillas, mas sentidos, como consta de aquel soneto que pusimos por exemplo de la sinonimia, y las mas vezes donde ay Sinonimia ay esta figura, aunque los Castellanos dan gracia y adorno a lo que dizen echando la conjuncion a la vltima parte que se junta, y a vezes yendo apareando cada par lo atan con conjuncion exemplos de esto quedan puestos en la Sinonimia.

Adiunction que los Griegos llaman, y los Grammaticos Zeuma, es quando a vna palabra que se pone al principio o al fin, se han de referir muchas otras partes porque si cada parte se pusiera de por si, echara menos aquella palabra, como Lope de Vega dixo cant. 20. de su Angelica.

Burgos os da antiguedad, nobleza
Galicia, Leon corona, Seuilla oro,
Cordoua en sus cauallos ligereça,
Granada y Murcia en sedas vn tesoro.

Iaen lealtad, Toledo fortaleza,
Avila Capitanes, campos Toro,
Alcala y Salamanca Lauro y Palma,
De todas sciencias, y Madrid vn alma.

Donde se vee que con mucha gala se entiende sin repetir en cada parte de estas el verbo. Da. Quando lo que se echa menos es necessario que se varie mudando genero, o numero se dize Silepsis como. *Tu lees y yo,* donde se saca para entenderlo leo de primera persona estando lo expresado de segunda en genero como. *El hombre es honrrado, y su hermana tambien,* entiendese es honrrada. Quando se pone vna diccion que lo significa todo, se dize Prolepsis, y luego el todo se diuide en partes como. *Pedro y Iuan son buenos y estudian,* se desmenuça en partes diziendo, *Pedro es bueno y estudia, Iuan es bueno y estudia,* o dos *Reyes aumentaron a Roma, Romulo por guerra, y Numa por paz,* se entiende, *Numa Rey aumento, Romulo Rey aumento.*

Disiunccion contraria desta, es quando cada parte va con sus palabras cumplidas sin tener necesidad de la que se junto a las otras, como Lope de Vega cant. 12. Angelica.

Este leuanta el rico Tendalete
Aquel las verdes famulas reparte
Este los Remos por el agua mete
Aquel ocupa su lugar y parte.
Qual porque el fresco viento lo promete
Hiza la entena qual ymita el arte
De el Piloto sagaz que naue rige
Y con el freno del Timon corrige.

Notese que no ay oracion que no vaya de suyo entera en persona, que haze que padece, y verbo sin ayudarse de la otra.

Sinedoche es quando la palabra que falta para que haga sentido con la ymaginacion se trae totalmente de afuera, como quando el Romance dize.

En el espejo los ojos
Y en los cabellos el peyne
En su vida el desengaño
Los desseos en la muerte

Donde para hazer sentido en cada vno destos versos se a de entender esta palabra. *Teniendo*. Es tan ordinaria en lengua Castellana como en Latin principalmente en primeras, segundas y terceras personas, como *escribo,* se suple *yo, le es,* suplese *tu, dizen,* suple, *los hombres*. Sineciosis es quando vna palabra sirue a dos cosas contrarias como diziendo, assi le falta a el abariento lo que tiene, como lo que no tiene, donde esta palabra falta sirue a tener y a no tener, y ansi el Doctor Cejudo dixo.

Todo el bien que me aueys dado
Y el que me aueys prometido
Vno y otro me a faltado
Vno por no ser venido
Y otro porque se a passado.

El Romance.

Mira el camino de Francia
Que la enoja y la consuela.

Aunque en la Latina no puse lo que es figuras poeticas por remitirme a el arte de Grammatica, aqui no dexare de poner algunas principalmente aquellas en que a los Latinos ayan ymitado nuestros Españoles. La primera sea la Synalepha. Que es quando vna diccion se acaba en vocal, y otra comiença en vocal, en el cual concurso consecución, y junta se a de perder en la mensura, y casi callar en la pronunciacion la primera como en estos versos del famoso Toledano Garcilaso de cuya elegancia en dezir con razon los buenos ingenios se admiran pues escriuio tantos años a en la perfecion que oy se puede escreuir en la cancion. 2. dize.

La soledad siguiendo
Rendido a mi fortuna
Me boy por los caminos que se ofrecen
Por ellos esparciendo
Mis quexas de vna en vna
Al viento que las lleua do perecen
Puesto que no merecen
Ser de vos escuchadas
Ni sola vna ora oydas
Es lastima de ver que van perdidas
Por donde suelen yr las remediadas
A mi me han de tornar
A donde para siempre abran de estar.

Donde se podra ver en los versos señalados, las Synalephas que se cometen pues no viene a sobrar ninguna de aquellas syllabas en la pronunciacion, porque se pierden, y assi queda el numero que el verso pide. De la Ecthlipse no dire, porque no se halla en Castellano.

Sineresis o Episinalepha, es vna syllaba hecha de dos en vna misma diccion por Apocope, como Lope de Vega en su Angelica en muchas partes esta palabra Medoro, la haze Medor, Lirio Doro, Liriodor, y otros vocablos assi. Quien en esto fue muy licencioso, es Iuan de Mena, pues por dezir o filio, dixo fi. cop. 37.

Do fue baptizado el fi de Maria.

Cejudo dixo, qualquier ley, por qualquiera ley.

La Dieresis o Dialesis, es quando diccion de vna syllaba se haze de dos, esto hazen los Latinos en Diphthongo nuestros poetas, assi mismo y aun añadiendo consonantes, como Iuan de Mena por dezir A Egeo dixo A Egeoco.

Poco vsan los modernos de estas licencias, aunque nuestro Lope de Vega en su Angelica, y en el Isidro vsa algunas vezes y con razon, que pues en todo corre parejas con las dos lenguas Latina y Griega, la Española bien es en esto tambien, en quanto a las pronunciaciones de breue o larga, diximos en el Barbarismo.

La Hypermetria que es quando vna diccion se parte y se pone la vna mitad en fin del verso, y la otra en el principio del otro, de los Latinos fue algo vsada, como notamos en Apolo. Los Españoles no se quien de los de buena opinion la ayan vsado, aunque en dos traductiones vna de Portugues, que es las Lusiadas de Camoes, y otra de Italiano, que es Hierusalem libertada, vsan algunas vezes y en los Orlandos, aunque en nombre compuesto, como diziendo.

Hizo aquello que pudo buena
Mente su alma de congoja llena.

Es viciosa. En dicciones simples se hara como los Latinos, diziendo.

El hombre con vna lança
Dera, salio luego a es
Parcillos, y fue entremes.

En efeto no es figura ymitable esta ni ninguna especie de Metaplasmos, las quales veran en el arte de Grammatica, que aunque las ymito Iuan de Mena, bien conocio su yerro y lo disculpo en la copla. 33.

Si coplas o partes o largas dicciones
No bien sonaren de aquello que hablo
Miremos al seso y no al vocablo
Si sobran los dichos segun las razones.

Y esto hizo por la licencia que Iuan del Encina da en su arte poetica, a los Poetas para alargar y sinco par vocablos.

Conuerna pues tener consideracion de el numero oratorio, el qual depende de el conocimiento de las syllabas, y su quantidad de la ymitacion de buenos autores, porque va mucho en como acaba vna clausula para su claridad y sonoridad que da gusto a el oydo del oyente. La regla que en Latin dan, y en Romance se a de guardar, es que en

Elocuencia española en arte

prosa se huyra de hazer concurso ninguna, aunque a vezes se viene el de manera, que sin pensar se haze, y se deuen en Romance euitar los consonantes no vengan a acabar en copla o casi copla, deste vicio han notado algunos las obras de don Antonio de Gueuara, Obispo de Mondoñedo.

Ase de aduertir para la clausula final que en vocablo de vna syllaba no acaba bien, sino es en interrogaciones, o obiurgaciones vehementes, las de dos syllabas siempre acaban bien la clausula, ora tengan el acento en la primera o en la vltima, en los de tres o mas, es insuaue, si tiene el accento en la ante penultima, que llaman los Poetas exdruechulos, en los que tienen el accento en la vltima o penultima acaba bien.

Otro ornato tiene la oracion en prosa o en verso, que no quise dexar de dezir de el aqui. Y es el que se haze por apposicion, o Epithetos la Apposicion es quando vn sustantivo declara a otro o a muchos, como el Poeta Virgilio. El principe de la eloquencia Ciceron, y assi lo es en aquel Romance donde auiendo dicho por señas quien era, lo declaro con su nombre.

Aquel rayo de la guerra
Alferez mayor del reyno.

Y declara abajo la Aposicion.

El gallardo Abenzulema
Sale a cumplir el destierro.

Los Epithetos digo en vna palabra que Epithetos ay Poeticos, que el orador y Prosista no vsara como son la blanca leche, negra pez, y otros affectados, como los de aquel Romance. Y el Licenciado Alonso Sanchez Arias, abogado en los consejos de su Magestad, en la cancion que hizo en las exequias del Rey.

Y cargados los vbios
De mies preñada y de manojos rubios.

Esteril tierra vestida
De Iaras y Robles secos
Ceñida de arroyos libres
Venas de tu pardo cuerpo.

Y Iuan Rufo dixo en su Austriada.

La rapaz sierra, el voraz zepillo
Taxante hacha sonador martillo.

De estos y de otros semejantes no vsara el orador y de vnos y otros, vnos y otros guardaran el precepto de Aristoteles, que dize que los Epithetos han de ser como la salsa a el orador, y como vianda a el Poeta. Y en todo guarden el vso y buen sonido, aduirtiendo que el inuentor de algun modo de hablar, o vocablo nunca oydo en su lengua, a de ser persona de mucha autoridad.

Cap. X. *De las figuras que se hazen*
por trastrueque y ornato.

Annominacion o Paranomasia, es quando las palabras se ponen algo mudadas en las letras, y se hazen de cinco maneras. Lo primero añadiendo como diziendo, no cubre sino descubre, no zeloso sino rezeloso, Lope de Vega can. 19.

Todos en fin la laban y la alaban.

Lo segundo quitando, como no le salio a rescebir con palio, sino con palo, no solo no descansa mas nos cansa. Lo tercero trastrocando vna letra en otra, como arador, mas que orador.

Lope de Vega.

Los muros y los moros preuenidos
Haze remos sus pies sus velos velas.

De aqui es dezir. No a consumado el matrimonio, sino consumido el Patrimonio.

Quarto poniendo las syllabas de adelante atras, o al contrario, como Roma, amor, Dama, amada, Belisa, Ysabel.

Quinto, por alargar o abreuiar alguna syllaba, como diziendo libro, por el libro en que se lee, o libro verbo de preterito, al librado. San Bernardo vsa mucho de esta figura con mucha gracia en conuersaciones familiares algunas vezes es de donayre, aunque en escriptos y oraciones publicas se a de huyr el frequentarla a menudo, porque causa affectacion y tiene peligro de frialdad. De estas figuras quando de vna diccion se hazen dos o al contrario, como aquel dicho de Garci Sanchez de Badajoz, que pidiendo por el do estuuiesse respondieron que en el terrado, y diziendo que alla esta replico el, *Donde puede estar mejor vn muerto que enterrado.* Y lo de Iuan Rufo, que diziendole que el Rey don Philippo segundo, no queria tener Coronistas dixo, pues Ambrosio de Morales que es, dixeronle de el Reyno, replico *De el Rey, no.*

Similitercadente o Homoioptoton, es quando las palabras tienen vnas mesmas caydas, lo qual en verso Español es muy ordinario en prosa, vso mucho de esta locucion Don Antonio de Gueuara en todas sus obras, tanto que casi se pone a peligro de hazer coplas, quien mas bien en prosa la vsa, es el Doctor Gonçalo de Yllescas, en la traducion que hizo de los Dialogos de Hector Pinto, cuyo Romance Español sin offender a nadie de los que han escripto, (aunque contemos el de la historia Pontifical) es el mejor que ay despues del de Fray Luys de Granada, que es sobre todos, y el Doctor Fray Luys de Leon le sigue. Hazese pues esta figura en esta forma, acabando en vn mismo atributo Grammatico, como *Tiene muchos negocios que tratar, muchos libros que leer, muchas cartas que escrebir,* lo qual todo acaba en infinitiuo.

La Similiter de sinente, es quando los finales acaban en consonante que aun en Latin guarda este ornato, como se vera en el exemplo, y por esto la hize distinta de la de arriba, dizese en Griego Omeotheleuton, hazese como diziendo. *El salio medrado, su compañero assolado, el negocio acabado, el juez bien pagado.* Ase de vsar pocas vezes, En poesia llamare yo esta los Romances de consonantes forçosos, y algunos sonetos que han hecho con tal ornato.

Compar, o Isocolon, es quando todos los miembros del periodo son yguales en el numero de los vocablos, la qual pocas vezes dexa de hallarse a bueltas de las dos que hemos dicho, y aunque en Poesia Castellana es muy ordinaria, en particular la noto en vnas que dezimos octauas partidas, de que ay algunas en la Saguntina de Zamora, y en el libro de Victorias del arbol sacro, dize assi.

Limpian el caxco, tiemplan las celadas
El hierro engastan, friegan capacetes
Remiendan cotas, filos dan a espadas
Buscan las greuas, miran los almetes
Compran viseras, dagas plateadas
Piden las golas, traen braçaletes.
Ballestas traçan, chuços mil guarnecen
Puñales hazen, armas fortalecen.

Contrapuesto o contencion Anthitos, o Anthitesis, es quando en la oracion se juntan contrarios, o se trastruecan y se halla en toda suerte de oppossicion, digo entre relatiuos como padre y hijo, maestro y discipulo, Capitan y soldado, o entre contrarios, como bueno, malo, sancto, pecador, justo, injusto, blanco, negro, o entre priuatiuos, como muerte, vida, riqueza, pobreza, dia, noche, luz, tinieblas, vista, ceguedad, o entre contradictorios, como ama, no ama, corre, no corre, es, no es, hazesse en seys maneras. Lo primero quando palabra sencilla, a palabra sencilla se opone y contradize, como aquel soneto 69. de Lope de Vega.

Sosiega vn poco ayrado, temeroso
Humilde vencedor, niño Gigante
Cobarde matador, firme inconstante
Traydor leal, rendido victorioso.

Finalmente todo este soneto y otros muchos del mismo autor, y de otros, principalmente de Vicente Espinel en sus Rimas, ay muchos exemplos, y como nota el maestro Cespedes, es muy buena figura para hazer redondillas Castellanas.

Lo segundo, quando dos palabras contradizen a dos palabras, como en aquel Romance que ponemos por exemplo en el Apolo, del qual es esta quarteta.

Acabaronse las burlas
Y no cesaron las veras
Desminuyese el descuydo
Y el cuydado se me aumenta.

Lo tercero, quando la sentencia se oppone, y contradize a la sentencia, como es aquel soneto de Lope de Vega, donde la sentencia de el vn verso contradize la del otro.

Ame Filis ame, mientras amaste,
Rompi la fe, quando la fe rompiste,
Mientras tu fuyste brasa arder me viste
Elado agora estoy, pues tu te elaste.

Tiene tambien Espinel poesias, en este genero de exornacion.

Lo quarto, es vn modo que se dize Cohabitacion, y es quando dos contrarios mostramos darse en vn subjeto, que como sea possible quando se nos pregunte como a Philosophos lo diremos.

Assi dixo Lactancio del aue Fenix, que era ella y no la misma. Horacio le dixo al sol, eres el mismo, y eres otro, y en este modo esta el soneto primero que tragimos por exemplo, porque aquello se dize de vn subjecto, que es el amor, y ansi dize otro soneto.

> *Cuytado que en vn punto lloro, y rio,*
> *Espero, quiero, temo, y aborrezco,*
> *Iuntamente me alegro, y entristezco,*
> *De vna cosa confio, y desconfio.*
> *Buelo sin alas, estando ciego guio,*
> *En lo que valgo mas, menos merezco,*
> *Callo, doy vozes, hablo y enmudezco,*
> *Nadie me contradize, y yo porfio,*
> *Querria hazer possible lo impossible*
> *Querria poder mudarme, y estar quedo*
> *Gozar de libertad y estar captiuo.*
> *Querria que se viesse lo inuisible*
> *Querria desenrredarme y mas me enrredo*
> *Tales son los estremos en que viuo.*

Acaba el vltimo verso en Epiphonema.

Lo quinto es vn modo contrario a este, que se dize Paradiastole, y es quando dos cosas muy semejantes se van apartando, como en esta redondilla.

> *Es fuego amor, y no alumbra,*
> *Adquiere almas, y no vida,*
> *Quitala, y no es homicida,*
> *Es celestial, y no encumbra.*

Lo sexto, es el modo que se dize Antimethabole, o commutacion, y es quando de vna sentencia que diximos con las mismas palabras trastrocadas se haze differente sentencia como. O escuela de maestros, y maestra de las escuelas. Iuan Rufo dixo.

Quanto parece bien vn moço viejo, parece mal vn viejo moço. Y en verso.

Para que ninguno dude
Del Duque el desden preciso
Quise seruille y no pude
Pudo mandarme y no quiso.

El mismo dixo a vno que porque le diesse calor vna perrilla se la acostaua con el, y porque no se lo quitase dormia su muger en cama de por si en el suelo. Tiene a su muger como a perra, y a la perra como muger, a vno que traya flacas las ouejas, y de flacos los perros el pelo largo, dixo.

De vuestras miserias viejas
Dan fe por valles y cerros
Las ouejas como perros
Y los perros como ouejas.

A de hazer otro sentido, porque no se a de aforrar de lo mismo.

La distribucion de palabras que por otro nombre se dize inuersion, es quando se ponen muchas partes juntas sin orden, y luego se ponen otras tantas por orden correspondientes, y no solo se duplican, sino se triplican, y mas, como consta de los exemplos latinos, que yo puse que son los verdaderos y no los que algunos ponian. En nuestro español, han vsado tambien algunos de esta figura galanamente, y aduiertese que no siempre a de guardar vn orden solo como se vera en estos exemplos, Lope de Vega en su Angelica can. 15.

> *Tal que la rosa, Lirio y clauellina*
> *Eran Rubi, Iacinto y Cornerina.*

Ase de entender la rosa rubi, el Lirio Iacinto, la clauellina cornerina en la Dragontea can. 8.

> *Y alla la fama Duque, Marques, Conde,*
> *De Osuna, Vreña, Peñafiel responde.*

Entiendese Duque de Osuna, Conde de Vreña, marques de Peñafiel. Tambien es galana distribucion aquella que haze el ingenioso y agudo don Francisco Queuedo, en vn Madrigal a san Esteuan, diziendo.

> *El que a Esteuan las piedras endereça*
> *Es piedra en la dureza*
> *Y el pues que las aguarda de rodillas*
> *Es piedra en el sufrillas.*
> *Las muchas que le tiran tantos hombres*
> *De piedra tienen la dureça y nombres*
> *Si Dios es firme piedra y esto mira*
> *Por piedra, piedra a piedra, piedra tira*
> *Esta hiere inhumana*
> *Esta ruega, esta tira, y esta sana.*

El Licenciado Arias, en vn soneto amoroso.

*Qual Aspid, qual Marmol, o qual pecho
Por mas que sordo, mudo, ingrato fuera
No oyera ya sintiera, agradeciera.
La quexa, el llanto, el mal que me a desecho.*

Por abreuiar en la explicacion de la correspondencia la pongo por numeros. De la distribucion de sentencias diremos en su lugar.

La correcion es quando la palabra se corrige y enmienda con otra, por parecer que aquella no explica lo que se quiere bastantemente. Hazese en dos maneras, porque si se corrige antes que se diga se llama Prodiortosis. Assi dixo Lope de Vega en la Archadia.

*Esto que me abrasa el pecho
No es posible que es amor
Sino vn rabioso furor
Del mal que el amor me a hecho.*

Soneto. 89.
Y no llamarle amor sino costumbre.

O se corrige quando ya la palabra esta dicha y se llama Epanortosis, Lope de Vega.

Soneto. 94.
*Buelan a ti mis dulzes pensamientos
Que dixera mejor mis desuarios.*

No sea odioso el exemplificar tan a menudo con las obras deste autor tan singular. Que certifico que el exemplo que en otro hallo, que no lo pongo de el, y que si quisiera exemplificar todos los preceptos de Rhetorica en el solo que tiene exemplos para todo. Donde aunque mucho lo que a escripto, se muestra ser bueno y cuydadoso, y sin causa le a murmurado, quien dize que no guarda artifficio ni preceptos Rethoricos, porque es en ellos tan vniuersal como he dicho, y como lo da a entender en la satisfacion que dirigio a don Iuan Arguijo.

La Hyperbaton, es quando los vocablos se trastruecan, haziendo que la oracion se haga mas rodada, haziendo interposiciones entre las clausulas, como. *Yo no he podido acudir a vuestras cosas (como he desseado) por auer estado ocupado en cosas de mucha pesadumbre.* Trastrocando esto hara la oracion mas rodada y graue, assi. *Por auer estado ocupado en cosas de pesadumbre, no he (como desseaua) acudido a las vuestras.*

Es vicio cacosintheton, quando se haze la oracion tan embaraçada que no se entiende y consta no ser Tropo, pues las palabras en virtud de ella no mudan significado sino lugar, y no es vicio pues el mudarlas es por mas adorno, y no es solo de los Poetas, sino de los prosistas. Aunque los Latinos Poetas tienen algunas Polysindetones particulares. Ay vn modo de Hyperbaton que se dize Tmesis, y es quando las dicciones que de suyo deuen estar antes se ponen despues, y esto por Euphonia, que es la buena consonancia, como en Latin mecum, Tecum vobiscum, &c. En Español ay tambien donde se vsa esta Tmesis y es assi, que siempre que los articulos de lengua Española se juntan con dicciones que comiençan con vocal, suelen los articulos perder su vocal en la pronunciacion por Synalepha, como la arca, la azemila, la auellana, pronunciamos perdiendo la primera, y assi las escriuen, larca, lazemila, &c. Estos articulos por hyperbaton Tmesis, se ponen algunas vezes a la fin de los verbos, y valen tanto como articulos demostratiuos, o como relatiuos, como. *Adonde esta vuestro padre, porque vengo a visitarle.* Iuan de Mena dixo. *A la muger mala, ni verla ni oyrla,* y el articulo es el buelto al rebes, y por esta figura se vsa del elegantemente, puesto despues de se. o que, como, *Que se le da, que le digo.* Este articulo El es masculino, y algunas vezes se pone por el femenino, en aquellas dicciones que comiençan en vocal, como el alma, el agua, el arte, y tambien se haze porque la pronunciacion sea mas suaue, aunque tambien se pone articulo femenino, como la orden, la ora, este mismo articulo juntado con vocablos, y principalmente con. a. suele perder su vocal y juntarse de tal manera su nombre, que parece vna diccion, como el arte, el ojo, el estandarte.

Otro modo o especie de Hyperbaton es la Parentesis, y es quando de tal suerte se ponen algunas palabras que quitadas no hazen falta, y puestas no sobran, como diziendo. *Mal de muchos* (como dizen) *es consuelo,* aquel, *como dizen,* puesto no sobra, y quitado no falta. Ase de escriuir entre dos rayas en la forma que aqui va, como dezimos en el Epithome de Orthographia.

Esto es lo que he podido ordenar a cerca de las figuras. En el vso de las quales aduierto que sean en tiempo y lugar que obren, y no sean ociosas o affectadas. Y no ay que marauillar si aora dixeremmos mas que hasta aqui hemos dicho. Porque como dixo Ciceron, no se pueden incluyr vajo de cierto numero ni especie, y que les ayamos dado algunas differentes lugares que otros, pues que como aduirtio Quintiliano el mismo Ciceron, figuras puso por de palabras que despues las puso por de sentencias. Entiendase de mi animo que he puesto en esto particular industria y cuydado, y que lo que me a sido possible he procurado poner cada cosa en su lugar, y por esso trate primero de las figuras de las palabras con lo qual passemos a las de las sentencias.

Cap. XI. De las figuras de sentencias que se hazen por peticion.

Ciceron lib. 3. de oratore, dize que ay esta differencia entre las figuras de palabras, y entre las de sentencias, que el ornato de las palabras, se quita quitando las palabras, y el de las sentencias permanece con qualesquier palabras que se digan, y assi se diffine diziendo. Que es la figura de sentencia y consiste en la fuerça de el sentido de toda la oracion, dicho de tal suerte que vaya apartado de el comun modo de hablar. Estas figuras las diuidimos en quatro maneras de ellas, que son de peticion o responsion, ficcion abrrupcion y amplificacion. Pero no todas se pueden comprehender en estos miembros como diremos, aunque las que fueren diremos en quatro Capitulos, començando por las de peticion.

Optacion es vna significacion del desseo, como dize aquel Romance.

> *Assi no marchite el tiempo*
> *El Abril de tu esperança*
> *Que me digas Tarfe amigo*
> *Donde podre ver a Zayda.*

Lope de Vega. 5.

> *Assi jamas te mengue el seco estio*
> *Y esta montaña su cristal aumente.*

Ciceron dixo, *Plega a Dios que acabe ya de parir este dolor, de que a dias que esta de parto el pueblo Romano.*

A esta se reduze la salutacion que es por la que declaramos el buen querer que a alguno tenemos. Assi dize el Romance.

> *Viua mil años Philippo*
> *A el Reyno Dios se lo guarde*
> *Con vn habito y vn juro*
> *Cada regidor escape.*

Por segundas personas es mas vsada, aunque yo puse el exemplo en tercera, porque algunos piensan que no se halla sino en segundas. En esta figura esta la salutacion que hizo el Angel a la Virgen, diziendo. *Dios te salue Maria.* Esta la que la Yglesia le haze, diziendo. *Dios te salue Reyna y madre.* Y la *Aue Maris stella,* y algunas oraciones con meditacion hechas a la Cruz y passion de Christo.

Aqui tambien se a de reduzir la imprecacion o maldicion, que es quando a alguno le desseamos mal y lo pedimos con ahinco, como en el Romance que comiença. Pues que te vas Reduan. Dize.

> Plega A la que en el camino
> Nunca su Sol te amanezca
> Y que la Luna se esconda
> Para que el camino pierdas.
> Que tropiece tu cauallo, &c.

Y finalmente, toda suerte de mal dicion, quales tambien son las que piden en las cartas que se leen de excomunion. Aqui me pregunto vn amigo, que de qual modo destos es el termino con que hablan las madres maldiziendo a sus hijos, diziendo mal nunca te venga, no te de Dios mal, a lo qual dixe que a este termino le llamo yo, palabrir muger y no figura Rethorica. Mas porque vna imprecacion ylusoria, que es para donosidades y chocarrerias, que parece que van a dezir maldicion, y dan fin con vna cosa de passatiempo, donayre y gusto, como ay algunos Romances, como el que dize.

> Y plega a Dios si me vieren
> En cosas de reguzijo
> Que caya vn rayo del cielo
> En casa de algun judio.

Esta ylusion imprecatoria siempre viene embuelta en algo de sustentacion.

Deprecacion, en Griego Birsis, es quando pedimos fauor a alguno, como Ciceron en la oracion, pro Deyotaro hablando con Cesar, dize, *cayo Cesar por la fe tuya y constancia nos libra de este miedo.* Y se refiere no solo a los hombres, mas aun a las soledades, a los montes, rios, bosques, y dioses, y assi es lo del mismo Ciceron, quando dize. *Sepulchros, y bosques de Alba, a vosotros pido ayuda.* Lope de Vega. Dragontea. can. 1.

Por las puras entrañas de Maria
que a vuestro hijo carne y sangre dieron
Y por el sacramento de aquel dia
Que humano y Dios los Angeles le vieron.

De esta figura vsan muy eloquentemente los pobres cosarios de Iubileos: *ipsos audite.*

Addubitacion, en Griego Aporia, es quando dudamos que diremos, o que haremos, o por falta de cosas o abundancia, como aquel que satiriço contra los descendientes de Hebreos. Dixo en la primera copla, con dubitacion.

Por donde començare
Pues ay tanto que contar
De aquestos parientes de
Don Esayas y Moyse
Don Simeon y Eleazar.

Lope de Vega Angelica. cant.

Adonde yre que si los ojos bueluo
Al mar no ay leño de mi naue fuerte:
Y si a buscar la tierra me resuelue
No ay huesped mas humano que la muerte?
Pues si la historia de mi amor rebueluo
No ay esperança que el remedio acierte,
Ni pena sabe el mundo mas temida
Que disponer de vna confusa vida.

Es muy galan exemplo de dubitacion, y a bueltas lleua interrogacion.

Communicacion, en Griego Anacoenosis, es quando acerca de lo que dudamos pedimos consejo a otro, dandole parte de nuestra dubda, como Lupercio Leonardo, lo haze en vna cancion que hizo en la canoniçacion del santo Fray Diego, dirigida a el Rey nuestro señor, diziendo.

> *Entonces te daremos apellido*
> *Si luziere la espada rigurosa*
> *O retorcido en tu corona hermosa*
> *Sus hojas tendera el Oliuo sacro*
> *Por propria insignia de tu simulacro*
> *O si querras la gloria*
> *De ser alla en los cielos presidente.*
> *Donde se trata del gouierno humano*
> *Del qual nos dexas admirable exemplo*
> *O si sera mas proprio que el Piloto*
> *Quando luchare con el Euro y Noto*
> *Y prometiere visitar tu templo*
> *Y en el colgar las velas por su mano*
> *O que en tu proteccion el rubio grano*
> *El labrador embuelua y te suplique*
> *Que por tu medio Dios le multiplique.*

Interrogacion, en Griego Erotyma, es quando no solo por preguntar, sino juntamente por hazer instancia preguntamos, como en la comedia del Cauallero penitente, dize.

> *Hasta quando? hasta quando la intemplança?*
> *Hasta quando? hasta quando los antojos?*
> *No ves hombre, no ves que el hierro y lança*
> *Pone el contrario por auer despojos?*

O quando la respuesta es difficultosa, como diziendo, *Como es possible? Que dira? Que remedio tiene?*

Responsion no es qualquiera respuesta figura, sino quando como que faltando de la respuesta que inmediatamente pide lo que se pregunta se responde con el fin, o con cosa que parece fuera de proposito, y es lo que mas conuiene al que responde, como preguntandole. *Os dio de palos?* No responde, si, sino falta a lo vltimo, y dize. *Sin culpa señor.* Preguntan *Matastes vn hombre?* Responde *Vn ladron.* Llego vno a otro diziendole. *B.l.m. de vuessa merced, como esta vuessa merced.* El saludado entendio, que el que le besaua las manos sin acostumbrar hazerlo, lo queria engañar, o lo auia menester, no respondio bueno ni malo, ni a seruicio de vuessa merced, sino. *No tengo señor,* esta fue fina responsion.

Subiecion, en Griego Anthipaphora, es quando nos preguntamos y respondemos, lo que el otro auia de responder, como diziendo. *Dira alguno, esta es tu doctrina? assi enseñas los moços,* y respondese. *Si yo enseño assi, y esta es mi doctrina, vso de otra suerte della.* O quando dezimos. *Porque estas tan contento de ti por tu patria? Pues barbara es, Por tu linaje? es muy vajo. Por tu ingenio? Diotele naturaleza muy bronco.* Y assi la deffine Sanchez diziendo, que es vna prompta y dispuesta razon de aquello que se propone, y la llama Prosopodis, della hazemos quatro modos en latin, mas lo dicho basta en Castellano.

Permision, o Pitrope, es quando prestamos consentimiento, y permitimos que alguno haga algun hecho que le a de suceder mal, para que conozca su inaduertida deliberacion, y assi dixo don Luys Zapata en su Carlos. cant. 8.

Anda por esse mar pues vete a España
Embarcate pues ve con este viento.

Concesion o Synchoris, es quando lo que concedemos y confessamos ser assi, antes es en nuestro fauor que nos daña, como en aquel Romance.

Confiesso que eres hermosa
Viçarra y de lindo talle
Y que con donayre y brio
Baylas, danças, cantas, tañes,
Y que as muerto mas Christianos
Que tienes gotas de sangre
No con espada ni lança
Sino con armas mas graues &c.

Occupacion o Prolepsis, es quando lo que nos podrian poner por objecto lo proponemos nosotros, y satisfazemos a ello dando el descargo. De esta figura se vsa muy de ordinario en los prohemios de oraciones y obras, como es aquello de Ciceron, quando dize. *Pienso yo juezes que os marauillareys de que auiendo aqui tan graues varones, y tan excelentes oradores aya yo tomado esta causa que en autoridad, edad ni ingenio no me puedo comparar con el menor.* Y luego dize las causas que para ello tuuo, con lo qual passemos a las figuras de ficcion.

Capit. XII. De las figuras de ficcion

De las figuras de ficcion sea la primera la Prosopopeya, porque es propriamente ficcion de alguna cosa como dando habla, o alguno de los sentidos a cosas que dellos carecen, o dando personalidad, o entidad real corporea a entes de razon ymaginados por phantasias, o espiritus solos. Es en dos maneras, *recta, o obliqua,* que es dezir derecha o torzida. La recta es quando la persona fingida dize por si lo que se finge que dize. La obliqua es quando el autor que refiere la cosa, dize aquello que pudiera dezir la persona fingida. Exemplos de la recta Prosopopeya, son todas las oraciones que los oradores o Poetas atribuyen a las personas que fingen. Nuestros predicadores vsan algo desta exornacion mas frequentemente los Poetas y quien de los nuestros mas que otro es don Luys Zapata en su Carlos Famoso, que esta lleno de exemplos pues finge Nimphas, Ciudades, muertos, mares, tierras, brutos, y aun hasta Naues que hablan, mas de sus muchos exemplos razon sera traer vno, aunque me dexe algunos de la hermosura de Angelica. Dize pues don Luys can. 9. donde finge que vna naue que el Emperador auia perdido, y se auia quemado, en forma de Nimpha, le dezia.

Que hazes gran señor que estas pensando
  A aquesta hora tus ojos desuelados
  A dicha es verdad ya este comun vando
  (que en los grandes siempre ay grandes cuydados)
Si velas es razon que estes velando
  Por quantos Reynos tienes encargados

De los quales señor eres, y dueño,
En vn Rey parar poco deue el sueño.

Y para adelante por doze octauas. Iuan Rufo haze vna donosa Prosopopeya a la muerte de vn raton, las fabulas de Aesopo estan llenas desta figura. Las Tragedias comedias y dialogos Eglogas, o coloquios tienen lugar en esta figura. En las diuinas letras assi en los Psalmos como en los Cantares, y en otras partes tambien ay muchos exemplos. Y por gusto ya que no podemos poner otros muchos, porne vn soneto hecho a la Tela de Madrid, en dialogo entre ella y vn soldado.

S. Tengo os señora Tela gran manzilla
T. Dios la tenga de vos señor soldado
S. Que hazeys por aca?
T. Oy me han echado
    Por bagabunda fuera de la Villa.
S. Donde estan los galanes de Castilla?
T. Donde pueden estar sino en el prado
S. Quantas lanças abran en vos quebrado?
T. Mas respecto me tienen, ni vna astilla.
S. Pues que hazeys aqui?
T. Lo que esta puente
    Puente de anillo, Tela de cedazo
    Esperar hombres como rios ella
    Hombres de duro pecho y fuerte braço.
S. A Dios Tela que soys muy maldiciente
    Y essas no son palabras de donzella.

Ase de guardar mucho decoro en el fingir, que no se finjan cosas que a hablar la tal cosa no las dixera, guardando en esto lo que aduierte Horacio en lo de arte, que importa (dize) ver y saber si el que habla es Dauo, o Herote. Que por pedir tal en rigor ymitacion apparente a la verdad la llaman algunos Ethopeya, que quiere dezir esto. Aqui se reduze la Mimesis, que a romancearemos el contrahazer, y remedar. Y es quando en las comedias vna figura repite las palabras de la otra, como que dandole con ellas en cara, y contrahaziendo en el modo de dezir, como en Terencio Phedrialo haze con Thais. Y como en la comedia Toledana que hizo el Iurado de Toledo Iuan de Quiros, en la qual Chirardo repite haziendo donayre de Marçela dama, vnas palabras que ella auia dicho haziendolo de Garçeran que son estas.

Quiereme dar por escripto
Todo aquese parlamento
Porque es para cierto intento
Que me importara infinito
Y dezian que era boba.

Puedese reduzir esta figura a la Yronia Micterismos, de la qual vsan mucho los comicos, y algunas otras poesias, como en el Romance dixo.

Aqui fue Troya dixictes
A el salir de mi cabaña
Quedate a Dios mi Belisa,
Que no oluida quien bien ama.

La Prosopopeya varia galanamente la oracion, porque mediante ella se dizen pensamientos en nombre de la persona que se finge muy bien dispuesto, assi reprehendiendo como alabando, quexandose, o alegrandose, y dando figuras a cosas que no la tienen, como Virgilio pinta la fama. Prodico la virtud, Ouidio la hambre. Alçiato la inuidia. Bartholomeo Anulo al vulgo, de quien tomo don Luys Zapata. El pintar los Angeles corporeos, los tiempos, las partes de el mundo, los vicios, las virtudes, los sentidos, las potencias, las obras de misericordia, y otras cosas semejantes, todo es Prosopopeya. De la obliqua ay muchos exemplos en los historiadores, como es en los commentarios de Cesar, porque alli nunca se ponen las platicas rectamente. Bien guardaron en esto nuestros historiadores, assi la Carolea como la Pontifical y Monarchia, Ambrosio de Morales, y el Padre Mariana, y Garibay en su historia general de España. Y es tan proprio de la historia vsar de la Prosopopeya obliqua, que hazer lo contrario es impropriedad grande, segun afirma Trogo Pompeyo, el qual reprehende a Titoliuio y a Salustio, de que entremetiendo Prosopopeyas rectas en su historia, passaron los limites de historiadores.

Yronia o dissimulacion es figura de sentencias y no Tropo (como falsamente han enseñado algunos) y consta esto de Ciceron y Quintiliano. Y porque el Tropo es en vna palabra la yronia, esta en la dissimulacion de la voluntad, toda dicha en muchas palabras, como diziendo.

Que pierdo mucho en perderte
Y gano mucho en ganarte.

Y finalmente todo el lugar de la concesion deste Romance es yronia, la qual se conoce o por la naturaleza de la cosa, como diziendole al lobo fiel guarda de las obejas, o por la condicion de la persona, o por el modo de dezirlo.

Ay vn modo de yronia llamado Astismo, y es vn modo de burlas yronicas con gracia y donayre, quales se hallan en Ciceron en persona de Cesar, de las quales nota algunas Macrobio, y tambien esta lleno Marcial, aunque en nuestro Castellano se han hecho cosas de mucho artificio en este modo, qual es el soneto que hizo don Luys de Gongora, nueuo marcial Castellano, a la muerte de vna buena muger.

Yaze debajo de esta piedra fria
Muger tan sancta que ni escapulario
Ni cordon, ni correa, ni rosario,
De su cuerpo jamas se le caya.
Trajo veynte y dos años dia por dia
Vn silicio de cerdas de ordinario
Ayunaua contino a san Hilario
Porque nunca hilaua ni cosia.
Fue su casa vn deuoto encerramiento
Donde yuan a hazer los exercicios
Y llorar sus pecados las personas.
Murio sin Olio no sin testamento
En que mando a vna prima sus officios
Y a quatro amigos quatro mil coronas.

En las mas de sus obras este autor vsa deste ornato. El sentido de este soneto para los que algo saben, es bien claro para los que no lo entendieren estese assi. Aqui se reduze el modo que dizen Micterismo, que llanamente no es otro que la Mimesis modo de Prosopopeya.

Vna suerte de Yronia vsaron los Poetas Castellanos antiguos, en vnos me dio laberinthos, que ni en los Latinos la hallo, ni en los Castellanos modernos, y es porque el verso de arte mayor es acommodado para ella, como Castillejo le dixo a vno quien era deste modo.

Dechado y espejo. De buena crianza
De necios beodos. Del todo quitado
Por muchos demodos. Estays amarcado
En todo ya viejo. Sin otra mudança
Razon y reposo. No os falta jamas
Vos nunca tuuistes. En boca maldades.
Vos nunca entendistes. En viles ruyndades
En ser virtuoso. No puede ser mas
Vos soys muy amigo. De hablar verdad
De inuidia y cobdicia. No es vna costunbre
De amor y justicia. Estays ya en la cunbre
Mortal enemigo. De toda maldad.

Y prosigue por quatro coplas enteras, de suerte que leydos juntos los versos loan. Mas partidos y hechos de nuestras endechas, como van señalados con las letras mayusculas bituperan, como el lo aduierte en la media copla de vna que puso por prefacion diziendo.

Si fueren leydas enteras en si
Diran de vos mismo lo que juzgays vos
Empero si de vna hizieremos dos
Es lo que parece a otros y a mi.

El Doctor Cejudo hizo vna yronia por repugnantes, diziendo.

Como medico compone
Y cura como poeta.

El Doctor San Iuan Huarte en su examen de ingenio dixo. Eloquente como Hector, valiente como Ciceron.

La Hypothiposis tiene muchos nombres Enargia, euidencia, ylustracion, suffiguracion, demonstracion, descripcion, efficcion, deformacion. Que diriamos vn poner las cosas delante los ojos, y assi la llama Ciceron ylustre declaracion, porque es quando la persona, lugar, el tiempo, o alguna otra cosa, assi escribiendola como diziendola de palabra de tal suerte se pinta, representa, y declara, que mas parece que se vee presente, que no que se oye ni se lee. Differencianse de la Ethopeya en que la Hypothiposis cae en la Prosopopeya obliqua, y la Ethopeya en la recta, como lo haze Lope de Vega pintando vn monstro cant. 2.

> *Era su forma humana, y de vn belloso*
> *Cuero, cubierta y por extremo ardientes*
> *Los viuos ojos, que vn bellon cerdoso*
> *Mostraua a penas por las negras frentes*
> *Ceñida de vn espino verde hojoso*
> *Cuyas puntas agudas y pungentes*
> *Trabadas en las cerdas intrincadas*
> *Eran sus eslavones y laçadas*
> *Las plantas bueltas hazia tras ligeras*
> *Como se ve en los feos Auarimos*
> *Con que pueden trepar palmas enteras*
> *Y gozar de sus datiles opimos*
> *Cubren de yedra las cinturas fieras*
> *Trabadas ramas, hojas y razimos*

> *Que el desonesto entre ellos es peccado*
> *Mas que homizida y hurto castigado.*

Los libros que dizen de cauallerias estan llenos de esta exornacion, y tambien otros poetas. Amphasis o significacion, es quando se da mas a entender con las palabras y modo de dezir que algo se dize, que no es lo que se dize qual es la de Lope de Vega ymitando a Virgilio en su Angelica, cant. 13.

> *Luego quitando su Cambaya y tocas*
> *El gran cuerpo midio la verde tierra*
> *Lastimando las flores que a no pocas*
> *Dexandose caer las hojas cierra.*

Y aunque esta es buena me parece bonissima la de Miguel Sanchez, en el Romance que dize.

> *Melisendra esta en Sansueña*
> *Vos en Paris descuydado*
> *Vos ausente ella muger*
> *Harto os he dicho miraldo.*

La diuina escriptura esta muy llena de esta figura llegada a hablar de Dios, porque siempre dexa mas que entender, que es lo que dize.

Noema que en Latin dizen intelectus, es quando en las palabras que dezimos dexamos algo que casi adiuine el oyente, aunque con facilidad entiende lo que queremos dezir, como Hortensio dezia, que el jamas auia hecho amistad con su madre, ni con su hermana, por lo qual quiera dezir que no auia quebrado con ellas, y ansi no tuuo necesidad de hazer amistades. Para dezirle a vno que no entra en la Yglesia ni oye sermon, le dezimos. *Es vn hombre que no le vereys salir de la Yglesia, ni dormirse en el sermon.*

Neuma, es quando por vna voz casi inarticulada y no perfecta, declaramos algun extremo de grande alegria, o pesar. Algunas vezes la voz es entera, como en Castellano se vsa diziendo, viua, viua, viua, victor, victor, victor, en el Latino se veran otros exemplos a quien corresponden los siluos y relinchos que se suelen dar de exceso de alegria, en ocasiones della don Luys Zapata can. 48. dixo.

Arma, arma, la, la, la, mis oyentes
Que aora vereys hechos excelentes.

Aposiopesis precision o reticencia, es quando començamos a dezir algo, y de industria nos dexamos la razon, como en el Romance donde dize.

Malaya. Mas ay que digo
Que me offende este mal aya.

Y en otro comiença.

Que es ver A.callarlo quiero
Pues que la nombran sus partes.

Y aca solemos dezir. *Calla vos que soys vn.* Y sin dezir nada offendemos mas con solo aquello, que diziendo muchas otras palabras de libertad. Y con vn *vos,* solo dicho por Aposiopesis, se dize mucho, qual es la que haze don Luys Zapata cant. 9.

> Hirio su rostro y dixo entre su llanto
> Yo aquel? que a mi? que no? que si? que tanto?

Pretericion o Pretermission, o Paralepsis, o Apophasis, o Parasiopesis, es quando fingiendo que no queremos dezir la cosa la dezimos, como don Luys Zapata can. 16.

> *Y assi no cantare como assentada*
> *Del barbaro Real la artilleria*
> *Con quarenta cañones que atronada*
> *Fue la ysla, començo la bateria*
> *De los que la muralla quebrantada*
> *Arreo dos meses fue de noche y dia*
> *Sin otra multitud de pieças gruesas*
> *Con que se vian vatirla muy espesas*
> *Y como Mustapha baxa, el qual era*
> *General de vna banda desta gente*
> *La batalla segunda y la primera*
> *Dio a Rhodas miserable infelizmente.*
> *Por lo que como si esto culpa fuera*
> *Ante vn Rey tan injusto y tan ardiente*
> *Començo del fauor a caer ligero*
> *Que con el gran señor tenia primero*
> *Ni a cuia causa Pyrrho desseando*
> *Conservarse en la gracia que tenia.*

Y mas bajo.

> *Y dexare otro esquibo y fiero asalto*
> *Dado al valuarte ancho de España*

Aqui se a de reduzir quando se dize por encarecimiento *No tenia tiempo. Todo es nada. Para dezir esto.* Como lo dixo Virgilio lib. 1.

Si del principio o Diosa te contase
La triste y desastrada suerte mia
Y si escuchar la historia te hagase
Del trabajo sufrido hasta oy dia
Se cierto que primero que acabase
La tenebrosa sombra cubriria.
El Cielo a todas partes y el luzero
Ahuientaria la luz de este hemisphero.

Color es figura de ficcion como estas y es vna torcida y fingida escusa y abono de algun mal hecho o que esta en şospecha de ello como va vno a rrogar a vn Iuez por vn delinquente cuya inocencia a de abonar y no esta muy satisfecho de ella colorea la disculpa de suerte que cumple con el que le pidio hiziese el ruego y con el Iuez diziendolo de modo que entienda es cumplimiento y no que abona la causa siendo mala, o teniendola por tal. Cada dia se offrezen mil exemplos de esto como es aquello de Ciceron hablando de Luculo diciendo. *De veras de suerte se gouerno Luculo en sus principios que bien se deue aquello mas atribuir a su valor y virtud que no a su dicha. Aunque estas cosas de el fin mas pareze que se an de atribuir a la fortuna que no a el mismo.* Aquel color de Horacio en las satiras es galanissimo quando dize. Li. S. fat. 4.

Tuuome siempre a mi Capitolino
Por amigo muy grande y compañero
Por mi respecto muchas cosas hizo
Y me huelgo que libre se pasee
Mas con todo me admiro como pudo
Salir de aqueste pleyto buenamente.

Y Con. o imagen es quando pintamos la cosa retratada con mucha propiedad mas no en si, sino en vn simile de lo qual ay muchos exemplos, Don Alonso de Ercilla Can. 13.

Qual suelen escapar de los menteros
Dos grandes Iaualis fieros cerdosos
Seguidos de solicitos rastreros
De la campestre sangre cuydadosos
Y salen en su alcanze los ligeros
Lebreles Irlandeses generosos
Con no menor cobdicia y pies libianos
Arrastras los miseros christianos

Algunas otras ay que tienen algo de ficion mas porque conforman con otras a quien se reducen las dejamos para otros lugares que tienen.

Capitulo XIII.
De las figuras de Abarupcion.

La Digresion o excurto o Porochesis es quando nos apartamos algo del principal intento a otra cosa mas no del todo, porque luego boluemos. Si es muy breue la llamaremos Parenthesis de la qual emos dicho. La digresion larga se suele hazer con alguna precapcion porque no parezca que nos salimos de el proposito sin consideracion, y quando se acaba y se aplica a el proposito se suele tambien poner vna clausula en que se aduierte la aplicacion, como lo haze Ciceron quando en vna larga y elegante oracion pinta a Sicilia, y a Syracusas, Salustio en la de Iugurta pinta vna larga narracion o digresion de los altares de los Phydenos, aun que los doctos le reprehenden diziendo que no es aquello decente en las historias. Mas bien se vsa de esta figura en poesias y es muy frequente en ellas Don Luys Zapata: no le faltan a Soto Baraona ni a Lope de Vega. Ay vna de vn sueño en las Victorias del Arbol Sacro, y es galana la de don Alonso de Ercilla quando finge auerse perdido. Suelense hazer estas digresiones o por alabar o vituperar o por adornar, o por deleytar, y se haze viciosa si es muy prolixa y si de ninguna suerte biene con lo que se trata de particular intento. Ay vna tambien galana en el Sanazaro de el parto de la Virgen, hecho en Español en octaua.

Auersion o Apostrophe es vn apartarse de el principal intento por menos tiempo que en la digresion y como que sin auer salido de el proposito como es boluiendose a Dios, a el Cielo, a las soledades, a las estrellas, a los bosques, montes, seluas y assi mismo. Es galanissimo exemplo el que esta por duuitacion, que no es inconueniente por diuersos respectos y consideraciones en vn exemplo auerlo de muchas figuras a tercera persona ay muchos, mas abremos de contentarnos con este de don Alonso de Ercilla. Can. 3.

O Valdiuia varon acreditado
Quanto la verde plantica sentiste
No solias tu temer como soldado
Mas de buen capitan aora temiste
Vas a precissa muerte condenado
Que como diestro y sabio lo entendiste

Elocuencia española en arte

> *Pero quieres perder antes la vida*
> *Que sea enti vna flaqueza conocida.*

Correcion de sentencias es vna reprehension de lo dicho como es aquella de Ciceron mas quiso adornar a Italia que no a su misma cassa, mas que digo, que su casa quedo muy honrrada auiendo assi honrrado Italia. Imitaron nuestros Poetas muy bien esta figura diziendo.

> *Saldra el sol de mi señora*
> *Y deshara estos nublados*
> *Mas los que en mi alma a puesto*
> *Mal pueden ser desatados*

El Doctor Cejudo en la carta a Iacintha hizo vna correcion con circulo diziendo.

> *Yo os vi como estays en mi*
> *Qual nunca alguna jamas*
> *Mas para que digo mas*
> *Basta que diga que os vi.*

Y en el primero exemplo de la Aposiopesis tambien vuo correcion que aun a la misma Aposiopesis ponen algunos en este lugar y es porque muchas vezes viene mezclada con correcion. Lo que perteneze aqui es el desdecirse y apesararse de lo dicho, como es aquello de Dido en Virg. Can. 4.

> *Triste e de darme sin vengarme muerte*
> *Mas ya muramos muerte, muerte quiero.*

El Español puso doblada esta correcion en el Romanze diciendo.

Y aunque innocente culpado
Si los pecados se eredan
Matareme por matarle
Y morire por que muera
Mas quiero mudar de intento
Y aguardar que salga a fuera
Por si en algo te pareze
Matar a quien te parezca
Mas no lo quiero aguardar
Que sera viuora fiera
Que rompiendo mis entrañas
Saldra dexandome muerta.

En comedias ay algunas a bueltas de dubitaciones muy galanas y muy ampliadas en la de Estudio mal empleado ay dos o mas. Aqui tambien se reduce vna correcion llamada ilusion que aunque puede a la Ironia tambien, aqui tiene lugar, y es que hazemos la correcion por burlar de alguno como dize Ciceron. *Yo lo hiciera con mas cuydado, sino tuviera enemistades con el marido de esta muger hermano quise decir. Siempre aqui me ierro.* Suelese hazer por Paronomasia como este es vn gran arador, digo orador. Los Comicos Latinos y Castellanos, y las demas poesias estan llenas de esta exornacion o figura como se podra ver aduirtiendo en ello.

Capitulo. XIIII. De las figuras de amplificacion en las sentencias.

Exclamacion es vn leuantar la voz en lo que se va diciendo con uiueza de espiritu y siendo vehemente trae por señal. O. A. Como diciendo. *O mal hombre, o vida desdichada.* Viene las mas vezes mezclada con Apostrophe, y muchas en ocasiones de dolor y compasion como se vio en el exemplo de la Apostrophe, y en el mismo canto dize Don Alonso de Ercilla.

O ciega gente de temor guiada
A do volueys los temerosos pechos
Que la fama en mil años alcançada
Aqui pereze y todos vuestros hechos.

Luys de Soto Baraona. Can. 3.

O fuerça del amor y quien pensara
Que vn tragador de carne humana fiero
Criado para fiera se amansara
Y se boluiera blando y lisongero.

Aclamacion es tambien figura de esta suerte la qual se dize Epiphonema, y es cuando la cosa que emos dicho, o la que queremos dezir, a clamando la señalamos en esta palabra. Esto, Estas, Este, Esta, Tanto, Tantas, Tanta, Tal, Tales. En los Romances Españoles ay muchas Epiphonemas a imitacion de aquella de Horacio. Od. 2. Del Epod. que entra hablando el que dize las raçones sin decir quien es, y luego a el final se haze la Epiphonema, y se dize el nombre como diziendo.

> *Esto dixo el moro Azarque*
> *Preso en la fuerça de Ocaña.*

Otro de Liñan.

> *Esto cantaua Ryselo*
> *En su rabel de tres cuerdas.*

Lope de Vega en su Angelica, duplico esta figura diciendo. Cant. 19.

> *Esto cantaua el pescador mancebo*
> *Y esto escuchaua el misero Medoro.*

En la comedia del Perseguido amplifico mucho esta figura junta con la exclamacion en figura del Conde que a la mala respuesta de el Duque dixo.

> *Esto señor guardado me tenias*
> *Para que fuese de la gran victoria*
> *El gran recebimiento y alegrias*
> *Deuido como dizes a mi gloria.*
> *A Cielo y como son venturas mias*
> *Y en lo mejor de mi gloriosa historia*
> *Vn capitulo tragico sangriento*
> *Me quita el gusto con igual contento.*
> *Tras tantas esperanças tanta pena*
> *Tras tal seguridad tanta mudança*
> *O palabras escriptas en la arena*
> *Rompida Fe, traydora confiança*
> *Vno es el alma y otro lo que suena*
> *Ya quiebras a la misma confiança*
> *Que yo esperaua que los mismos hombres*
> *Llaman las cosas con iguales nombres.*

La exclamacion es efficaz y para mouer los affectos mas ase de aplicar a tiempo, y no es bueno començar con ella, ni en cosas frias leuantar la voz como algunos de nuestros predicadores sin consideracion lo suelen hazer. A se de vsar de ella quando los animos de los oyentes estuuieren algo inclinados a nuestro dezir entonces es buen tiempo, mas sea con tiento no muy amenudo, que con mucha frequencia vsada es locura y no exornacion, ni dure mucho tiempo sino con breuedad se concluya y tome gracia y suauidad. Sustentacion es vna suspension de la sentencia que se tiene de dezir la qual por Similes o por contrarios se va alargando hasta la conclusion en la qual sale muy otra cosa de lo que se esperaua o auiendo esperado vna cosa grande concluie con vna muy pequeña, o al contrario, o en vna muy de veras se concluye con vna muy de burlas. Quien entre los Latinos mas vso della fue Marcial. Los Españoles la vsan con frequencia y aunque algunas vezes para veras, las mas para burlas, qual se halla en vn romançe que comiença.

No se que traigo conmigo.

En cosas amorosas ay muchos sonetos hechos en esta figura de los quales sea exemplo vno de Lupercio Leonardo.

No temo los peligros del mar fiero
Ni de vn Scytha la odiosa seruidumbre
Pues aliuia los hierros la costumbre
Y el remo graue puede hazer ligero
Ni oponer este pecho por terrero

De flechas a la immensa muchedumbre
Ni embuelta en humo la dudosa lumbre
Ver ni esperar el plomo venidero
Mal que tiene la muerte por extremo
No lo deue temer vn desdichado
Mas antes escogerlo por partido
La sombra sola del oluido temo
Pues es como no ser, vno oluidado
Y no ay mal que se iguale al no auer sido.

Llamase tambien esta figura Paradoxon, porque siempre concluie differente de lo que se espera como Marcial dixo.

Miente Zoylo quien dize eres vicioso
No eres vicioso no Zoylo ni as sido
Mas por el mismo vicio conocido.

Licencia o Parrhesia es vna confiança en el hablar con libertad y esto lo hazemos con artifficio como diciendo. *Si me dieran licencia dixera esto, o osara yo dezir.* Y quando aduierten esta ya dicho aquello que dizen dixeran si les dieran lugar, licencia assi dixo Lope de Vega Angelica. Can. 2.

Perdona que el furor justo me a dado
Licencia injusta en lo que fui atreuido.

Y en el mismo canto.

Dadme licencia gran señor que os diga
Del effecto que hizo su desseo.

Hyperbole no es Tropo sino de estas figuras de sentencias de Amplificacion porque no es necessario salir la dicion de su propriedad para hazer Hyperboles y se pueden hazer en qualquiera de los Tropos y assi ay hiperboles Methaphoricas Metonimicas y de otros Tropos y como digo en terminos propios como ordinariamente se vsa en el bulgo por comparatiuos, diziendo. *Mas blanco que la nieue, mas negro que la pez, mas ligero que el viento.* Y no solo por comparativos mas por otros terminos de encarecimiento muy subido como diciendo. *No tiene sino los huessos, no tiene espiritu, esta muerto en vida.* De Hiperboles por comparatiuos ay vn largo exemplo en vn romançe con Amplificacion el qual comiença.

Pues que tengo libertad.

De otros modos muchos de encarecimientos estan llenos los Poetas nuestros y Latinos.
Don Luys Zapata en su Carlos Famoso esta lleno, mas aquella del Soneto. 17. de Lope de Vega esta bien exemplificada y ampliada.

No tiene tanta miel Attica hermosa
Algas la orilla de la mar, ni encierra
Tantas encinas la morena sierra
Flores la primauera deleytossa
Lluuias el triste ynuierno y la copiosa
Mano, del seco Otoño por la tierra
Graues racimos ni en la fiera guerra
Mas flechas Media en arcos bellicosa,
Ni con mas ojos mira el firmamento
Quando la noche calla mas serena
Ni mas olas leuanta el Oceano.
Pues sustenta el mar, aues el viento

Ni en Liuia ay granos de menuda arena
Que doy suspiros por Lucinda en vano.

Por ser el vso mas ordinario de esta figura por comparatiuos dize algo de ellos y sus superlatiuos, aunque los Españoles carecen de regular formacion, mas hazense anteponiendo a los positiuos algunas de las diciones que significan comparación. Las diciones que se suelen anteponer a los positiuos son mas y muy, como sancto, mas sancto, muy sancto. Y algunas vezes esta particula mucho sirue para los comparatiuos y superlatiuos. Los comparatiuos que son anomalos o yrregulares a los Latinos en lengua Española resciben comparacion de dos maneras, la vna es la comun que ya emos dicho la otra es irregular, y los superlatiuos de estos anomalos se forman de dos maneras como bueno, mas bueno, muy bueno, o bueno, mexor, bonissimo, malo, mas malo, o malo, peor malissimo, grande, mas grande, muy grande, o grande, mayor, summo, pequeño mas, muy o menor, pequeñissimo o minimo. De los superlatiuos son dos las terminaciones, ssimo errimo, y aunque algo latinada pauperrimo, acerrimo. La otra que otros ponen es del todo latina y assi la dejo. Los comparatiuos, y superlatiuos femeninos de los masculinos mudando, o. en. a. De lo qual el vso da innumerables exemplos. Pues de estos assi comparatiuos como superlatiuos es muy ordinario el vso para esta exornacion Hyperbolica assi aumentando como disminuiendo como consta en los exemplos.

Tambien se amplifica la oracion con la Paremia

que difine Erasmo diciendo que es vn celebre dicho aunque nueuo en la aplicacion, antiguo en su principio dicese en Latin Proberuio y Adagio, y en Castellano assi mismo y tambien refran, de *Re.* que significa otra vez y *Fero* dezir como que se refiere y buelue a dezir, y a assi dize muy bien el Cardenal Sadoleto en sus Epistolas que para que las cossas que se dizen tengan gracia se an de dezir las nueuas como comunes, las comunes como nueuas diziendo esto vltimo por los refranes, y aun dize ser este refran de los Griegos, y que los adagios o refranes sean figuras consta porque salen y se apartan de el comun hablar, y assi conuiene que tengan antiguedad y erudicion. Salio la celebridad de los adagios de los oraculos de los dioses, de los dichos de los sabios, de alguna sentencia que en comedias se dixo, y dio a todos gusto, de alguna fabula, de alguna carta, de algun suceso, de alguna historia, de alguna apotegma, de algun dicho temerario. Finalmente de la costumbre de la condicion, de el proceder de alguna gente, nacion o hombre particular, por alguna raçon de insigne y excelente: que por su excelencia se hizo comun a todos. Hallase el adagio como otras figuras a bueltas de otras, principalmente en la hyperbole y en aquel Romançe que citamos para exemplo, quien quisiere ver quan necessarios son los Adagios vealo en Erasmo en el libro que dellos hizo, y como se hizieron y hazen son muy prouechosos y aun necessarios principalmente para quatro cossas, para persuadir, para philosophar, adornar lo que se dize, para entender los buenos autores. El frequente vso de estos Adagios no lo aprueuo, y assi no son tan dignos de estimacion como los hazen en aquellas cartas que en solos ellos hizo Garay, por que a de ser especia el Adagio en lo que se dize, y no comida principal, y algunas vezes importara hazer precepcion a el Adagio que se trae, como lo hizo el Maestro Marin Baeçano en vna redondilla de vn Romance.

O cansado entendimiento
Aduierte de este presagio,
Que nos dize alla vn Adagio
Las palabras lleua el viento.

Don Luys Zapata. Cant. 14.

Como dize vn refran de nuestra tierra
Quien ierra por vn punto por mil ierra.

Apotegma es vna aguda y breue sentencia quales son las que junto Plutarcho. En nuestro Español anda vn librillo titulado Floresta Española Apothegmas todos, y otro llamado Alivio de caminantes. Y vltimamente Ioan Rufo a sacado otro de setecientas Cyceron en el primero de los officios dize, que importan estas para el bien dezir, y por esso las pongo por exornacion Rhetorica.

Pertenece tambien a la Amplificacion qualquier lugar Topico amplificado que considerado en quanto lugar es Dialetica, y quanto amplificado es Rhetorica de lo qual con dar vn exemplo satisfaremos para en todos los lugares y sea en deffiniciones descriptiuas por los affectos vn Soneto en el qual se difinen las mugeres.

Falsas Alphetiuenas de dos caras
Mal dixe de dos caras de docientas,
Mitras mudables, Cyrces fraudalentas
Obscuras cifras de mentiras claras.
Prodigos cuerpos, animas auaras
De amor sin gusto, de interes hambrientas
A el hombre sin verguença, a Dios esentas
Baratas prendas, a vn de balde caras,
Inquieto gusto, muerte solapada
Auismo de diuersos parezeres
Fundamento de falsos testimonios,
Pena alegre, dulçura acibarada
Soys en efecto al parecer mugeres
Pero bien conocidas soys demonios.

Vsase de esta amplificacion en similes, en imposibles, en contrarios, y finalmente en todos lugares Thopicos, como se vera en autores.

Distribucion o Merismos es quando alguna cossa se va diluidiendo en partes y despues de cada cosa se da la raçon como en dos miembros de oraciones y mas, assi dize el Romançe.

Mira el camino de Francia
Que la enoja y la consuela
Pues por el vio sus agrauios
Y por el su bien espera.

Lope de Vega. Ang. Cant. 17.

Tres cosas tiene la mudança en vna
La muger la priuança y la fortuna
Iusta priuança nunca vino al suelo
Leal amor jamas falto a su cargo

Fortuna si, que a el variar del Cielo
Esta sujeta a plaço corto o largo.

Cantico. 8.

Que mal que juzgara juez ambriento
O mouido de amor o de codicia
Codicia, hambre, y amor, son fundamento
De la calumnia, ynuidia, y la malicia
Hambre no quiere espacio, amor violento
Rompe el derecho abraça la justicia,
Cobdicia es tal que al mismo amor sentencia
Aqui juzgan los tres, triste inocenia.

O lo de Soto Baraona. Cant. 5.

Ciego deue de ser el fiel enamorado
No se dize en su ley que sea discreto
De quatro eses dizen que esta armado
Sabio, solo, solicito, secreto.
Sabio en seruir y nunca descuydado
Solo en amar y a otra alma no subjeto
Solicito en buscar sus desengaños
Secreto en sus fauores y en sus daños.

Frequentacion o Congeries o Sinatismos es quando las cosas que se an ydo diziendo poco a poco en el cuerpo de la oracion, o en la parte, en el fin por los cabos se amontonan y juntan. La qual exornacion es muy acomodada para la conclusion de lo que se dize al fin de todo a la parte principalmente para la que llaman los oradores Epilogo. Quien mas bien a vsado de esta exornacion con mas artificio y donayre suauidad y gracia es Lope de Vega, principalmente en los Romançes de su Archadia, y dos que pone en la comedia de Ramiro.

> *Quando sale el alua hermosa*
> *Coronada de violetas*
> *Crece el crepusculo al dia*
> *Por contemplar tu velleza.*
> *La luz de la tuya embidia*
> *Que el Norte a tus ojos lleuas,*
> *Adonde es para los mios*
> *Ocaso tu larga ausencia.*
> *No ay planeta que contigo*
> *Indignado el rostro tenga,*
> *Ni resplandor que se iguale*
> *De las suyas a tu Esphera.*
> *Las nuues del Ocidente*
> *Menos bordadas se muestran,*
> *El Cielo quando te mira*
> *De que te formo se alegra.*
> *El Sol a Iupiter dize*
> *Que eres el Sol de la tierra,*
> *Y que aumentas con tus ojos*
> *Las minas de su riqueza.*
> *La Luna de ti celosa*
> *Que tu das mas luz se queja,*
> *Hasta a las estrellas grandes*
> *Que parecen mas pequeñas.*

Haze Congeries o frequentacion de lo dicho en estas seys quartetas en sola vna, y lo mismo en todo el Romançe, y en otros tales diziendo.

> *Alua, Crepusculo, dia,*
> *Luz, Norte, Occaso, Planetas,*

Resplandor, Espheras, Nuues,
Cielo, Sol, Luna, y Estrellas.
Vnas se alegran; y otras se querellan:
Que adonde sales tu se esconden ellas.

En sonetos la vsan el y otros mil de ordinario: mas vna de vna estancia de las canciones de la Arcadia es exemplo bastante.

Lagrimas que mi Cielo escurecistes,
Veneno, y basilisco de mi muerte
Yelo que me abraso, fuego que yela
Vida que vn tiempo con llorar me distes
Y agora en muerte esquiua se conuierte
Llorando por la causa que recela
El alma que desuela
El bien ageno de que estoy celoso
Vosotros soys mi mal, y soys mi pena
Pues que por causa agena
Llorays rocio de christal precioso
Dando perlas, y aljofar en memoria.

Frequentacion.

O lagrimas, o Cielo
Veneno, Basilisco, fuego, yelo,
O vida, muerte, bien, mal, pena, gloria
O hermoso, llanto mio,
Perlas, christal, aljofar, y rocio.

Commoracion o Exergafia es quando vna misma cosa la dezimos por muchos modos y en dezirla nos detenemos, como si digesemos otra cosa, tal es la amplificacion de lugares, o quando

Elocuencia española en arte

lo que emos dicho en particular lo dilatamos en general, lo restringimos en particular o lo dezimos primero por affirmacion, y despues lo repetimos por negacion como en la oracion pro Ligurio prouando Ciceron: que el perdonar las injurias era grande alabança en Cesar. Toma este medio que era propia suya y no tenia nadie parte en ella, y dize assi. *Pero en esta honrra o Cesar que a poco que alcançaste no tienes compañero ninguno, todo esto quan grande es (que cierto lo es) es mucho todo digo ques tuio.* Despues añade particulariçando. De esta alabança ninguna cosa alcança el Alferez, ninguna el Sargento, ninguna la compañia.

Auxesis es quando poco a poco vamos subiendo a lo mas que ay que dezir y muchas vezes a lo que no se puede dezir ni encarezer con palabras como. *Atreuimiento es prender a vn ciudadano: maldad grande matarle, que dire que sera ahorcarle afrentosamente?*

Epexegis es quando lo que se dize tras de vna cossa es declaracion de lo que va adelante, como *Para tener vn año entero para la cobrança que era para acabar de mas espacio la Republica.* No me pareze que asienta mal aqui la Periphrasis, aunque en la Latina la puse entre las palabras. Y es quando lo que se pudiera dezir en vna o en pocas se dize en muchas y aunque entre los Sonetos de las ridmas de Vizente Espinel ay muy galanos exemplos y en otros poetas, solo pondre vno de Don Alonso de Ercilla. Cant. 2.

Ya la rosada aurora començaua
Las nuues a bordar de mil lauores,
Y a la vsada labrança dispertaua

> La *miserable gente y labradores,*
> *Ya los marchitos campos restauraba*
> *La frescura perdida y sus olores,*
> *Aclarando aquel valle la luz nueua*
> *Quando Caupolican viene a la prueua.*

En todo esto quiso dezir amanecia assi que la Periphrasis no es Tropo sino vna descripcion la qual si fuere con terminos algo obscuros se dize Aenigma quales son las que para prueua de la agudeza de ingenios se ponen en algunas fiestas, y las que dezimos. Ques y ques. Aunque aqui la exemplificare como la suelen traer para ornato los Autores. Lope de Vega Ang. Cant. 10.

> *Con seys de aquellas que la sangre labra.*

Y mas abajo.

> *Mira en aquesta frente al viuo puesto*
> *De aquel moço enamorado en vano,*
> *La historia por su culpa tan funesta*
> *Que huyo la agena y le mato su mano,*
> *Mira llorando puesta en la floresta*
> *La imitadora del acento humano,*
> *Y guarda tu hermosura no te obligue*
> *A que el Cielo inuidioso te castigue.*

Aqui se reduze el ponerse letra por parte como lo de Lope de Vega en su Angelica.

> *Las yes, y las Efes coronadas.*

Para dezir Ysabel y Fernando Reyes.
Amphibolia de sentencias se puede reduzir

aqui aunque tambien se pudiera poner en el capitulo de ficion entre los latinos no tiene el ornato que entre los Españoles, y assi no se halla sino es en respuesta de oraculos mas los Españoles vsan de ella con mucha gracia y adorno principalmente en comedias donde en coplas amphybologicas suelen disponer gallardos pensamientos y hazer artificios a toda la comedia. Son muchas en las que se halla esta gracia, marauillas de Trapisonda. Melancolico, Vengança honrrosa, Perseguido, y otras, mas solo traire vna copla imperfecta celebrada por su artificio Poetico llegando a vn Marques a que firmase que mataria su Rey escriuio.

Matar a el Rey no es mal hecho
Antes ser cuchillo afirmo
Del que lo matare, y firmo.

El Marques.
Con la qual copla cumplio con los conjurados o traydores y despues se disculpo con el Rey porque de dos maneras leyda haze dos sentidos vno. *No es mal hecho matar a el Rey antes sere del cuchillo y lo matare.* Otro leyendo assi. *Matar al Rey eso no que es mal hecho antes sere cuchillo de el que lo matare.* Es muy galana exornacion vsar della para cartas comendatorias para cumplir con el encomendado, y que aquel a quien se le pida entienda se le pide de cumplimiento, y las que esto contienen son de mucha agudeza e ingenio como emos visto algunas.

Premunicion o Preparacion o Parascene es vna figura con que apercibimos los animos de los oyentes diziendo que es negocio de importanzia lo que se a de dezir como lo hazen todos los Heroycos en sus exordios, y por exemplo cito los de todos sin traer ninguno.

Confession o Paramologia es quando le conzedemos a el contrario muchas cossas solo por sacar vna en limpio la qual deshaga todo lo arriba confessado, viene siempre junta con la concession de suerte que bien puede auer concession sin confession mas no confession sin concession. Y, assi el exemplo que pusimos de conzession concluye haziendose confesion diziendo.

> *Que emponçoñas con la vista*
> *Y encantas con el lenguaje*
> *Y con vnas y otras cossas*
> *Matas hombres a millares.*
> *Que pierdo mucho en perderte*
> *Y gano mucho en ganarte*
> *Y si solo me quisieras*
> *Fuera posible adorarte.*
> *Mas por este iuconueniente*
> *Determino de dejarte,*
> *De la suerte que me dejas*
> *Huiendo tus nouedades.*
> *Que eres prodiga en amar*
> *Y presta en determinarte,*
> *Ligerissima en querer*
> *Y mas ligera en mudarte.*

Transicion o Metastasis es quando en pocas palabras auisamos de lo que emos dicho, y auemos de dezir como diziendo. *Oido aueis las cossas que antes se hizeron. Oid las que despues se hizieron.*

Hazese de ocho maneras. Lo primero con igualdad como. *Estas cossas eran de mucho contento, y no fueron de menos gusto las otras.* Lo segundo de desigualdad como. *Oistes cossas muy graues. Oireis cossas mucho mas graues.* Lo terzero de semejança como. *Esta desuerguença dira de la suerte que fueren las cossas que en la Ciudad hizo.* Lo quarto de contrariedad como. *Estos son sus peccados de moço. Oid aora sus virtudes de viejo.* Lo quinto de disparidad. *Dicho e de las costumbres dire de su erudizion.* Lo sexto ocupando como: *Luego diremos lo demas en diziendo solo lo esto.* Lo septimo de Reprehension como. *Que me detengo en estas cossas. Vamos de presto al fundamento y causa de este negocio a lo principal.* Lo octauo de los consequentes o relatiuos como. *Ya as oydo las buenas obras que le hize, Oie aora como me lo a agradecido.* Con lo qual pienso emos dicho lo que buenamente se puede de la exornacion que dan las sentenzias a lo que se dize, pasemos a otras cosas no menos importantes para este argumento de buen dezir.

Capitulo. XV.
De los sentidos de las escripturas.

No entiendo que es fuera de proposito juntar este capitulo al argumento de nuestra materia sino antes nezesario para entender las escripturas humanas y diuinas, por que en lo que diremos se halla el ornato de palabras y de sentencias, y assi conuiene que se diga de todo juntamente pues assi concurren. Lo qual passa assi segun enseña sancto Thomas cuya es la doctrina de este capitulo. En las diuinas letras principalmente ay quatro maneras de sentido Hystorial, Alegorico, Tropologico y Anagogico. Y assi dize Boecio toda autoridad diuina o es Hystorial, o Alegorica o compuesta de vno y otro entendimiento y segun esto solo se dan tres maneras de sentido en la escriptura. Lo primero segun la letra. Lo segundo segun la Alegoria que es el entendimiento espiritual. Lo terzero segun la bienauenturança venidera.

La Hystoria es la significacion de las voçes segun significan las cosas que es quando la cosa se quenta como paso en su lenguaje llano a la letra como en el Exodo, se dize como el pueblo Israelitico siendo libre de el captiuerio de Egipto hizo Tabernaculo a el Señor. Dizese hystoria de *Historia*. Quien es hazer gestos, y asi historicos quiere dezir los comediantes en rigor mas tomamoslo por que los que an escripto representan y declaran las cossas como en pasado.

La Alegoria no es Tropo ni mas me e podido persuadir tal assi porque la diffinicion del Tropo no le conuiene, como porque es mudança de todo el sentido de la oracion y no de sola palabra sencilla y tambien porque en la Alegoria las palabras a uezes son proprias a uezes Metaphoricas o de otro Tropo. A la Alegoria en latin algunos llaman inuersion porque tiene vn sonido en la letra y otro en el sentido, pues que por vn hecho se entiende otro. Aquella Alegoria de Horacio es galanissima donde por la naue entiende la republica. No lo es menos la obra de Mingo Rebulgo, y los Triumphos Morales de Guzman. Los Simbolos de Pitagoras aunque estan en

Alegoria son en Enigma. Es tambien Alegoria quando por pratica agena se significa estado ageno, como quando la presenzia de Christo o los Sacramentos de la Yglesia se significan por palabras misticas como en Esayas. Saldra la vara de la rayz de Iese, lo qual a la clara quiere dezir. Nazera la Virgen Maria del linaje de Dauid, el qual fue hijo de Iesse. Dizese Alegoria de *Alle*. En Griego que quiere dezir ageno, y *Goro* sentido como que sentido differente y ageno.

Tropologia es quando lo que se habla va endereçado a la doctrina de las constumbres o disfraçado o claramente disfraçadamente como el Eclesiastes. Dize en todo tiempo tus vestidos esten blancos, y no falte açeyte de tu cabeça, es dezir tus hobras sean limpias de culpa y no te falte charidad. Y en el primero de los Reyes dize, conuiene que Dauid mate entre nosotros a Golias. Es dezir conuiene que nuestra humildad venza a la soberuia. Claramente como lo que dize Esayas. Parte el pan con el pobre. Y S. Iuan dize No amemos solo con la lengua y de palabra sino con verdad y obras. Dizese Tropologia de *Tropus* que significa conuersion y *Logos* la platica, como que platica conuertida a las costumbres y su reformacion.

Anagoge se dize de. *Ano*. Que quiere dezir hazia arriba y *Ago* llebar como que es platica enderezada a Dios, de adonde sentido Anagogico se dize como que vn pasar de cosas visibles a inuisibles. Como el Genesis, quando dize que la luz fue hecha el dia primero, quiere dezir que fueron criados aquel dia los Angeles los quales son inuisibles, y lo significo por el termino de luz que es visible. Hazese tambien con palabras claras, o encobiertas. Claras por san Matheo. Bien auenturados los limpios de coraçon porque los tales veran a Dios. Ocultas como san Iuan, quando dize. Hyerusalen se entiende hystorialmente. La Ciudad sancta a do van los peregrinos. Alegoricamente. La Yglesia militante. Tropologicamente, qualquier alma fiel. Anagogicamente. La bien auenturança celestial. De estas cosas se podran ver muchos exemplos en toda la sagrada escriptura en particular en las Lecciones que la Yglesia canta el Sabbado Sancto. Lo qual e dicho porque veo ser muy necessario para nuestros oradores, que son los predicadores de la palabra divina.

Capitulo XVI. De los generos de Fabulas

A zerca de esto vi a Celio Rodiginio, en sus Leciones antiguas, y por lo que alli dize me determine a escreuir aqui este capitulo porque affirma que el conocimiento de las fabulas es necessario a el orador y aun dize mas que el orador tuuo principio en saberlas, y asi llama a la misma fabula la Theologia antigua. Y auiendo dos maneras de numeros vno natural y otro artificial, y siendo el vno y otro o poetico o oratorio el natural tiene su asiento en lo que juzgaren los oydos como ya e dicho tomandolo de Ciceron. El artificial oratorio es del que hasta aqui emos dicho. De lo Poetico no tratamos porque en nuestro bulgar Castellano andan dos artes de las formas de poesia y de su numero. Mas la fabula como hasta aora no se aya dicho de ella nada, pareziome bien el consejo de Celio, y assi con breuedad dire algo la qual es vn exemplo fingido cuyos misterios segun Macrobio estan muy encubiertos, porque en estas ficiones no ay vn solo sentido sino muchos que aun podian llamarle Poliphemo que quiere dezir muchos sentidos. Porque el primer sentido es el de la corteza el qual se dize literal. Otros por lo significado por la corteça, estos se dizen Alegoricos como dize la fabula que Perseo hijo de Iupiter mato a la Gorgone y se fue bolando al Cielo, quando de esto se sacase el sentido literal y si queremos sacar el moral se significa en esto la victoria que el sabio alcança de los vizios y como se llega a las virtudes. Y alegoricamente, es que el alma del justo deue menospreciar los deleytes mundanos y seguir la contemplacion de cosas diuinas. Anagogicamente es quando por el rapto de Ganimedes entendemos el arrobado espiritu en contemplacion de cosas celestiales, y que la sabiduria humana es ignorancia con Dios y otras de esta suerte. Tropologico sentido es quando mira a las costumbres como en las fabulas de Aesopo y por esto algunos la diffinen diziendo que es la fabula vna lecion exemplar que muestra bajo de alguna ficion gran doctrina, la qual se descubre descorteçada la cascara de la fabula. Bocacio en su Genealogia de Dioses dize, que la fabula es en quatro maneras. Y Celio dize en tres, mas yo soy del parezer de Bocacio de las quales la primera careze en la corteça de toda semejança de verdad como quando introducimos los animales brutos, o cosas sin sentido que hablan. Aesopo fue guia de hombre de estas, vn autor Griego de antiguedad y grauedad. Y aunque es assi que como dize Horacio son quentos para viejos gente rustica Sayaguesa y que poco sabe. Con todo Aristoteles vso mucho de ellas en sus obras en ocasiones, y lo haze el mismo Horacio. La segunda manera es quando se mezclan algunas mentiras con verdades, como diziendo que las hijas de Phineo estandose hilando haziendo burla de las fiestas de Bacho fueron conuertidas en Murciegalos. Estas las inuentaron los Poetas, los quales procuraron encubrir las cosas diuinas y humanas con fictiones y por esto los llamaron Theologos Symbolicos, y assi los demas los fueron imitando. Aunque algunos Comicos se malearon procurando mas dar gusto a el deshonesto bulgo que tratar verdades. La terzera manera es mas parecida a la Hystoria que a la fabula de lo qual los Poetas an vsado de muchas maneras porque los Heroycos aunque parezen que escriuen hystoria como Virgilio pintando a Aeneas combatido de las tempestades. Y Homero pintando, a Vlixes atado al arbol del nauio para no ser engañado de las Syrenas sienten muy otra cosa de lo que muestra aquel velo y cubierta. Los comicos mas honestos como Plauto y Terencio vsaron de este modo de fabula y nuestros heroycos y Comicos vsan, y aunque parece que no significan mas que lo que la letra suena, con todo en cada figura que pintan dan a entender la diuersidad de costumbres de los hombres, y les dan auisos en aquello de lo que a cada vno le conuiene hazer en su modo de viuir. La quarta manera esta totalmente solo en la superficie y no tiene sino muy poco de verdad en lo escondido, y assi es inuencion de vejeçuelas locas. Destas fabulas aun vsa la Sagrada Escriptura de las primeras leemos en las Diuinas Letras que los arboles se juntaron a elegir Rey. En la segunda manera ay mucho escrito en el Sagrado Texto solo ay que a lo que los Poetas llaman ficcion, llama el Teologo figura, parabola, o simile. Mas aunque sea esto assi, auiso a nuestro Predicador, que pudiendo vsar de historia de Escriptura, no vse de fabula. Y de que vse sea para declarar, y no para prouar. La tercera, y quarta manera, tambien es de aprouar, pues a lo menos siruen para conocer el mal, el qual no se huye sino es siendo conocido, en vulgar dizen desto Viana y Moya.

Capitulo XVII. De la pronunciacion, segunda parte de la Eloquencia.

Porque assi sean la elocucion y accion (que es lo mismo que pronunciacion) como la potencia y el acto, y el poder que a acto no se reduze, es frustrado, y de ningun momento: por esto diximos que la pronunciacion es segunda parte de la eloquencia. Tomo este nombre pronunciacion de la voz, y accion de la representacion, y es vna parte que en el orar tiene mucho señorio y fuerça. Sin ella ninguno puede ser perfecto orador como consta de aquel dicho de Demosthenes que preguntado que fuese lo de mas importancia en el orar tres vezes dixo que la acion y no ay otra doctrina particular para la acion que vbo para la Elocucion. Consta la acion de dos partes de la voz y mouimiento del rostro y del cuerpo. Y la voz se endereça a los oydos el mouimiento o representacion a los ojos el metal de la voz y bondad suya a de ser natural perfecionada con vso de la qual las mudanças an de ser las que del animo porque se endereça a mouer los animos, assi que tal sonido de voz procurara tener el predicador qual el mouimiento que en el oyente quisiere causar, o con voz aguda y alta las viuas, o con baja las algo caydas, o con graues las dignas dello. En el mouimiento y representacion ira de suerte que no sea muy affectado ni muy sin accion sino aquel medio de accion es que basten para significar el affecto de lo que se dize. No muchas palmadas ni muy quedas las manos que lo vno es de esgremidores, lo otro de troncos. No sin mouer el cuerpo ni con demasiados mouimientos. Finalmente guarde vna mediania en todo y lo que Ciceron mas dize a este proposito y aun Horacio en su Arte Poetica, porque la accion es eloquencia del cuerpo, lo que dizen Tulio y Quintiliano, y para proceder en esto con acierto examinaremos lo que guardan los doctos, y aquello se procurara imitar, procurando aun de ellos lo mejor, pues consiste en esto la perfecion de la Eloquencia del predicador.

Capitulo XVIII.
De la Metodo, o oracion.

Avnque esta dotrina era de los Dialecticos por ser tan necessaria para nuestro intento y por dexarsela ellos por tratar es fuerça no pasarla por alto. Y si alguno dixere que por esta razon deuia tambien tratar de la inuencion, y disposicion en quanto a la argumentacion, digo, que dejo de tratarlas, porque ellos las tratan de particular intento, mas esto dejan oluidado del todo, y es razon que aqui lo repitamos aunque prestado de la disposicion, assi començaremos de la Metodo. La qual es la disposicion de muchos y diferentes argumentos es en dos maneras de dotrina o de prudencia. La Metodo de dotrina es la disposicion de varias cosas, començando de principios vniuersales, y generales, descendiendo a los singulares, y particulares, como es el orden de este nuestro librito, porque primero pusimos la difinicion de la eloquencia, diuidiendola, y emos ido disputando lo que cada parte contiene. La Metodo de prudencia, ordena la disposicion acomodandose a las personas, cosas, tiempos, lugares, o otras circustancias. De aqui viene que los oradores muchas vezes de industria dilatan las diuisiones de las cosas, narraciones entrando con refutaciones porque se seguira auisar de lo que no querrian a no hazello, pues yendo con la Metodo de Dotrina dezimos que las partes de la oracion son quatro. Exordio, Narracion, Confirmacion, Epilogo, de las quales diremos.

Capitulo XIX. Del Exordio.

Exordio es vna oracion o parte de ella (que por ser la parte oracion las llamo el Maestro Cespedes partes Ethereogeneas) que dispone y apercibe el animo del oyente para que oya con atencion.

Suelese hazer, o a la clara o con algun disfraz y paliacion encubierta como quando la causa es honesta o probable, vsamos de Exordio recto no torcido. Mas si es la causa mala, o el oyente esta de otra cosa persuadido, o cansado vsamos de arrodeos. Al qual modo llaman insinuacion. Y lo que se a de procurar en el Exordio o insinuacion que el oyente quede amigo docil y atento. Haremos amigos los oyentes, o por circunstancias de la persona o del caso de nuestra persona si alabamos nuestras cosas sin arrogancia, y si tratamos lo que el pueblo o los oyentes deuen a nuestras obras y desseos, y si supieremos sin enfadar dezir nuestras desdichas, daños, necessidades, y desuenturas de la persona de los contrarios de tres maneras, porque si son poderosos: los haremos inuidiosos, si humildes: menospreciados, si malos, aborrecidos. De la persona del oyente si alabaremos sus cosas desnudos de toda lisonja. De la misma cosa si abonando las nuestras mostraremos ser malas las del contrario, y tenemos necesidad de adquerir y ganar voluntades si nuestra causa es afrentosa en el todo, o en parte. Haremos docil a el oyente contando la suma del caso con breuedad, porque en causas obscuras la docilidad vale mucho. Haremos le atento si propusieremos cosas de mucha importancia, necessarias nueuas no oydas, o que tocan a la Religion, o a Dios, a los que nos oyen, y si encargamos la atencion con buen modo, principalmente es necessario hazerse en cosas humildes, como lo hizo Virgilio, auiendo de dezir de las auejas. Y los exordios o Prohemios en el genero demostratiuo son muy libres, porque pueden començar, o de alguna historia, fabula, proueruio, sentencia, simile, o del oficio, lugar, tiempo, persona, o de la misma cosa, como lo hizo Ciceron en fauor de Marcelo. En el genero suasorio algunos an querido dezir, que no ay exordios, porque los que an de oir llegan de su voluntad apercebidos, mas porque en toda cosa ay siempre algo que naturalmente es lo primero podremos començar, y bien haziendo exordio de la persona, lugar, tiempo, o de otros adiuntos o circunstancias. Los vicios de los exordios se huyan facilmente, si se guardare lo que dize Ciceron en su Orador. *Auiendo considerado todas estas cosas* (dize) *entonces suelo pensar lo vltimo lo primero que e de dezir, que es de que exordio vsare, porque si quiero hallar primero el exordio, parece que se me huye, y si alguno se me ofrece, o es de poco momento flaco sin fuerças, o cosa de burla, o vulgar, o comun.* Esto dize Ciceron, y son los vicios que nuestros predicadores deurian huir con mas cuidado que algunos lo hazen. Principalmente, este vicio de comun es en ellos muy ordinario, y mas en vna casta de predicadores, que yo conozco, que no saben otro exordio, sino del amor, o de la misericordia, y siempre con vnos mismos terminos, y cabos, por ser salidos de vnas turquesas huyase este vicio y saquen del Tema y principal pensamiento del Euangelio la Analisis que dize Aristoteles, y veran quan de otra les salen.

Capitulo XX. De la Narracion.

Narracion es vna declaracion importante y prouechosa para lo que se quiere persuadir de la cosa sucedida o hecha. A de ser breue, clara, y que se pueda creer. Digo breuedad, porque es vna virtud en el orar que algunos pusieron entre las figuras de exornacion, porque tiene ornato, suavidad y gracia, siendo de suerte que no sobre nada ni falte, porque algunos por abreuiar demasiado se obscurecen. En fin sera breue la Narracion si no se contase el caso muy dende los primeros principios, con todas sus circunstancias, desmenuçando cada cosa, sino es que el hazerlo assi es de mucha importancia, iremos por los cabos de las cosas, de suerte que con tocarlos se entienda lo demas, y alargandonos hasta donde aya necessidad para ser entendidos, no diziendo muchas vezes la cosa.

Sera clara la Narracion si guardamos el horden de los tiempos, y cosas y si vsaremos de palabras proprias y usadas como dexamos dicho, y si guardaremos lo aduertido en la breuedad, y finalmente si toda ella fuere con distincion en las cosas, personas, tiempos, lugares, y causas de suerte que no lleue confusion, lo qual importa no solo para la claridad mas aun para hazerse creer por verdadera.

Sera verdadera o lo parecera si contaremos cosas conformes a la naturaleza de la cosa que se cuenta, o a la opinion y costumbres de los hombres y si las causas y razones de los sucessos fueren claras, y conforme a razon de suerte que se entienda que ni se hizo, ni dixo cosa sin causa. Si dixeremos mentiras las ordenaremos de suerte que parezcan verdades, como lo aduierte Horacio, y seguiremos el consejo de el refran que el mentiroso a de tener memoria. Y aunque sea verdad emos de yr con cuydado de hazer que nos crean, porque como dize Quintiliano, muchas cosas ay verdaderas, y con todo son poco creibles y aun muchas ay falsas, que se creen por verdaderas.

En el genero de alabança casi toda la oracion es narracion, en el qual genero sino es que se escriue historia, no ay para que guardar el orden de los tiempos.

En el genero suasorio, o no ay narraciones, o son breues, porque como la narracion se inuento para enseñar, y auisar, parece no ay della necessidad porque los oyentes estan ya auisados. En nuestras oraciones, que son los sermones, narracion es el Tema y letra que dize del Euangelio: esta ordinariamente la ponen algunos en su lugar, que es despues del exordio, otros hazen antes de començar el exordio, despues de la salutacion, lo qual no es muy conforme al estilo oratorio que se deue guardar, otros, y pecan menos la ponen con la salutacion. La salutacion no es exordio, aunque tiene algo de insinuacion, y aunque no vsaron de tal parte de oracion los antiguos, es bien admitida en nuestras oraciones, o sermones. Porque a sido Diuina inuencion de la humildad Christiana, en otras oraciones fuera de los sermones se vsa la Retorica antigua. Y esta parte añadida que dezimos salutacion, tambien sera bueno guarde los preceptos del Exordio y en particular huya de ser comun que es vicio que descompone mucho a vn predicador, cuya oratoria a de ser registrada en la aduana del vso y oydo de los doctos.

Capitulo XXI. De la Confirmacion.

Toda la esperança de vencer y razon de persuadir esta puesta y consiste en la Confirmacion y Confutacion, y para que confirmemos nuestras cosas, y deshagamos las de los contrarios. Se a de reduzir aqui toda la materia de estados. Ciceron enseña como se aya de vsar de los argumentos que tenemos a proposito por estas palabras. *Resta* (dize) *que yo satisfaga a los que estan a la mira con breuedad, porque si al principio no satisfago, aure menester despues trabajar mucho en lo restante de la causa. Porque malo anda el negocio, quando la causa no se mejora desde luego que se comiença a dezir.* Asi que siempre se a de assentar lo primero en la oracion, aquello que tenga mas fuerça, aunque tambien hara al caso guardar para la conclusion, y epilogo cosas de importancia y fuerça, y desde el principio al fin en las demas confirmaciones traeremos las que tengan mediania, que las viciosas, de ninguna suerte se an de vsar. Las confirmaciones pueden ser muchas, y por muchos medios, mas no sean tantas, y tan largas, que hagan prolixa y enfadosa la oracion. Si vuiere muchos medios, escoger los mas eficaces.

Casi ningun genero de albança tiene confirmacion, porque alabando no se an de dezir cosas dudosas, sino ciertas, y si alguna vuiere de auer la sacaremos de las personas, o cosas que alabaremos. En el suasorio toda la causa es confirmacion, y assi aun puede carecer de narracion, y exordio, a este proposito veanse los autores que mas a la larga tratan de los estados, que todo haze a el proposito. Y en el sermon llamaria yo con este nombre de estado, a lo que dezimos Tema, que es principal punto de la narracion.

Capitulo XXII. Del Epilogo.

Epilogo, o Peroracion, a quien algunos llaman conclusion, y otros colmo, se diuide en dos partes, que son enumeracion, y amplificacion. La enumeracion en Griego se dize Anacephalcosis. No a de repetir todas las cosillas menudas, por parecer memorioso el orador, sino solo las cosas que tienen peso, y grauedad. La amplificacion es vna afirmacion con algo mas de grauedad, que con el mouimiento de los animos assienta el credito y fee: lo qual se haze con exornaciones de palabras, y sentencias, y aunque (la pusimos entre ellas) para lo qual se guardaran las circunstancias en las palabras que diximos en el Capitulo de Elocucion.

Lo que en este particular vale mucho, es, el mouer los afectos: la qual parte, si el orador la trata bien hara vna admirable eloquencia, aunque segun muchos afirman, esto depende la Filosofia. Socrates dize, que esto no puede ser enseñado por arte sino que viene por cierto furor Diuino, mas esto no obstante diremos algo de los afectos, o pasiones del alma, que son en muchas maneras, pero puedense reduzir a quatro principales, como los hombres se mueuen o con la opinion del bien, o del mal si es de bien presente, se llama deleyte o gusto, si de mal presente, se llama pesadumbre, si del bien venidero, se llama desseo, o esperança, si del mal venidero se llama miedo, o temor.

Destas passiones trata Ciceron largamente en sus Tusculanas, lib. tercero, pues aunque el tratar que son, toca a los Filosofos, para mouer estos afectos, se a de vsar de los lugares Topicos, y mas con amplificacion, como emos dicho: y para saber hazer esto, guardese aquella regla, que es de oro: de la qual quiere hazerse autor Quintiliano, mas con licencia suya antes la dixo Horacio, por estas palabras.

> *Porque el semblante humano es de manera*
> *Que rien, si reys si llorais lloran,*
> *Y assi si vos quereys mouerme a llanto,*
> *Aueisos de doler de vos primero,*
> *Y entonces me vereys Telefo, y Peleo*
> *De vuestros infortunios lastimado*
> *Mas si representays impropriamente,*
> *Lo que os encomendaren, perdonadme*
> *Que os tengo de pagar con burla, o sueño*
> *Muestre semblante triste, el que esta triste,*
> *El enojado lleno de amenaças,*
> *Y el que seuero y graue trate veras,*
> *Porque naturaleza nos instruye*
> *A qualquiera sucesso de fortuna,*
> *Dentro del pecho, porque o nos agrada*
> *O grauemente nos conmueue a yra,*
> *O con tristeza nos destronca a el suelo.*
> *Despues siendo el interprete la lengua,*
> *La alteracion del animo nos muestra,*
> *Si del que habla, la palabra fuere*
> *De semejante a su fortuna propria,*
> *Mouera al oyente.*

Traducion es de Vicente Espinel de la Arte

Poetica, y antes que Horacio lo auia dicho Ciceron. Y tambien lo repitio Persio.

En el genero demonstrativo, los Historiadores, y Poetas no vsan de epilogo mas el orador conuiene que vse con alguna suauidad, y deleyte para refrescar la memoria de los oyentes: como consta de Ciceron. En el suasorio en particular se an de repetir las cosas principales, que valgan mas para mouer los afectos, vsando de amplificaciones, y frequentaciones, haziendo Prosopopeyas, mas porque todo esto se trata baxo de question necessario sera dezir de ella lo que haze a nuestro proposito.

Capitulo XXIII.
De la Question, y de los generos de las causas.

Siendo la Dialetica, la arte a quien toca qualquiera disputa, no fue bien considerado dezir que esto era proprio de la Retorica, sino que lo toma prestado de la Dialetica, porque toda question es disputa, y toda disputa argumentacion Dialetica. Pues por ser este principio necessario, aunque ageno lo emos de tratar aqui y decimos que toda cosa de quien se mueue question, o es de su nombre, o de el hecho, o de la calidad. Y esta question, o se llama estado, o costitucion. Los estados por parecer de todos son tres, si ay la tal cosa que es, que tal es que es dezir difinicion, calidad, o conjectura. La conjectura es quando se duda de algun hecho como. *Si Vlises mato a Ayax.* La difinicion quando consta del hecho, y se duda del nombre, como. *Si el que desterro, y ahuyento a el tirano se a de llamar tiranizida.* Quando consta del hecho, y del nombre, y se disputa la fuerça, y naturaleza del negocio, se dize calidad o estado della como. *Si mato Milon con razon a Clodio o no.* Los antiguos Maestros de la Oratoria, como no tenian los principios que son necessarios, de la Dialetica, diuidian la question en dos maneras della, porque quando la question que proponian, era general sin particularidad de personas, lugares o tiempos, la llamauan en Griego Thesis, en Latin Proposito, o consultacion como preguntando si es bueno casarse, o si es licito los Christianos hazer guerra, y quando la question era de personas, lugares o tiempos particulares y determinados, la llamaron en Griego Hypothesis, en latin causa o contrauersia, como si Caton es bien se case en tiempo de la guerra ciuil con Marcia. Esta question vltima y particular la diuidian en tres partes, a las quales llamauan generos de causas, porque quando auian de orar a cerca de los vicios o virtudes de alguno, le dezian genero exornatiuo, o demostratiuo, o de alabança, quando se auia de tratar del prouecho o daño, le dezian suasorio como le emos llamado en los capitulos passados, o deliberatiuo quando de la justicia e igualdad y rectitud o sin justicia, se reduzia a el judicial, y dexando la Question General o Tesis, dexaron para los oradores esta particular, aunque con poca consideracion: porque qualquier question, es propria del Dialetico, como emos prouado, y de ellos la toman los oradores, y Ciceron no admite estos tres generos de causas, porque se alarga a mas, aunque vsa dellos muchas vezes, como de las principales, y como acomodadas para la Oratoria, assi digamos dellos.

La exornacion tiene dos partes, que son alabar, y vituperar el tiempo, a vezes el passado, a vezes el presente. A lo vno y otro atiende el orador, principalmente a lo que ay de honra quando alaba, y de afrenta quando vitupera, y mueue a los oyentes a deleyte, contento, y gusto, o pesar.

El deliberatiuo, contiene la persuasion, y el despersuadir el tiempo mira al venidero, el fin que se propone el orador, el persuadir es la dignidad, o merecimiento, y al que a de deliberar y dar, la determinacion le haze concebir buenas esperanças. En el despersuadir al contrario atiende a la indignidad, o poco merecimiento, y causa temores en el que a de dar la resolucion.

El judicial consiste en el tiempo passado, tiene por partes la acusacion y la defensa su fin esta en cosas justas o injustas, y el juez a de ser incitado o mouido, o a rigor, o a misericordia y blandura.

Lo que me parece que ay que notar acerca destos generos es, que en nuestros tiempos no se vsa en Oratoria el judicial, aunque se vse en audiencias y assi no e querido alargarme en el como otros lo an hecho, que piensan en este particular tratar todo lo contenido en las platicas de Audiencias, y tribunales iuridicos: bien es verdad que las oraciones de los antiguos, casi todas estan en este genero, mas para entender esto basta lo dicho, y saber que los oradores de aquel tiempo defendian iudicialmente las causas, o acusauan como consta de sus oraciones, que son las que estan hechas en genero iudicial, mas esto ya no esta en el vso. El genero demonstrativo, o de exornacion, es el que vsan nuestros predicadores, y en grados los que oran en escuelas, aunque en lo vno y en lo otro se halla tambien el deliberatiuo, o suasorio, principalmente en pretensiones de Catedras, y assi esta bien que se aduierta el como se a de vsar de cada vno dellos.

Capitulo XXIIII. De la Memoria.

No falto quien quiso a el juyzio hazerlo sexta parte de la Retorica, con hallarse tan junto con las demas, que casi ninguna es sin el por ser para todas necessario, y con este poco fundamento tambien hazian la memoria parte de la Retorica, lo qual es falso, como emos prouado, y porque es potencia del alma, mediante la qual, todas las facultades se deprenden, y no parte dellas, y de quien mas me marauillo que variase en esto es Sanchez con su mucha agudeça, el qual niega ser parte de la Retorica, y confiesa serlo de la disposicion, de lo qual se seguira ser parte de la Dialetica. Cosa que no se puede dezir, porque auer de ser de alguna facultad, auia de ser de la iuris pericia, y esto no es tan poco.

Tres cosas son necessarias para deprender qualquier facultad, naturaleza que haze abil, arte que facilita, vso y exercicio que haze señor de la facultad. Y no dezimos que son partes de ninguna facultad, assi tambien son necessarias las potencias del alma, entendimiento, voluntad, y memoria. Mas no por esso diremos que son partes. Pero porque es necessaria, para la disposicion, digamos algunos preceptos para ayudar la y facilitar la.

La memoria es vn firme percebir de la disposición y orden de las palabras y cosas, y assi si el que escriuiere, supiere ordenar con Metodo saura decorar con facilidad las cosas que los otros con Metodo escriuieron, aumentase la memoria como las demas cosas con el exercicio y vale mucho la diuision, y buena composicion, porque el que diuidiere bien, nunca errara en el buen orden, aprouecha tambien deprender por partes, y estas partes no sean muy pequeñas. No sera malo poner a la margen algunas señales como auiendo de tratar de naue vna ancora. De guerra vna pica o escopeta, y ayuda mucho auer escrito lo que a de decorar el mismo que lo decora, repasar de parte de noche, y luego repetir por la mañana, da mucha firmeça a lo decorado, lo qual todo se de experiencia, y es dotrina de Quintiliano, lib. II. cap. segundo. En el se podran ver mas cosas a el proposito, y Luys Viues, y Palmireno, y si la cosa que se a de decorar, se a visto, con mas facilidad se percibe que de solo oyrla.

Quanto a lo medicinal, despues de comer tomar confites de culantrillo, comidos, impiden los humos que de la comida suben al celebro, y assi aprouechan a la memoria. Pasas sacados los granillos, y echadas en remojo de parte de noche en agua ardiente, y por la mañana comidas con la misma agua, aprouechan a la memoria. El vnto del Oso, y cera blanca y derretida la cera con el vnto, el qual a de ser doblado que la cera, y con la yerua que llaman Valerina, y la Eufragia frescas, o secas, y machacadas muy bien, y mezcladas con el vnto derretido en la cera, y puesto al fuego donde se cueça, hasta que se buelua espeso, meneandolo con vn palo: con lo qual se a de vntar el colodrillo y frente algunas vezes, y se aumenta la memoria. Y con esto digo que todo lo que se decorare se entienda primero bien, y se percibira con facilidad.

Esto es lo que me pueden creer, que aunque en pequeño volumen, me a costado mucho trabaxo, y no aura sido ninguno, sino de mucho deleyte y gusto, si entendiere que con el e satisfecho: y si lo que tengo por cierto sucediere, de que por la humildad del Autor, esta obrita no llegue a la estimacion que su justicia pide, aure de aguardar a vengarme de aqueste agrauio, en partes donde no sea conocido, o quando los muchos años despues de muerto, ayan dado la antiguedad, de quien la autoridad nace, que como lo sintio Horacio, hablando con Augusto, y assi mismo Marcial: y pues es que lo que fue a de ser, al tiempo dexo mi causa; y si desto agora, o despues redundare alguna gloria, dese a Dios: el qual nos guarde, con acrecentamiento en el verdadero sauer, que es el amor y temor que a su Magestad deuemos: el qual saber el quiere le adornemos con el bien dezir: pues dize el Espiritu Diuino, que las palabras compuestas, son dulce panal de miel, dulçura del alma, y salud del cuerpo, y que el que en su coraçon fuere sabio, terna nombre de prudente: mas el que fuere suaue en su hablar, alcançara mayores cosas: las quales tenga por bien de comunicarnos, dandonos a todos su gracia: mediante la qual le vemos en su gloria. Laus, et honor sit Deo, cui omnia mea sunt dicata.

DE DOÑA LUYSA FORNARI.

El Cielo con su influencia
mueue las cosas de el suelo
y assi parece euidencia
que podeys vos lo que el Cielo
en mouer con la Eloquencia.

Aqui vuestra pluma diestra
mas fuertes que el Cielo muestra
que tiene las propriedades
pues mueue las voluntades
a lo que quiere la vuestra.

DEL DOTOR PEDRO DE SEGURA ESPINOSA.

Deuese honra a la virtud muy rara
De nueuos inuentores de artes vellas,
Buela su fama, sube a las Estrellas
Pintando alli otro Cielo, y aun no para.

Busca el mas alto, que perdio la cara,
Fructa de la inuencion vedada en ellas,
Y tomando del alma las centellas
Forma vna luz, vn Sol, que el mal repara.

Las tinieblas quitays de vuestra parte
(Docto Maestro) que causo el pecado,
E illustrays vuestra lengua vna entre todas.

La culpa humana a Dios dio artes, y arte
De Retorica vuestra, y coronado
Entrareys al combite de las bodas.

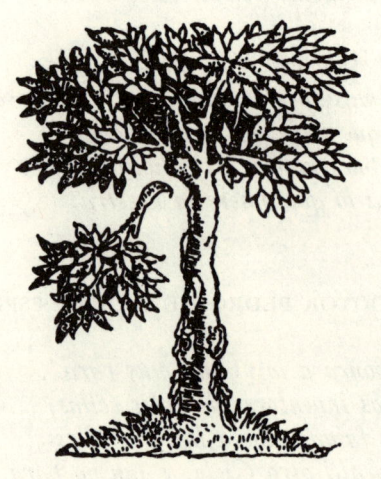

VOLUMENES PUBLICADOS

Primera Serie

1. TRATADOS Y CANONES. Prisciliano.
2. FLORESTA ESPAÑOLA DE VARIA CABALLERIA. Luis Alberto de Cuenca.
3. ACERCA DE ALGUNAS PARTICULARIDADES DE LAS COMUNIDADES DE CASTILLA, TAL VEZ RELACIONADAS CON EL SUPUESTO ACAECER DEL MILENIO IGUALITARIO. Ramón Alba.
4. LA PROFECIA. Ana Martínez Arancón.
5. LOS MORISCOS. Mercedes García Arenal.
6. LOS JUEGOS DEL SACROMONTE. Ignacio Gómez de Liaño.
7. ENSAYOS SOBRE EL INFRINGIMIENTO CRISTIANO. Ramón J. Sender.
8. REVUELTA Y LITIGIOS DE LOS VILLANOS DE LA ENCOMIENDA DE FUENTEOBEJUNA (1476). Raúl García Aguilera y Mariano Hernández Ossorno.
9. LA TIA NORICA DE CADIZ. Carlos Luis Aladro.
10. ESCRITOS CONDENADOS POR LA INQUISICION. Arnáu de Vilanova.
11. SINAPIA (UNA UTOPIA ESPAÑOLA DEL SIGLO DE LAS LUCES). Miguel Avilés.
12. DISCURSO DEL SR. JUAN HERRERA, APOSENTADOR MAYOR DE S. M., SOBRE LA FIGURA CUBICA. Edison Simons y Roberto Godoy.
13. DOS CARTILLAS DE FISIOGNOMICA. Ibn. Arabi y Al-Razi.

14. DOCUMENTACION SELECTA SOBRE LA SITUACION DE LOS GITANOS ESPAÑOLES EN EL SIGLO XVIII. María Helena Sánchez Ortega.
15. HEURISTICAS A VILLENA Y LOS TRES TRATADOS. Francisco Almagro y José Fernández Carpintero.
16. MATEO LOPEZ BRAVO, UN SOCIALISTA ESPAÑOL DEL SIGLO XVII. Henri Méchoulan.
17. DE LAS VIRTUDES Y PROPIEDADES MARAVILLOSAS DE LAS PIEDRAS PRECIOSAS. Gaspar de Morales.
18. INQUISICION Y CIENCIA EN LA ESPAÑA MODERNA. Sagrario Muñoz Calvo.
19. RECITARIOS ASTROLOGICO Y ALQUIMICO. Diego de Torres Villarroel.
20. GALERIA FUNEBRE DE ESPECTROS Y SOMBRAS ENSANGRENTADAS. Agustín Pérez Zaragoza.
21. LA CUEVA DE HÉRCULES Y EL PALACIO ENCANTADO DE TOLEDO. Fernando Ruiz de la Puerta.
22. BEATUS VIR: CARNE DE HOGUERA. Constantino Ponce de la Fuente y Fray Jerónimo Gracián de la Madre de Dios.
23. TERCERA PARTE DE LA VENIDA DEL MESIAS EN GLORIA Y MAJESTAD. Manuel Lacunza y Díaz.
24. CONCEPTOS ESPIRITUALES Y MORALES. Alonso de Ledesma.
25. DIALOGOS DE LA DOCTRINA CRISTIANA. Juan de Valdés.

Segunda Serie

1. MONJAS Y BEATAS EMBAUCADORAS. Jesús Imirizaldu.
2. LOS CUERVOS DE SAN VICENTE (Escatología mozárabe). Miguel José Hagerty.
3. SANTORAL EXTRAVAGANTE (Una lectura del Flos Sanctorum). Ana Martínez Arancón.
4. EL ENTE DILUCIDADO (Tratado de monstruos y fantasmas). Fray Antonio de Fuentelapeña.

5. SOCIALISMO AGRICOLA ANDALUZ. Esteban Beltrán.
6. PAPELES SOBRE EL AGUA DE LA VIDA Y EL FIN DEL MUNDO. Luis de Aldrete y Soto.
7. GUERRA DE LA INDEPENDENCIA: PROCLAMAS, BANDOS Y COMBATIENTES. Sabino Delgado.
8. LOS LIBROS PLUMBEOS DEL SACROMONTE. Miguel José Hagerty.
9. LIBRO DE LAS MARAVILLAS DEL ORIENTE LEJANO. Emilio Sola.
10. LA RETORICA EN ESPAÑA. Elena Casas.